本书为深圳职业技术大学校级人文社科重点项目

"秩序与权威：秦汉帝国地方行政运作模式研究"（6022210047S）研究成果

秦汉聚落地理与乡里行政运作

——以考古材料为中心

深圳职业技术大学学术著作出版资助

林献忠 著

WUHAN UNIVERSITY PRESS

武汉大学出版社

图书在版编目(CIP)数据

秦汉聚落地理与乡里行政运作：以考古材料为中心／林献忠著.
武汉：武汉大学出版社，2025.5. -- ISBN 978-7-307-24533-4

Ⅰ. K92

中国国家版本馆 CIP 数据核字第 2024US6142 号

责任编辑:黄河清　　　责任校对:汪欣怡　　　版式设计:马　佳

出版发行：**武汉大学出版社**　（430072　武昌　珞珈山）
　　　　　（电子邮箱：cbs22@whu.edu.cn　网址：www.wdp.com.cn）
印刷:武汉邮科印务有限公司
开本:720×1000　1/16　印张:21.75　字数:328 千字　插页:2
版次:2025 年 5 月第 1 版　　2025 年 5 月第 1 次印刷
ISBN 978-7-307-24533-4　　定价:98.00 元

序

　　秦汉时期是中国历史上一个重要的转折点，这一时期不仅完成了国家的统一和中央集权的确立，还在政治、经济、文化等方面奠定了中华文明的基础。作为这一时期的重要组成部分，乡里聚落的地理分布与行政运作模式，对于理解秦汉社会的基层治理、经济生产和社会结构具有重要意义。

　　首先，本书对传世文献和考古资料中的乡里户数进行了系统梳理和分析。通过对这些资料的研究，作者发现乡里户数具有明显的时代和地域特征。传世文献中所载的乡里户数多为整数，可能是制度性规定，而考古资料中的户数则更为真实地反映了当时的实际情况。作者认为，乡里户数或不是里设置的标准，而可能是设置管理者的基础。这一发现对于理解秦汉时期乡里的设置标准和管理模式具有重要意义。作者通过对天水放马滩秦木板地图和长沙马王堆帛地图的详细考察，揭示了秦汉时期乡里聚落的空间分布特征。天水放马滩木板地图上的聚落分布显示出明显的地理特征，聚落多分布在河流的中下游谷地，依山近水，利用自然资源。而马王堆帛地图则通过不同颜色的圆框标注了居民点的不同意义，反映了当时乡里聚落的动态变化。通过对这些地图的分析，作者认为秦汉时期乡里聚落多以散居形态为主，这与传世文献中所描述的聚居形态形成了对比。

　　其次，对考古遗址所见的聚落空间结构进行了深入分析。通过对峡江地区、河南、河北、辽宁等地的聚落遗址的考察，作者发现这些聚落的建筑形制和布局具有明显的地域特征。长江流域的聚落多采用木石结构，北方地区则多以砖瓦为主要建材。聚落的分布格局表现出明显的分散居住状态，这与秦汉时期乡里聚落的空间形态相一致。作者认为，这种分散居住的形态反映了当时居民的空间概念和社会组织方式。

最后，对秦汉时期乡里的行政运作模式进行了详细探讨。通过对里耶秦简等文书资料的分析，作者揭示了秦汉时期乡里行政人员的设置及其职能，文书传递的具体形式和时效要求，以及行书人的身份和职责。作者认为，秦汉时期乡里的行政运作模式是以县廷为中心的点对点直接发布和回复行政命令，其具体传递形式可分为县廷至下属单位、县廷与乡里、乡里与县下属单位之间三种情况。这一发现对于理解秦汉时期地方行政的实际运作具有重要意义。

总的来说，本书通过对传世文献和考古资料的系统梳理和深入分析，揭示了秦汉时期乡里聚落的地理分布、规模特征及其行政运作模式，为我们提供了一个理解秦汉社会基层治理的全新视角。

前　言

一、选题的意义

秦始皇统一六国后，废弃了先前的分封制，转而采用郡县制来管理地方，这一举措不仅开启了地方治理的新篇章，而且其影响力贯穿中国历史的长河，为后来的朝代所沿袭。著名历史学家杜正胜将中国古代社会划分为两大阶段：先秦时期被他定义为"古典社会"，而自秦朝起则进入了所谓的"传统郡县"社会。① 这一观点也引起其他学者的共鸣，虽然他们的表述可能各有侧重。显而易见，这种对社会阶段的划分方式，正是基于秦始皇确立的地方治理模式。

自 20 世纪 50 年代起，学术界开始关注秦汉时期乡村聚落的研究，并取得了一系列重要的学术成果。然而，在这一领域仍存在一些备受争议的问题，其中之一便是秦汉时代乡村聚落的空间布局问题。有观点认为，当时的乡村空间呈现为被城墙包围的封闭的居住形态，这一理论以日本学者宫崎市定和贝塚树茂为主要代表。② 此外，也有学者认为秦汉时期的乡村聚落是开放式的自然散居的村落。例如，张金光提出了一个行政里下辖多个分散民居的观点。日本学者池田雄一所提出的"自然村"与"行政村"概念亦与之相辅相成。王彦辉则认为"里聚"指的是开放式的自然村落，而"聚邑"指的是具体的行政村，西汉中期以后，"散居"逐渐成为主流模式。

---

① 杜正胜：《编户齐民：传统政治社会结构之形成》，台北：联经出版事业公司，1990 年。其他学者亦有类似意见，不备举。

② ［日］宫崎市定：《关于中国聚落形体的变迁》，刘俊文主编《日本学者研究中国史论著选译》第 3 卷《上古秦汉》，黄金山、孔繁敏等译，北京：中华书局，1993 年，第 12 页。相关研究详见后文"学术史回顾"部分。

问题之二，是秦汉乡里社会的治理方式问题。一种观点认为在中国传统的郡县制的行政体制之下的乡里社会是自治的、民主的。如马克斯·韦伯提出了传统中国"有限官制"的看法。费孝通认为乡村社会中皇帝的权力是无为的。温铁军将这种基层治理传统总结为"国权不下县"。有学者则持不同看法，萧公权认为古代中国的乡村控制体制是不可能允许地方自治的出现的。张新光认为皇权专制集权统治的影响遍及乡里无所不在、无事不管。历史事实究竟是何种情况，本书据秦汉时期文献及考古材料重新考察，以得出近乎实际的结论。

地方行政的运作并非脱离地理空间而存在，而是与特定的地理环境紧密相连。无论是传世文献还是考古资料，都为我们揭示了秦汉时期乡里聚落的行政概况。深入研究这一时期乡里的空间布局和行政运作，有助于我们更清晰地认识和理解秦汉帝国时期的乡里行政模式。这不仅对历史研究具有重要意义，而且对于我们理解古代社会治理结构和地方行政体系有着深远的影响。

二、学术史回顾

有关秦汉乡里社会的研究成果颇丰，研究领域广泛。① 下面我们仅对秦汉时期的聚落地理和行政运作及其相关问题进行概述。

（一）秦汉时期乡里的数量、规模、类型与空间形态

1. 秦汉乡里的数量与规模

（1）数量。

在秦汉时期的乡里行政组织研究中，除了依赖传统文献记载外，随着考古工作的不断开展，简牍等文物资料日益增多，一些未见于传世文献的乡里名称逐渐为学界所知。例如，里耶秦简揭示的南郡迁陵县的乡里数量，经晏昌贵教

---

① 参见赵秀玲：《中国乡里制度的研究及展望》，《历史研究》1998 年第 4 期；王爱清：《秦汉乡里控制研究·绪论》，济南：山东大学出版社，2010 年；张信通：《秦汉里治研究·引言》，河南大学博士学位论文，2013 年；邹水杰等：《国家与社会视角下的秦汉乡里秩序·绪论》，长沙：湖南师范大学出版社，2014 年；张新超：《秦汉乡里问题研究——以新出考古资料为中心》，南开大学博士学位论文，2015 年。

授的深入考证，得出了"三乡六里"的结论，此一发现被视为秦代边远县域乡里设置的典型例证。

西北地区出土的汉代简牍，为我们理解和认识汉代乡里制度提供了宝贵的第一手资料。张春树在其著作《汉代边地上乡和里的结构》中对居延汉简记录的一些乡里进行了研究，指出简文中的里名可能反映了当时居民的心理诉求和文化取向。① 吴昌廉则系统整理了居延汉简中记录的具有上下级行政统属关系的乡里名称，并探讨了汉代居延县的乡里结构，推断出该县可考的乡里数量约为 3 个乡 40 余个里。② 何双全不仅统计了居延汉简中的乡里名称，而且根据《地理志》和《郡国志》的记载，将这些乡里归入相应的郡县体系中，并进一步推测西汉时期居延县的乡数为 4~5 个，下辖里的数量则为 20~40 个。③ 此外，他还依据汉简的描述绘制了里的内部结构平面图。纪向军通过统计分析居延汉简所记载的张掖郡属县的乡里数量，共得到 220 个聚居点，其中以居延县的乡里数量最多，达到 101 个，而显美县仅有 1 个。④ 周振鹤在其论著《新旧汉简所见县名与里名》中辑录了超过 550 个汉代的里名和 206 个县道侯国名，这些名称隶属于 44 个郡国。⑤ 晏昌贵教授对汉简中所见的县里名进行了再次补充，新增里名 275 个，以及县、邑、侯国名 128 个，涉及 33 个郡国。⑥ 黄敏专门考察了汉代洛阳及其周边地区的乡里名称，发现了 1 乡 6 里的具体称谓。⑦

---

① 张春树：《汉代边地上乡和里的结构》，《汉代边疆史论集》，台北：食货出版社，1977 年，第 136 页。

② 吴昌廉：《居延汉简所见郡国县邑乡里统属表》，《简牍学报》1989 年第 7 期；《汉居延县"里"新考》，《白沙历史地理学报》2007 年第 3 期；《汉张掖郡县"里"新探》，《东海大学文学院学报》2008 年第 48 期。

③ 何双全：《〈汉简·乡里志〉及其研究》，《秦汉简牍论文集》，兰州：甘肃人民出版社，1989 年，第 175~186 页，收入《双玉兰堂文集》（下），台北：兰台出版社，2001 年，第 657~769 页。

④ 纪向军：《居延汉简中的张掖乡里及人物》，兰州：甘肃文化出版社，2014 年，第 11 页。

⑤ 周振鹤：《新旧汉简所见县名与里名》，《历史地理》第 12 辑，上海：上海人民出版社，1995 年，第 151~165 页。

⑥ 晏昌贵：《增补汉简所见县名与里名》，《历史地理》第 26 辑，上海：上海人民出版社，2012 年，第 249~255 页。

⑦ 黄敏：《汉魏六朝石刻乡里村坊研究》，北京：中国社会科学出版社，2019 年。

《肩水金关汉简》公布后，为我们对汉代乡里名称的了解提供了更多的信息。尹湾汉墓竹简的记载显示，当时的东海郡共有 38 个县邑侯国、170 个乡、688 个亭和 2534 个里。据此推算，平均每县约有 67 个里，每乡约有 15 个里；每县大约有 18 个亭，每乡约有 4 个亭，大约每 4 个里便设有 1 个亭。① 这些数据为我们理解汉代地方行政组织提供了量化的参考。

《三辅黄图》详尽地描绘了汉长安城的闾里构造和街市布局，② 为后世提供了宝贵的历史资料。在王子今的《汉代长安乡里考》中，他深入挖掘文献资料和汉简记录的里名，为我们揭示了汉代长安城中 3 乡 23 里的具体设置情况。③ 这些研究成果，是我们进一步探究秦汉时期乡里数量的坚实的学术基石。

（2）规模。

在古代文献中，关于"里"的户口规模有着不同的记载，而且所呈现的数据也不一致。④ 例如，《诗经·郑风》《周礼·地官》和《庄子·胠箧》均记载每里包含 25 户；而《国语·齐语》《管子·小匡》以及《鹖冠子·王鈇》则记录每里为 50 户。另外，《尚书·皋陶谟》提到每里有 72 户，而《春秋公羊传》则指出每里为 80 户。《礼记·杂记下》所述的每里户数为 100 户。

进一步考察汉代的史料，《汉书》中关于"里"的户数记载则呈现出较大的波动，里的户数从 25 户至 200 户不等。相对而言，《后汉书》则提供了一个固定的数字，即每里 100 户。《三辅黄图》对于长安地区的记载则更为特殊，其中显示每里的户数约为 412 户。

在学术研究中，有学者基于上述文献中的某一种户数规模，将其认定为特定历史时期内"里"的标准规模。然而，由于现有文献的记载存在显著差异，这种认定往往需要更多的考古发现和研究来加以佐证。因此，在缺乏明确证据的情况下，我们应保持谨慎，对"里"的户口规模采取开放的视角，并考虑不同时代、地域以及社会背景可能导致的差异性。

---

① 张显成、周群丽编：《尹湾汉墓简牍校理》，天津：天津古籍出版社，2011 年。
② 何清谷：《三辅黄图校释》，北京：中华书局，2005 年，第 99 页。
③ 王子今：《汉代长安乡里考》，《人文杂志》1992 年第 6 期。
④ 安作章、熊铁基：《秦汉官制史稿》（下册），济南：齐鲁书社，2007 年，第 677～679 页。

考古发掘的资料提供了关于古代地方行政单位"里"的户数记录。例如，《睡虎地秦墓竹简·封诊式·毒言》中提到，一里大约有 21 户。马王堆帛地图上标记的里的户数则显示出较大的波动，从 13 户至 108 户不等。里耶秦简揭示了更为具体的数字，如 25 户、27 户和 28 户。岳麓书院所藏秦简记载了每里具有 30 户的数据。江陵凤凰山十号墓出土的竹简则记录了 13、25 和 27 的户数。荆州高台秦汉墓 M46 木牍中记载的户数包括 31 户和 53 户两种情形。尹湾汉墓简牍则显示了一个较高的平均值，约为 105 户。

这些数据表明，"里"的户数并没有一个固定的标准，而是呈现出多样性。从上述资料综合分析，较为常见的情况是每里约有 20 户至 30 户。同时，不同地区的户数规模也表现出地域性差异，边郡与内郡、边县与中县在"里"的数量和户数上存在较为显著的差别，这反映了古代中国行政管理和人口分布的复杂性。因此，对"里"的户数的研究，不仅有助于我们了解古代社会的基层组织和户籍管理，也为我们提供了洞察地域社会结构和经济状况的重要线索。

2. 乡里聚落的类型与空间形态

（1）聚落类型。

秦汉乡里聚落的类型主要有里、聚、邑、落（格）、亭、村（邨）、社等，学界关注的重点为里、聚、亭等，对于聚落类型的界定也并不规范，没有一定之规。刘庆柱认为"聚"是位于"乡""邑"下的一种社会组织。[1] 白云翔把聚落内涵分为广义与狭义，认为秦汉时期的县以下的乡、亭、里、聚属于狭义的聚落。[2] 马新、齐涛认为村落是相对于城邑而言的聚落类型。[3] 王彦辉认为秦汉时期的聚邑有一个从自然生成到被纳入行政系统的过程，其内涵有通称和具名

① 刘庆柱：《汉代城市与聚落考古研究》，中国社会科学院考古研究所、河南省文物考古研究所编《汉代城市和聚落考古与汉文化》，北京：科学出版社，2012 年，第 28~29 页。

② 白云翔：《秦汉时期聚落的考古发现及初步认识》，中国社会科学院考古研究所、河南省文物考古研究所编《汉代城市和聚落考古与汉文化》，北京：科学出版社，2012 年，第 44 页。

③ 马新、齐涛：《汉唐村落形态略论》，《中国史研究》2006 年第 2 期。

的区别。① 仝晰纲认为："里是人们为了生活和生产方便而形成的以一定劳动力和一定生产资料相结合的社会共同体，它和原始村落并无本质的区别，只是随着国家的出现，它多少具备了地方基层行政单位的性质。"②张哲郎认为每百户一里的定制，是从秦汉以来慢慢形成的。③ 这种观点被史实和新材料否定。罗开玉具体分析了秦国的里和亭，把城中之里和乡村之里加以区分，并依据简牍资料系统探讨了里的五大行政职责。④ 任军从制度与社会互动方面论述了秦汉时期乡里制度的变化及其对社会的影响。⑤ 卜宪群通过对尹湾汉墓简牍的分析，认为汉代每个县所辖乡数及乡有秩的设置是很不平均的。⑥ 臧知非认为汉代乡的建制依辖区和人口分为不同级别，其性质是县政权的分支机构。乡吏属县吏，乡官部吏影响地方行政和社会秩序。⑦ 他认为秦汉时期里的形态和功能处于不断的变动之中，里的建置不断扩展，里的生产管理职能逐渐淡化，里内居民之间的关系也随着里民的身份、里内经济的发展变化而发生改变，从而促进了汉代的社会结构的变化。⑧

在秦汉时期，边境地区的乡里制度受到了学术界的特别关注。学者张春树通过对出土的汉代简牍文献以及传统历史文献的综合研究，深入探讨了汉代边疆地带的乡与里的组织结构、功能运作以及它们的地理分布格局。张春树对乡里的具体位置、围墙建筑、里门的定位等物理形态进行了详尽的分析，并且通过对里名的由来及其内涵的解读，揭示了边疆移民迁徙路径的历史痕迹和当时

---

① 王彦辉：《早期国家理论与秦汉聚落形态研究——兼议宫崎市定的"中国都市国家论"》，《中国社会科学》2014 年第 6 期，第 163～187 页。

② 仝晰纲：《中国古代乡里制度研究》，济南：山东人民出版社，1999 年，第 15～19 页；仝晰纲：《秦汉时期的里》，《山东师大学报》1988 年第 4 期。

③ 张哲郎：《乡遂遗规——村社的结构》，杜正胜主编《吾土与吾民》，北京：生活·读书·新知三联书店，1992 年，第 193 页。

④ 罗开玉：《秦国乡里亭新考》，《考古与文物》1982 年第 5 期。

⑤ 任军：《中国乡村政治制度的变迁及其对社会变革的影响》，《天津社会科学》1994 年第 1 期。

⑥ 卜宪群：《秦汉官僚制度》，北京：社会科学文献出版社，2002 年，第 324 页。

⑦ 臧知非：《简牍所见汉代乡部的建制与职能》，《史学月刊》2006 年第 5 期。

⑧ 臧知非：《秦汉里制与基层社会结构》，《东岳论丛》2005 年第 6 期。

人群的心理状态。① 另一位学者王宗维则专门针对汉代河西走廊四郡的乡里设置进行了研究。② 他利用汉简资料，阐述了这一地区"里"的设立情况，并指出作为基层行政单位的"里"，在河西四郡的发展过程中表现出的普遍性和快速扩张的特征。这些研究成果不仅丰富了我们对汉代边疆行政管理体系的认识，也为理解边地社会结构和文化发展提供了重要的视角和分析基础。

（2）聚落的空间形态。

美国著名的人文地理学家大卫·哈维提出了"历史—地理唯物主义"理论，其核心观点在于社会过程是塑造空间形态的决定性因素。③ 而法国学者阿兰·德芒戎在其著作《人文地理学问题》中，深入探讨了乡村聚落的聚集与分散居住模式，并从心理学与社会学的角度分析了这些居住模式的意义。④ 这些理论为我们研究古代基层社会地理空间提供了重要的分析工具和视角。

应用上述理论框架，我们可以更系统地讨论秦汉时期的基层乡里聚落的空间组织和分布特征，进而探究秦汉时期社会发展进程如何影响了聚落的空间结构。通过这种方法论，我们能够深化对古代中国社会地理构造的理解，并且揭示社会变迁与空间形态之间的内在联系。

关于古代基层行政单位"里"的空间结构性质，存在不同的观点和讨论。一些学者，如日本学者宫崎市定和宫川尚志，从城市国家的角度出发，提出了古代"里"具有封闭性的观点。⑤ 这种观点在一段时间内得到了广泛的关注，被称为"都市社会论"。然而，随着研究的深入，学术界开始对这一理论提出质

① 张春树：《汉代边地上乡和里的结构》，《汉代边疆史论集》，台北：食货出版社，1977 年，第 131~142 页。
② 王宗伟：《汉代丝绸之路的咽喉——河西路》，北京：昆仑出版社，2001 年，第 290~292 页。
③ 张佳：《大卫·哈维的历史—地理唯物主义理论研究》，北京：人民出版社，2014 年，第 70~71 页。
④ ［法］阿·德芒戎：《人文地理学问题》，葛以德译，北京：商务印书馆，2009 年，第 193 页。
⑤ ［日］宫崎市定：《关于中国聚落形体的变迁》，刘俊文主编《日本学者研究中国史论著选译》第 3 卷《上古秦汉》，黄金山、孔繁敏等译，北京：中华书局，1993 年，第 12 页。

疑，形成了一场关于"都市社会"的学术争论。这场争论的核心在于，不同学者在考察和论述乡里社会时所采用的视角和侧重点不同，导致了观点上的分歧，形成了一种多元化的学术争鸣状态。

具体到"里"的实际情况，争论的各方在讨论中并未对"里"的内涵和外延进行明确界定，这导致了对城邑中的"里"与乡野之"里"的界限模糊不清。此外，对班固关于"里"的概念理解也存在偏差，将其行政职能与自然属性混为一谈，未能准确把握"里"在古代社会中的多重角色和功能。为了更准确地理解古代"里"的结构和功能，未来的研究需要对这些概念进行更为细致的区分和深入的探讨。

随着秦汉时期聚落考古学研究的深入展开，学术界对乡里空间形态的理解也开始发生转变，逐渐认识到"里"从封闭性向开放性演变的过程。马新利用出土文献，考察了汉唐时期的村落结构，指出汉代的乡村组织体现了一种行政单位与自然聚落相一致的特性。[①] 邢义田结合简牍文书和考古发现的秦汉时期聚落遗址，采用个案分析的方式探讨了聚落形态的特色，并认为安土重迁是古代基层社会的显著特点。[②] 孙家洲通过对三杨庄遗址的发掘成果进行研究和分析，揭示了汉代房屋的特征，认为这些特征代表了当时"里"的基本居住形制。[③] 侯旭东则从聚落变迁史的角度出发，分析了自汉代以来聚落形态的变化，并追踪了自然聚落称呼的演变，阐明了"村"逐步成为聚落的通用称谓的过程。[④]

王彦辉提出，诸如"里聚""聚邑"以及"××聚"等术语，反映了国家行政管理中的不同概念："里聚"指的是开放式的村落，"聚邑"相当于具体的行政村，而"××聚"则指代都邑周边的卫星城镇或县属乡镇。他指出，在

---

① 马新：《中国古代村落形态研究》，北京：商务印书馆，2020 年。

② 邢义田：《从出土材料看秦汉聚落形态和乡里行政》，黄宽重主编《中国史新论：基层社会分册》，台北：联经出版事业有限公司，2009 年；收入《治国安邦：法制、行政与军事》，北京：中华书局，2010 年。

③ 孙家洲：《从内黄三杨庄聚落遗址看汉代农村民居形式的多样性》，《中国人民大学学报》2011 年第 1 期。

④ 侯旭东：《汉魏六朝的自然聚落——兼论"邨"、"村"关系与"村"的通称化》，黄宽重主编《中国史新论：基层社会分册》，台北：联经出版事业有限公司，2009 年。

秦及西汉初年，以"邑居"为主要形式，及至西汉中期以后，"散居"逐渐成为主流。① 在秦汉时期，"邑居"与"散居"方式并存，其中"聚"作为自然形成的聚落，被纳入国家的行政系统。乡里行政建制与自然发生的聚落，在纵向的历史进程中是分离的，而在横向的社会截面上则大致合一，总体上表现出合一与分离的并存状态。然而，文献所记载的秦汉时期的"聚"或"聚落"，与现代考古学意义上的聚落存在差异。② 自商周以来，中国就已呈现聚邑并存的局面，至秦汉时期，统一的帝国建立后，原本散落的聚落以自然状态被纳入国家行政体系，但这种纳入忽视了秦汉户籍制度、土地制度和行政区划制度的影响。

韩国学者金秉骏通过对汉代墓葬与县城之间距离的统计与分析，认为县城及其邻近地区的聚落与远离县城地区的聚落，在国家权力贯彻程度上存在差异。这种差异不仅随时代的变迁而变化，也在特定时期展现出多样化的现象。③ 邹水杰等认为，秦汉时期的乡里聚落经历了由封闭走向散居的过程。④ 尽管已有学者对秦汉聚落的性质进行了广泛讨论，但对该时期聚落的自然条件、交通状况、形态、分布结构及其特点等方面的研究仍显不足，而这些正是本书试图深入探讨的核心内容。

(二)秦汉时期乡里的行政运作

1. 乡亭里的统属关系问题

《汉书》卷19《百官公卿表》载："大率十里一亭，亭有长。十亭一乡，乡

---

① 王彦辉：《早期国家理论与秦汉聚落形态研究——兼议宫崎市定的"中国都市国家论"》，《中国社会科学》2014 年第 6 期，第 163~187 页。

② 王彦辉：《早期国家理论与秦汉聚落形态研究——兼议宫崎市定的"中国都市国家论"》，《中国社会科学》2014 年第 6 期，第 163~187 页。

③ ［韩］金秉骏：《汉代聚落分布 의변화-墓葬과县城 의거리분석을중심으로》，《중국고대중세역사연구》(제15 집)，2006 년제2 기간，제 51-152 페이지；又见［韩］金秉骏：《汉代聚落分布的变化——以墓葬与县城距离的分析为线索》，《考古学报》2015 年第 1 期。

④ 邹水杰等：《国家与社会视角下的秦汉乡里秩序》，长沙：湖南师范大学出版社，2014 年。

有三老、有秩、啬夫、游徼。"①关于这一制度，后世学者有许多不同的解读，主要争议点集中在乡与亭之间的统辖关系上。一些学者，如傅举有、熊铁基和冉光荣，认为乡和亭是属于同一性质且隶属于同一系统的地方行政组织。② 而王毓铨等则主张乡与亭的性质不同，且隶属的系统也有所区别。③ 连云港尹湾汉简的发现为这一争论提供了实质性的证据材料，王毓铨等的观点得到了新材料的支持。又根据里耶秦简的内容分析，可见"里"与"亭"确实隶属于两个不同的系统；尽管亭可能归属于乡的管理之下，但不存在亭直接管理乡里的情况。这进一步支持了王毓铨等的见解。

就"亭"的空间分布而言，严耕望将"亭"划分为"亭舍之亭""城聚之亭"和"部域之亭"三种类型。④ 周振鹤提出，在乡层级以下，"里"与"亭部"是并列设置的：其中"里"是居民户籍登记的基本单位，"亭部"则是乡级地域划分的单位，负责管理乡的土地籍册。⑤ 黄义军则将汉代的亭分为边疆亭和内郡亭两大类，后者又可以细分为都市之亭和乡野之亭。⑥ 亭的主要职能是维持治安，但其具体职能的侧重点与其所在的地理位置有关。从统属关系上看，亭长被纳入县级官吏的编制，并同时接受郡都尉的管辖。高荣指出，亭的设置与其职能紧密相关，其数量与地区的规模、交通距离和人口密度等因素息息相关。⑦ 亭的区位价值进而决定了其数量及分布的密集程度。苏卫国从乡村治理空间的角

　　① 班固：《汉书》，北京：中华书局，1962 年，第 742 页。
　　② 傅举有：《有关秦汉乡亭制度的几个问题》，《中国史研究》1985 年第 3 期；熊铁基：《"十里一乡"和"十里一亭"——秦汉乡亭里关系的决断》，《江汉论坛》1983 年第 5 期；冉光荣：《"乡""里"初探》，《民族论丛》1984 年第 2 期。
　　③ 王毓铨：《汉代"亭"与"乡""里"不同性质不同行政系统说》，《历史研究》1954 年第 5 期；蔡美彪：《汉代亭的性质及其行政系统》，《光明日报》1954 年 12 月 23 日；朱绍侯：《汉代乡亭制度浅论》，《河南师范大学学报》1982 年第 1 期；罗开玉：《秦国乡里亭新考》，《考古与文物》1982 年第 5 期；高敏：《秦汉"都亭"考略》，《学术研究》1985 年第 5 期；张金光：《秦乡官制度及乡、亭、里关系》，《历史研究》1997 年第 6 期。
　　④ 严耕望：《中国地方行政制度史：秦汉地方行政制度》，上海：上海古籍出版社，2007 年，第 60~66 页。
　　⑤ 周振鹤：《中国地方行政制度史》，上海：上海人民出版社，2014 年，第 141 页。
　　⑥ 黄义军：《关于汉代"亭"的几个问题》，《中国历史地理论丛》2006 年第 2 期。
　　⑦ 高荣：《"十里一亭"说考辨：秦汉亭制研究之一》，《南都学坛》2008 年第 3 期。

度出发，认为"乡"的治理范围局限于民聚空间，而"亭"则构成了县治下的另一片独立空间，这种结构体现了当时时代特色。① 除上述观点外，还有许多相关的研究论著，此处不再赘述。②

2. 秦汉乡里的治理方式

费孝通在其研究中揭示，在帝国权力辐射范围的边缘——乡村社会中，皇帝的权力呈现为一种"松弛的、微弱的、名义上的及无为的状态"，他以此阐释了中国传统皇权的一种"无为主义"特点。③ 温铁军将此现象精练地概述为"皇权不下县"，意指皇权直接干预的触角并未深入县级以下的乡村层级。吴理财进一步指出，尽管自三代起，中国的地方行政制度并未明确冠以"自治"之名，但确实存在实质性的"自治"现象。④ 自秦汉至清代，国家实施郡县制，政权的实际运作仅限于州县层级以上。在此背景下，乡绅阶层扮演了乡村社会主导角色，负责组织处理乡村公共事务，由此在客观上塑造了一定程度的乡村自治空间。然而，这一阶段的乡村治理模式更倾向于被称为"乡村绅治"，而非严格意义上的乡村自治。

美国学者古德也强调了相似的观点，他认为在中国的帝制统治下，官方行政管理尚未触及乡村基层，而宗族的力量却在维持乡村的稳定和秩序方面起到

① 苏卫国：《秦汉乡亭制度研究：以乡亭格局的重释为中心》，哈尔滨：黑龙江人民出版社，2010 年。

② 劳榦：《汉代的亭制》，《历史语言研究所集刊》第 22 本，1950 年；劳榦：《再论汉代的亭》，《古代中国的历史与文化》，北京：中华书局，2006 年，第 175~180 页；杨树藩：《汉代乡亭制度研究》，《大陆杂志》1955 年第 10 期；曲守约：《汉代之亭》，《大陆杂志》1955 年第 12 期；高敏：《秦汉时期的亭》，中华书局编辑部编《云梦秦简研究》，北京：中华书局，1981 年，第 310~311 页；吴礽骧：《河西汉塞调查与研究》，北京：文物出版社，第 2005 年，第 112 页；陈槃：《汉晋遗简识小七种》，上海：上海古籍出版社，2009 年，第 42~44 页；廖伯源：《汉代郡县乡亭之等级》，张德芳、孙家洲主编《居延敦煌汉简出土遗址实地考察论文集》，上海：上海古籍出版社，2012 年，第 9~20 页；李岩云：《汉代敦煌郡辖境邮、亭与置驿的设置》，张德芳、孙家洲主编《居延敦煌汉简出土遗址实地考察论文集》，上海：上海古籍出版社，2012 年，第 111~124 页；富谷至：《文书行政的汉帝国》，南京：江苏人民出版社，2013 年，第 187~223 页。

③ 费孝通：《乡土中国·生育制度·乡土重建》，北京：商务印书馆，2011 年，第 66、381 页。

④ 吴理财：《民主化与中国乡村社会转型》，《天津社会科学》1999 年第 4 期。

了关键作用。① 与此相呼应,马克斯·韦伯提出了"有限官制论",指出中华帝国正式的皇权管辖权主要局限于城市和次城市区域,一旦超出城墙界限,中央权威的有效性便急剧下降甚至丧失。② 舒绣文(Vivienne Shue)在她的研究中描绘了传统中国社会中并存的两种秩序和力量:一是以皇权为核心的"官治"秩序或国家力量,它构筑了一个自上而下的、层次鲜明的梯形结构;二是以家族为基础,形成"蜂窝状结构"的乡土秩序或民间力量,这样的村落自治共同体普遍存在于乡村之中。在这两种秩序之间起到桥梁作用的是乡绅精英阶层。③

此外,一些学者持有不同的见解。萧公权提出了"地方自治的概念与传统的乡村控制体系并不兼容"的观点,认为乡村无法实现真正意义上的自治。④这一观点得到了吉尔伯特·罗兹曼的支持,他认为地方自治的立场缺乏坚实的基础。⑤ 而秦晖通过对走马楼吴简所记载的乡村社会实际情况的分析,认为县以下的基层行政组织实际上是皇权向乡里延伸的表现。⑥ 与此同时,项继权主张王权是通过多层次的县以下组织与管理层级来实现对乡村社会的有效监控。⑦ 相比之下,张新光则认为,皇权专制集权的影响深远且广泛,不仅涉及乡里,而且几乎无所不在、无事不管。⑧

学者们对于中国古代皇权与乡村社会的关系,特别是在乡村自治程度的认

---

① [美]威廉·古德:《家庭》,魏章玲译,北京:社会科学文献出版社,1986 年,第166 页。

② [德]马克斯·韦伯:《儒教与道教》,洪天富译,南京:江苏人民出版社,1993年,第110 页。

③ Vivienne Shue:*The Reach of the State : Sketches of the Chinese Body Politic*,Standford University Press,1998:178.

④ 萧公权:《中国乡村:论十九世纪的帝国控制》(英文版),北京:中国人民大学出版社,2014 年,第 7 页。

⑤ [美]吉尔伯特·罗兹曼:《中国的现代化》,国家社会科学基金"比较现代化"课题组译,南京:江苏人民出版社,2003 年,第 54 页。

⑥ 秦晖:《传统中华帝国的乡村基层控制:汉唐间的乡村组织》,参见《传统十论:本土社会的制度、文化及其变革》,上海:东方出版社,2014 年,第 7~42 页。

⑦ 项继权:《中国乡村治理的层级及其变迁——兼论当前乡村体制的改革》,《开放时代》2008 年第 3 期。

⑧ 张新光:《质疑"皇权不下县":基于宏观的长时段的动态历史考证》,《华东理工大学学报》(社会科学版)2007 年第 1 期。

识上存在分歧。一方面，有学者强调乡村社会在某种程度上的自治特征，尤其是乡绅阶层的作用；另一方面，也有学者坚持认为，即便在乡村层级，皇权的存在与影响仍不容忽视，甚至是通过间接方式实现了对乡村社会的深度掌控。

3. 吏员设置与行政运作

现有对秦汉时期的乡里吏员的研究中，对其具体职能的探讨占据了显著位置，相关文献积累丰富，但关于乡官里吏内部上下级关系及其运行秩序的研究相对薄弱，这一领域尚待深化，而这正是本书重点关注的核心议题之一。在秦汉体制下，乡官里吏体系包括但不限于三老、啬夫、伍长、什长、里监门、田典、里正(亦称里典、里魁)、社宰、里治中从事、里祭尊、里祭酒等多种职务，这些官员构成了基层行政管理体系的重要组成部分。

随着新材料如简牍文书的不断发现与释读，关于秦汉时期乡官里吏制度的研究得以持续拓展和深入。严耕望在前人研究基础上，归纳了乡官制度的三大特点：首先，乡官在行政系统中处于上级长吏与下级民众之间的中介地位，参与地方政务，但却没有固定的实质性执行职权；其次，他们作为民间诉求的代表，代为集体呈诉，与地方政府的常规奏报机制具有本质区别；最后，乡官虽然身居职位，却并无固定俸禄。① 而周长山则从汉代城市基层社区视角出发，对里吏的具体职责及其所在的社会功能展开了细致剖析。② 卜宪群通过对尹湾汉简中有关乡官设置的考察，进一步证实了汉代各县级行政区划内乡的数量以及乡吏的配置情况并非均衡一致，而是呈现出一定的地域差异性。③ 这一发现有助于我们更全面地理解汉代乡里行政架构的复杂性和灵活性。

关于乡官与乡里治理的研究，学界成果颇丰。张金光教授明确提出，乡官是封建王朝基层政权组织的基石，对乡治具有根本性影响。在乡官体系中，啬夫通常被视为正职，而佐为其副职。④ 王彦辉和徐杰令两位学者进一步指出，乡官作为农村的最高行政长官，其行使的职权兼具自主性和灵活性，并与宗族

---

① 严耕望：《中国地方行政制度史：秦汉地方行政制度》，上海：上海古籍出版社，2007 年。

② 周长山：《汉代城市研究》，北京：人民出版社，2001 年。

③ 卜宪群：《秦汉官僚制度》，北京：社会科学文献出版社，2002 年，第 324 页。

④ 张金光：《秦乡官制度及乡、亭、里关系》，《历史研究》1997 年第 6 期。

组织紧密交织。① 马新研究员则系统阐述了两汉时期，乡村管理涵盖了行政管理、经济调节以及治安维护三条主要路径。②

　　王爱清从社会学视角解析了秦汉时期以王权为核心对乡里进行有效控制的机制。随着尹湾汉简的出土，对汉代乡官制度的研究步入更为具体的阶段。③吴大林和尹必兰两位学者详细探讨了东海郡下属乡及其乡官设置的数量和构成。④ 杨际平教授注意到，在实际运作中，乡有秩(或乡啬夫)有时会出现缺置情况，游徼、啬夫也可能出现空缺，而亭长则相对稳定，不易出现空缺。⑤ 朱绍侯教授则提出，"三老"实际上是一种荣誉头衔，并非正式编制内的乡官，也不应被视作乡官群体中的首脑人物。⑥ 卜宪群、于琨奇以及韩国学者金秉骏等，同样围绕尹湾汉简展开讨论，揭示了汉代地方官制的重要特征和意义。⑦

　　与此同时，里耶秦简的发现为深化相关研究提供了宝贵资料。黄海烈基于里耶秦简，从名称、内涵、职能等多个维度对秦代地方官吏进行了严谨的考证和分析。⑧ 卜宪群根据里耶秦简的新发现，进一步揭示了乡一级除了已知的乡啬夫、乡佐之外，还包括隶属于都官系统的乡司空、仓主、田官、田典等官职，并详述了乡啬夫及其副职乡佐的秩次关系，指出乡啬夫同样是经中央政府任命的职务，而里一级的领导者也需要由上级政府任命，且这一过程遵

---

① 王彦辉、徐杰令：《论东周秦汉时期的乡官》，《史学集刊》2001 年第 3 期；王彦辉：《汉代豪民与乡里政权》，《史学月刊》2000 年第 4 期。

② 马新：《两汉乡村管理体系新论》，《山东大学学报》(哲学社会科学版)1997 年第 1 期。

③ 王爱清：《秦汉乡里控制研究》，济南：山东大学出版社，2010 年，第 46~78 页。

④ 吴大林、尹必兰：《西汉东海郡各县、邑、侯国及乡官的设置》，《东南文化》1997 年第 4 期。

⑤ 杨际平：《汉代内郡的吏员构成与乡、亭、里关系——东汉郡尹湾汉简研究》，《厦门大学学报》(哲学社会科学版)1998 年第 4 期。

⑥ 朱绍侯：《〈尹湾汉墓简牍〉解决了汉代官制中的几个疑难问题》，《许昌师专学报》1999 年第 1 期。

⑦ 卜宪群：《西汉东海郡吏员设置考述》，《中国史研究》1998 年第 1 期；于琨奇：《尹湾汉墓简牍与西汉官制探析》，《中国史研究》2000 年第 2 期。

⑧ 黄海烈：《里耶秦简与秦地方官制》，《北方论丛》2005 年第 6 期。

循一定的法定程序。① 李晓筠也赞同，我国秦汉时期的乡村机构设置在许多方面展现出比以往认知更为完善、复杂的特点，体现出早期成熟的组织性和严密性。②

里耶秦简的出土为我们深入了解县域内文书行政的模式与方式提供了原始材料，对文书撰写者的身份、文书性质以及文书时效性要求等方面有了直观的认知。然而，对于乡里层面的文书行政运作方式的研究仍有待加强，尤其是县域内文书传递的形式与机制，将是本书重点关注和探讨的内容。

三、研究方法

陈寅恪先生说："一时代之学术，必有其新材料与新问题。取用此材料，以研求问题，则为此时代学术之新潮流。治学之士得预此潮流者，谓之预流（借用佛教初果之名）。其未得预者，谓之未入流。此古今学术之通义，非彼闭门造车之徒所能同喻者也。"③随着秦汉时期的简牍、考古等新材料的出现，为我们在这方面的研究提供可能。傅斯年先生说"史学便是史料学"，史学家的责任就是"上穷碧落下黄泉，动手动脚找东西"，④"只要把材料整理好，则事实自然显明了。一分材料出一分货，十分材料出十分货，没有材料便不出货"。⑤ 在前人的研究基础上，本书通过对传世文献资料的爬梳整理，以及对新出资料的分析，就秦汉时期基层行政单位的级别变迁及其原因进行分析，以为现代行政区划的建设提供借鉴。现有秦汉聚落考古的成果，为乡里研究提供了地域空间方面的新资料，也带来了新课题。据此对秦汉时期的乡里聚落的空

---

① 卜宪群：《秦汉之际乡里吏员杂考：以里耶秦简为中心的探讨》，《南都学坛》2006年第1期。

② 李晓筠：《论秦汉时期乡村机构的设置：从简牍等考古材料说开去》，《鲁东大学学报》（哲学社会科学版）2011年第2期。

③ 陈寅恪：《陈垣敦煌劫余录序》，《金明馆丛稿二编》，北京：生活·读书·新知三联书店，2011年，第266页。

④ 傅斯年：《史学方法导论》，《傅斯年全集》（第二卷），长沙：湖南教育出版社，2003年，第309页。

⑤ 傅斯年：《历史语言所工作之旨趣》，《傅斯年全集》（第三卷），长沙：湖南教育出版社，2003年，第10页。

间分布和空间结构进行初步分析和探讨，找到他们在空间形态上的时代特征及意义。此外，本书还借鉴前人的方法并找寻符合自己的研究内容的适当方法。

1. 文献资料和考古资料的梳理、分析和对比

王国维在《古史新证》一书的《序言》中指出：“吾辈生于今日，幸于纸上之材料外，更得地下之新材料。由此种材料，我辈固得据以补正纸上之材料，亦得证明古书之某部分全为实录，即百家不雅驯之言亦不无表示一面之事实。此二重证据法，惟在今日始得为之。虽古书之未得证明者，不能加以否定，而其已得证明者，不能不加以肯定，可断言也。”①王氏所提倡的“二重证据法”为学界所公认现今比较科学的研究方法。在本研究中亦综合使用“纸上”与“地下”资料相结合的方法。其中，秦汉史研究的传世文献主要有《史记》《汉书》《后汉书》《三国志》等基本文献，考古资料则有出土的秦汉简牍、秦汉聚落遗址、出土的陶器、墓葬壁画、画像石以及玺印封泥、石刻资料等。

2. 对研究对象的资料进行分类、统计和分析

本书所涉资料零散存在于不同时期的不同文献中，通过对这些材料的定向分类，对需要计算其比率的做出大致精确的数据，并分析其所占比重，从而明确相关对象的重要性和变化程度。在研究地方行政单位级别的升降现象时，相对全面地统计研究对象资料，并按研究目的进行分类，最终形成表格，明确研究对象状态。对于存在于封泥、玺印等载体的资料，则与文献资料进行校对，再进行分类、统计。对于遗址类的资料，按具有共同特征的研究对象进行分类，并对其特征进行记录整理，再归纳其异同，通过对比分析产生这种现象的内在因素。

3. 对研究对象进行空间分析

这种方法旨在揭示秦汉时期单个或多个聚落的分布格局及其内部空间结构特性。具体而言，我们首先系统性地识别和描绘出各单个聚落所处的自然环境要素，包括但不限于交通道路网络、水系分布（如河流）、农田分布、居住区（房屋）以及相关的生活配套设施布局等，同时考量其所在的地形地貌特征，诸如山地、平原、丘陵、高原等地形类型，以便深入剖析这些聚落占据的空间

---

① 王国维：《古史新证》，长沙：湖南人民出版社，2010 年，第 2 页。

范围及其与周边自然环境的互动关系。进而，我们将通过空间分析方法获取的成果与对基层行政单位的研究结论相整合，以此探究社会历史进程如何塑造和影响了这些聚落的空间形态演变。这样的综合研究策略不仅有助于提升我们对秦汉时期聚落形态变迁的深层次理解，也有利于构建一个更为全面且精细的"社会—空间"相互作用模型。

四、相关概念说明

本书用到的两个主要概念为"聚落"和"乡里"。人类聚居和生活的场所就是聚落，主要分为城市聚落和乡村聚落两种类型。"聚落"一词在中国古代多指以农业生产为主的乡村聚落，如《汉书》卷29《沟洫志》载：河水"时至而去，则填淤肥美，民耕田之。或久无害，稍筑室宅，遂成聚落"。① 聚落形态主要是指构成乡村聚落的各种事物的平面展布方式，即组成乡村聚落的建筑、窖藏、圈棚、晒场、道路、水井、宅旁绿地以及商业服务、文教等公用设施的布局形式。一般乡村聚落形态可以分为集聚型和散漫型两种。集聚型村落又称集村，多数住宅集聚在一起。散漫型村落称之为散村。② 聚落的外部形态和类型与当地的地理环境有密切联系。考察某一聚落的空间时，除了房屋建筑之外，还要关注与居民生活有直接关系的其他生活设施和生产设施。如聚落四周环境状况、地形地貌，山川河流及周围的道路，建筑物内外的灶台、水井、窑址、灰坑等。聚落具有不同的平面形态，它受经济、社会、历史、地理诸条件的制约。聚落的形态的集聚或分散也可能与其形成的时间有关。发展历史悠久的村落多为集聚的形态，新形成或开发时间较短的区域村落形态可能比较分散。

地方行政制度研究由两部分组成，一是行政区划，二是地方组织。③ 乡里组织为地方上最基层的行政组织，占据一定的空间和区域。本书重点讨论的乡

① 班固：《汉书》，北京：中华书局，1962 年，第 1692 页。
② 左大康主编：《现代地理学辞典》，北京：商务印书馆，1990 年，第 699 页。
③ 周振鹤：《中国地方行政制度史》，上海：上海人民出版社，2005 年，绪言，第 1页。

里组织是位于城市之外的乡里组织。它与乡村聚落有一定联系也有区别。相同之处是乡里和乡村聚落都是居民生活的场所；不同的是乡里都具有行政职能，直接或者间接被行政控制，属于行政化了的聚落，被纳入了政府的行政管理范围。聚落则可分为两种情况，一种是行政化了的聚落，即地方基层组织的乡里，具有行政职能和政府性质；另一种是自然的聚落，不隶属于任何行政组织和政府。本书讨论的乡村聚落是具有行政性质的聚落，亦即乡里。因此在行文过程中有时称乡里有时称聚落，其内涵都是指具有行政性质的聚落而非自然聚落。

目　　录

第一章　秩序之基：秦汉乡里户数与规模

　　法国地理学家维达尔·白兰士说，在以中国为核心的远东社会中，以家庭和村落牢固组成的体系是真正的基石，由此我们便可发现归因于地理环境的耕作方法与那种组织形态之间的因果关系，其中后者也是我们在那里发现的唯一明确普遍存在的组织形态，① 这种形态的组织正是地方政治、经济和文化活动的核心。在"里"之上，有"乡"这一更高层次的行政组织，它们共同构成了帝国地方社会的基本面貌。政治管理和经济要求通过乡官和里吏得以实施，体现着政治权威和行政秩序。

　　关于秦汉时期乡、里的具体数量，现存文献和考古资料并未提供确切数据。然而，通过对相关史料的分析，我们可以对这一时期的乡、里总数进行合理推测。此外，关于"里"的设置标准，学界多聚焦于户籍、户数，但传世文献中对户数的记载存在差异。通过对这些数据的系统整理和科学分析，我们能够揭示出不同记载所反映的户数特征，尽管学界对此尚未充分探讨。本章将详细梳理传世文献和出土资料中关于"里"的户数记载，旨在揭示其设置的特征，并从新视角审视"里"的组织问题。通过对这些特征的深入分析，我们期望能够更准确地理解秦汉时期地方行政组织的运作机制。

第一节　秦汉乡里的数量

　　秦汉时期乡、里的具体数量，史无明文，乡里基层行政组织随着社会的发

---

　　① ［法］吕西安·费弗尔：《大地与人类演进：地理学视野下的史学引论》，高福进、任玉雪等译，上海：上海三联书店，2012年，第48页。

展而不断分化合并，其变化过程也难以确知。但传世文献和考古资料提供了大致的数目，据此或可推测这一时期乡里的大致数量。

一、传世文献所见的乡里数量

《汉书》卷19《百官公卿表》载："县令、长，皆秦官，掌治其县。万户以上为令，秩千石至六百石。减万户为长，秩五百石至三百石。皆有丞、尉，秩四百石至二百石，是为长吏。百石以下有斗食、佐史之秩，是为少吏。大率十里一亭，亭有长。十亭一乡，乡有三老、有秩、啬夫、游徼。"①从这则材料可以得出的信息是，作为县一级的行政单位，治理万户左右的居民。以一万户居民为参考标准，县的行政差别从两个方面得以体现，一是县级行政长官的名称不同，居民达到万户以上称为"令"，不足万户的则称"长"，其居民户数以万为标准的上限和下限均未明确。《汉书》卷19《百官公卿表》载"凡县、道、国、邑千五百八十七，乡六千六百二十二，亭二万九千六百三十五"。②据此平均计算，每个汉县平均约有4个乡。《续汉书·郡国志》载："世祖中兴，惟官多役烦，乃命并合，省郡、国十，县、邑、道、侯国四百余所。至明帝置郡一，章帝置郡、国二，和帝置三，安帝又命属国别领比郡者六，又所省县渐复分置，至于孝顺，凡郡、国百五，县、邑、道、侯国千一百八十，民户九百六十九万八千六百三十，口四千九百一十五万二百二十。"本注曰："《东观书》曰：'永兴元年，乡三千六百八十二，亭万二千四百四十二。'"③若依此计算，则在东汉永兴元年（公元105年），综合县、邑、道、侯国共计1587个，乡有3682个，则每县平均拥有约3个乡。

汉代长安可考的有3乡（建章乡、东乡、卢乡）23个里。④据《三辅黄图》记载，汉长安计有闾里160个，另有市里36个。⑤则长安共有里196个。

---

① 班固：《汉书》，北京：中华书局，1962年，第742页。
② 班固：《汉书》，北京：中华书局，1962年，第742页。
③ 范晔：《后汉书》，北京：中华书局，1962年，第3533页。
④ 王子今：《汉代长安乡里考》，《人文杂志》1992年第6期。
⑤ 何清谷：《三辅黄图校释》，北京：中华书局，2005年，第106、93页。

二、出土材料所见的乡里数量

出土材料提供了部分县乡里的数量。2002 年 6—7 月，在湖南省湘西土家族苗族自治州龙山县里耶镇里耶古城 1 号井，发现了共 36000 多枚秦简牍，其主要内容是秦洞庭郡迁陵县的行政文书档案，其中不乏当时迁陵县的乡里情况。晏昌贵教授通过研究认为，秦迁陵县当时共有三乡：都乡、启陵乡、贰春乡；六里：高里、阳里、成里、南里、东成里、舆里。① 凡国栋、宫宅洁、鲁西奇与此观点基本一致。② 张新超认为乡里设置有动态变化，迁陵县应有四乡，其中比较稳定存在的有三乡。③

西北地区出土的汉简记录了大量的乡里名称。据统计，居延汉简所载张掖郡属县的乡里共有 220 个：居延县 101 个；觻得县 60 个；昭武县 15 个；屋兰县 9 个；氐池县 18 个；日勒县 10 个；番和县 4 个；骊靬县 2 个；显美 1 个。④

1973 年湖南省长沙市马王堆 3 号西汉墓中发现了《箭道舆地图》，⑤ 图上明确记有"里"有 45 个，⑥ 若按照"十里一乡"的标准计算，则箭道至少要拥有 5 个乡级行政机构。

① 晏昌贵、郭涛：《里耶简牍所见秦迁陵县乡里考》，《简帛》第 10 辑，上海：上海古籍出版社，2015 年，第 145~154 页。

② 凡国栋：《里耶秦简所见秦墓层地方行政体系》，湖南省文物考古研究所编《湖南考古辑刊》第 11 集，北京：科学出版社 2015 年，第 303 页；[日]宫宅洁：《秦代迁陵县志初稿——里耶秦简所见秦的占领支配与驻屯军》，刘欣宁译，周东平、朱腾主编《法律史译评》第 5 卷，上海：中西书局 2017 年，第 22 页。鲁西奇：《中国古代乡里制度研究》，北京：北京大学出版社，2021 年，第 141~159 页。

③ 张新超：《再论秦迁陵县的乡里组织及相关问题》，《史学月刊》2024 年第 4 期。

④ 纪向军：《居延汉简中的张掖乡里及人物》，兰州：甘肃文化出版社，2014 年，第 11~89 页。

⑤ 邢义田：《论马王堆汉墓"驻军图"应正名为"箭道封域图"》，《湖南大学学报》(社会科学版)2007 年第 5 期；收入《治国安邦：法制、行政与军事》，北京：中华书局，2011 年，第 341~355 页。本书认为该图在汉代的准确名称应为《箭道舆地图》径改，详述见下文。

⑥ 此处"里"的数据来源，参见裘锡圭主编：《长沙马王堆汉墓简帛集成》(第六册)，北京：中华书局，2014 年，第 116~117 页。

1993 年，文物考古工作者在江苏省连云港市东海县温泉镇尹湾村，对 6 号汉墓进行了抢救性发掘，该墓出土的 23 枚木牍，其中有被称为《集簿》的木牍，记载了当时东海郡的行政建置、人口数量、户口、垦田与钱谷等方面的统计的资料，记载的东海郡的县道、乡、里情况为：

县、邑、侯国卅八：县十八，侯国十八，邑二。其廿四有堠。都官二。

乡百七十，长百六，里二千五百卅四，正二千五百卅二人。

亭六百八十八，卒二千九百七十二人；邮卅四，人四百八。如前。

界东西五百五十一里，南北四百八十八里。如前。

县三老卅八人。乡三老百七十人，孝、弟、力田各百廿人。凡五百六十八人。

吏员二千二百三人。大守一人，丞一人，卒史九人，属五人，书佐十人，啬夫一人，凡廿七人。

都尉一人，丞一人，卒史二人，属三人，书佐五人，凡十二人。

令七人，长十五人，相十八人，丞卅四人，尉卌三人，有秩卅人，斗食五百一人，佐使(史)、亭长千一百八十二人，凡千八百卌人。

侯家丞十八人，仆、行人、门大夫五十四人，先(洗)马、中庶子二百五十二人。凡三百廿四人。

户廿六万六千二百九十，多前二千六百廿九。其户万一千六百六十二获流。①

根据这枚木牍记录的数据计算，东海郡有县、邑、侯国 38 个、乡 170 个，里有 2534 个，则每个县级行政单位平均有 5 个乡。如果按照"十里一乡"来计算的话，东海郡应该有 253 个乡的设置才较合理。这种与原则上规定的"十里

---

① 张显成、周群丽：《尹湾汉墓简牍校理》，天津：天津古籍出版社，2011 年，第 3～4 页。

一乡"产生的矛盾该如何解释呢？除了与社会发展过程的动态性、复杂性有关之外，班固已经给出了符合实际情况的答案："县大率方百里，其民稠则减，稀则旷，乡、亭亦如之。"①亦即乡里设置与人口和地域空间相关。

尹湾汉墓竹简所载，西汉晚期东海郡共有县邑侯国 38 个、乡 170、亭 688 个、里 2534 个。平均每县约有乡 5 个，有里 67 个，每乡约有 15 个里，每县有亭约 18 个，每乡有亭约 4 个，平均约 4 个里设置 1 亭。

从上述材料所述每个县的乡里数量来看，这些里的数量本身也存在着地域性差异，但可以据此得出平均数。若以迁陵县（6 个里）、长安（160 个里）、张掖郡（平均每县 28 个里）、东海郡（平均 67 个里）四处为标本而计，则平均每县有近 65 个里。据《汉书》卷 28《地理志》记载，当时共计有县邑道侯国 1587 个，则汉代共有里数大约为 103155 个。这是一个总体数量，如果分摊到每县，则数量又各不相同，随着地域、人口、时代的变化而呈现出一种动态变化。

第二节 秦汉时期乡里的规模

秦汉时期里的规模在传世文献和出土材料中都有记载，但具体数字并不统一。就里的户数而言，从一里十几户到上百户不等。因此对于探究里的设置标准就显得很复杂。要弄清楚里的设置情况，只有对相关资料进行系统整理，并对资料中反映的信息作具体分析，才可能得出比较科学的认识。

一、传世文献所记里的规模

先秦秦汉时期"里"的户数，可从一些反映先秦、秦汉时期"里"的传世文献中得知一些大致情况。现分列举如下：

（1）《尚书大传·皋陶谟》：

---

① 班固：《汉书》，北京：中华书局，1965 年，第 742 页。

古者处师，八家而为邻，三邻而为朋，三朋而为里，五里而为邑，十邑而为都，十都而为师，州十有二师焉。①

文献中所言的户数从"家"到"里"数量的递增规律是 3 的倍数，从"里"到"都"为 5 的倍数，里的"家"数规定为 72，此处的户数指的是作"师"标准，这种制度反映的年代并不清楚，推测为"盖虞夏之数"。

（2）《诗经·郑风·将仲子》：

将仲子兮，无逾我里，无折我树杞。②

这首诗中的"里"应该是有明确边界的，周围还种有杞杞。毛亨注释曰："二十五家为里。"毛亨生卒年不详，或为西汉初年人，其所说的里的户数大致为 25 户，可能是当时一般里户的数量。

（3）《周礼·地官·大司徒》：

令五家为比，使之相保；五比为闾，使之相受；四闾为族，使之相葬；五族为党，使之相救；五党为州，使之相周；五州为乡，使之相宾。

郑玄注曰："此所以劝民者也。使之者，皆谓立其长而教令使之。保犹任也。……闾二十五家族。"贾公彦疏："此经说大司徒设比闾至于州乡等第家数，各立其官长，教劝于民。"③闾同里，一里 25 家，这样设置的目的，贾公彦认为主要是为了"立其官长"，便于管理。

又《周礼·地官·遂人》：

---

① 皮锡瑞：《尚书大传疏证》，《师伏堂丛书》第 3 册，南京：凤凰出版社，2014 年，第 38 页。
② 孔颖达：《毛诗正义》，北京：中华书局，1980，第 337 页。
③ 郑玄注，贾公彦疏：《周礼注疏》，李学勤主编《十三经注疏：整理本》，北京：北京大学出版社，2000 年，第 264 页。

遂人，掌邦之野，以土地之图经田野，造县鄙形体之法。五家为邻，五邻为里，四里为酂，五酂为鄙，五鄙为县，五县为遂，皆有地域，沟树之，使各掌其政令刑禁，以岁时稽其人民，而授之田野，简其兵器，教之稼穑。

郑玄注曰："邻、里、酂、鄙、县、遂，犹郊内比、闾、族、党、州、乡也。郑司农云：'田野之居，其比伍之名，与国中异制，故五家为邻。'（郑）玄谓异其名者，示相变耳。遂之军法，追胥起徒役，如六乡。"①这里提到了"野"，即郊外里的情况是以 5 的倍数设置，并且用种树的方式加以区别。虽说"与国中异制"，但"国中"里的设置情况没有提及。《周礼》成书于春秋末叶或战国前期，② 书中的乡里制度或能反映这一时期里的户数的实际情况。然而《周礼》中的闾里设置的目的是设置"长"来管理人民，且郊外的组织以军事性质的形式进行组织的，具有明显的军事管理性质，而民事管理的模式也就脱胎于此。

(4)《春秋公羊传·宣公十五年》：

什一者，天下之中正也，什一行而颂声作矣。

何休注曰："在田曰庐，在邑曰里，一里八十户，八家共一巷中。里为校室，选其耆老有高德者名曰父老，其有辩护伉健者为里正，皆受倍田得乘马。"③从何休的注释来看，处在田间的称为"庐"，在城邑中的称为"里"，每里 80 户，8 家共一条巷，每里有 10 条巷，里内结构很整齐。推选比较有能力的治理人员"父老"和"里正"，这些人员在经济上及社会地位上都有优遇。

---

① 郑玄注，贾公彦疏：《周礼注疏》，李学勤主编《十三经注疏：整理本》，北京：北京大学出版社，2000 年，第 390 页。

② 关于《周礼》一书的成书年代及诸种说法，参见沈长云、李晶：《春秋官制与〈周礼〉比较研究——〈周礼〉成书年代再探讨》，《历史研究》2004 年第 6 期。

③ 何休：《春秋公羊传注疏》，上海：上海古籍出版社，2014 年，第 678~679 页。

（5）《庄子外·胠箧》：

> 阖四竟之内，所以立宗庙社稷，治邑屋州闾乡曲者，曷尝不法圣人哉！

成玄英疏引《司马法》："六尺为步，步百为亩，亩百为夫，夫三为屋，屋三为井，井四为邑。"又云："五家为比，五比为闾，五闾为族，五族为党，五党为州，五州为乡。"又引郑玄云："二十五家为闾，二千五百家为州，万二千五百家为乡。"①"家""比""闾""族""党""州""乡"的家数按5的倍数递增，"比"或与"伍"同，此一里户数与《周礼》同，都是25户。

（6）《礼记·杂记下》：

> 姑、姊妹，其夫死，而夫党无兄弟，使夫之族人主丧；妻之党，虽亲弗主。夫若无族矣，则前后家，东西家；无有，则里尹主之。

郑玄注引《王度记》："百户为里，里一尹，其禄如庶人在官者。"孔颖达正义："按《周礼》六乡之内，二十五家为闾，闾置一胥，中士也。六遂之内，二十五家为里，里置一宰，下士也。引《王度记》者，更证里尹之事。"②《王度记》中100户为里，不知是何时代。然而置设"尹"的目的也很明显，都是为了管理里内居民。

（7）《管子·小匡》：

> 桓公曰："参国奈何？"管子对曰："制国以为二十一乡：商工之乡六，士农之乡十五。公帅十一乡，高子帅五乡，国子帅五乡。参国故为三军。

---

① 郭庆藩撰，王孝鱼点校：《庄子集释》，北京：中华书局，2012年，第351~352页。

② 郑玄注，孔颖达等正义：《礼记正义》，李学勤主编《十三经注疏：整理本》，北京：北京大学出版社，2000年，第1215~1216页。

公立三官之臣：市立三乡，工立三族，泽立三虞，山立三衡。制五家为轨，轨有长；十轨为里，里有司；四里为连，连有长；十连为乡，乡有良人；三乡一帅。①

……

管子乃制五家以为轨，轨为之长；十轨为里，里有司；四里为连，连为之长；十连为乡，乡有良人，以为军令。是故五家为轨，五人为伍，轨长率之。十轨为里，故五十人为小戎，里有司率之。四里为连，故二百人为卒，连长率之。十连为乡，故二千人为旅，乡良人率之。五乡一师，故万人一军，五乡之师率之。②

(8)《国语·齐语》：

管子于是制国：五家为轨，轨为之长；十轨为里，里有司；四里为连，连为之长；十连为乡，乡有良人焉。以为军令：五家为轨，故五人为伍，轨长帅之；十轨为里，故五十人为小戎，里有司帅之；四里为连，故二百人为卒，连长帅之；十连为乡，故二千人为旅，乡良人帅之；五乡一帅，故万人为一军，五乡之帅帅之。③

上述第(7)(8)则同为管子所制，一里50家，置有司管理，带有明显的军事色彩，也反映了齐地基层组织的管理方式。

(9)《鹖冠子·王鈇》：

五家为伍，伍为之长；十伍为里，里置有司；四里为扁，扁为之长；十扁为乡，乡置师；五乡为县，县有啬夫治焉；十县为郡，有大夫守焉，

---

① 黎翔凤：《管子校注》，北京：中华书局，2004年，第400页。
② 黎翔凤：《管子校注》，北京：中华书局，2004年，第413页。
③ 徐元诰：《国语集解》，北京：中华书局，2002年，第224页。

命曰官属。①

《鹖冠子》的成书年代在秦建立之前，② 该书以黄老思想为主，其中关于"里"的规模记录或与楚国的地方行政体制有关。与齐地也有相似之处，从"伍"到"里"，是以 5 的倍数设置，"里"到"扁"为 4，"扁"到"乡"为 10，"乡"到"县"为 5，"县"到"郡"为 10。这里的"扁"对应的是《管子·小匡》《国语·齐语》的"连"，都是由 4 个里组成，每里原则上 50 家，置有司进行管理。

(10)《汉书》卷 49《晁错传》：

> 臣又闻古之制边县以备敌也，使五家为伍，伍有长；十长一里，里有假士；四里一连，连有假五百；十连一邑，邑有假候：皆择其邑之贤材有护，习地形知民心者，居则习民于射法，出则教民于应敌。故卒伍成于内，则军正定于外。③

晁错所言古之里制的目的是在"制边县以备敌"的情况，每里 50 家，设有"假士"管理。这种组织的设置方式与《管子·小匡》《国语·齐语》《鹖冠子·王鈇》相同，那么他所说的"古制"可能就是齐、楚"制边"之制。

(11)《汉书》卷 24《食货志》：

> 在野曰庐，在邑曰里。五家为邻，五邻为里，四里为族，五族为党，五党为州，五州为乡。乡，万二千五百户也。邻长位下士，自此以上，稍登一级，至乡而为卿也。④

《春秋公羊传·宣公十五年》何休注为"在田曰庐"，此处为"在野曰庐"，

---

① 黄怀信：《鹖冠子校注》，北京：中华书局，2014 年，第 178 页。
② 李学勤：《马王堆帛书〈鹖冠子〉》，《江汉考古》1983 年第 2 期。
③ 班固：《汉书》，北京：中华书局，1962 年，第 2289 页。
④ 班固：《汉书》，北京：中华书局，1962 年，第 1121 页。

则"田""野"意思相近，每里有 25 户，100 户为"族"，且随着户数的增多，"邻长"至"乡长"的爵级也在上升。

(12)《汉书》卷 63《武五子传》：

> (孝宣)帝初即位，下诏曰："故皇太子在湖，未有号谥，岁时祠，其议谥，置园邑。"有司奏请："礼：'为人后者，为之子也。'故降其父母不得祭，尊祖之义也。陛下为孝昭帝后，承祖宗之祀，制礼不逾间。谨行视孝昭帝所为故皇太子起位在湖，史良娣冢在博望苑北，亲史皇孙位在广明郭北。谥法曰'谥者，行之迹也'，愚以为亲谥宜曰悼，母曰悼后，比诸侯王园，置奉邑三百家。故皇太子谥曰戾，置奉邑二百家。史良娣曰戾夫人，置守冢三十家。园置长丞，周卫奉守如法。"以湖阌乡邪里聚为戾园，长安白亭东为戾后园，广明成乡为悼园。皆改葬焉。
>
> 后八岁，有司复言："礼'父为士，子为天子，祭以天子'。悼园宜称尊号曰皇考，立庙：因园为寝，以时荐享焉。益奉园民满千六百家，以为奉明县。尊戾夫人曰戾后，置园奉邑，及益戾园各满三百家。"[1]

孝宣帝在湖县阌乡邪里聚为戾太子置 200 家以为奉邑，名"戾园"，则此聚落行政级别应为里一级，其所置"长丞"的级别高过了一般里正，"戾后园""悼园"的行政级别当与此同。八年后，"悼园"因为户数"满千六百家"，而升级为"县"，其所置官吏应随之升级，这种里的规模或是一种特例。

(13)《汉书》卷 59《张汤传》：

> 宣帝即位，而贺已死。上谓安世曰："掖廷令平生称我，将军止之，是也。"上追思贺恩，欲封其冢为恩德侯，置守冢二百家。贺有一子蚤死无子，子安世小男彭祖。彭祖又小与上同席研书，指欲封之，先赐爵关内侯。故安世深辞贺封，又求损守冢户数，稍减至三十户。上曰："吾自为

---

①　班固：《汉书》，北京：中华书局，1962 年，第 2748 页。

掖廷令，非为将军也。"安世乃止，不敢复言。遂下诏曰："其为故掖廷令张贺置守冢三十家。"上自处置其里，居冢西斗鸡翁舍南，上少时所尝游处也。①

孝宣帝感念张贺之功，为其置守冢 200 户，后张贺孙请求减少为 30 户，与上引戾太子丰园同，也应当置有长丞。其行政级别自然高于里，但户数为 30 家，此为特殊的里。

(14)《汉书》卷 12《平帝纪》：

> 罢安定呼池苑，以为安民县，起官寺市里，募徙贫民，县次给食。至徙所，赐田宅什器，假与犁、牛、种、食。又起五里于长安城中，宅二百区，以居贫民。②

平帝为救治灾民，在长安城内置五个民里，200 宅。平均每里有 40 宅。这种里的是有计划的进行设置，户数统一整齐，但不具有普遍性。

(15)《续汉书·百官志五》：

> 里有里魁，民有什伍，善恶以告。本注曰：里魁掌一里百家。什主十家，伍主五家，以相检察。民有善事恶事，以告监官。

刘昭注引《风俗通》曰："《周礼》五家为邻，四邻为里。里者，止也。里有司，司五十家，共居止，同事旧欣，通其所也。"③则一里为 100 家，设置里魁。查《周礼》未见有"四邻为里"的，"四邻"或为"五邻"之误。

(16)《三辅黄图》卷 2《长安城中闾里》：

---

① 班固：《汉书》，北京：中华书局，1962 年，第 2651 页。
② 班固：《汉书》，北京：中华书局，1962 年，第 353 页。
③ 范晔：《后汉书》，北京：中华书局，1965 年，第 3625 页；王利器：《风俗通义校注》，北京：中华书局，1981 年，第 493 页。

长安闾里百六十，室居栉比，门巷修直。①

《三辅黄图》又名《西京黄图》，简称"黄图"，原书1卷，后又有6卷或2卷的版本，后世增加了地名及杂说。记载了秦汉时期三辅的城池、宫观、陵庙、明堂、辟雍、郊畤等各项建筑，皆指出所在方位。关于成书时间，孙星衍从该书《序》推定为汉末，苗昌言认为在汉、魏之间，晁公武在《郡斋读书志》一书中认定为梁、陈之间，陈直认为"原书应成于东汉末曹魏初期"②。此处记载长安城中闾里有160个。里内屋宇整齐，排列井然，人为规划明显。

(17)《三辅黄图》卷2《长安九市》：

《庙记》云："长安市有九，各方二百六十六步。六市在道西，三市在道东。凡四里为一市。致九州之人在突门，夹横桥大道，市楼皆重屋。"③

这里记录的是长安城中的市里，即依市而形成的里，主要为经商的户民居于此。长安九市，四里组成一市，则共有市里36个。据《汉书》卷28《地理志》：京兆尹"长安"条，注曰："高帝五年置。惠帝元年初城，六年成。户八万八百，口二十四万六千二百。"④如果按此数据计算长安户80800户，有市里36个，加上160个城中里，共计有196个里，则长安平均每里约412户。长安的里户数较多，与其首都的地位有关。

《二年律令》中有一则案例就可能发生在这样的市里，而不是一般的民里。如《奏谳书》第22则案例载：

---

① 何清谷：《三辅黄图校释》，北京：中华书局，2005年，第106页。

② 陈直：《三辅黄图校证》，西安：陕西人民出版社，1981年，第1页。

③ 何清谷：《三辅黄图校释》，北京：中华书局，2005年，第93页。

④ 班固：《汉书》，北京：中华书局，1962年，第1543~1544页。汉代人口、户口数量等问题参见葛剑雄：《中国人口史》(第1卷)，上海：复旦大学出版社，2002年，第317页。

　　六月癸卯，典嬴告曰：不智（知）何人刺女子婢寂里中，夺钱，不智（知）之所，即令狱史顺、去疢、忠文、□固追求贼。婢曰：但（撢）钱千二百，操签，道市归，到巷中，或道后类堑（暂）鞅婢，偾，有顷乃起，钱已亡，不智（知）何人，之所。①

　　简文说一女子名婢，拿着 1200 钱，借道市中小巷回去，文中没有说明回去哪里，应该是回家，在巷子中遇刺，人伤、钱丢、歹徒跑掉。从该女子婢回家需要经过市知其所在里应靠近市或其就居住在市里。

二、出土资料所见里的规模

（1）睡虎地秦简《封诊式·毒言》：

　　爰书：某里公士甲等廿人诣里人士五（伍）丙，皆告曰："丙有宁毒言，甲等难饮食焉，来告之。"即疏书甲等名事关谍（牒）北（背）。讯丙，辞曰："外大母同里丁坐有宁毒言，以世余岁时迁。丙家节（即）有祠，召甲等，甲等不肯来，亦未尝召丙饮。里节（即）有祠，丙与里人及甲等会饮食，皆莫肯与丙共桮（杯）器。甲等及里人弟兄及它人智（知）丙者，皆难与丙饮食。丙而不把毒，毋（无）它坐。"②

　　日本学者工藤元男认为"毒言"是楚地流行的巫术诅咒，类似于带有诅咒性质的恶毒的话语。③ 从文中强调众里人不愿与当事人丙共饮食这点来看，似乎是一种具有传染性的口腔疾病。里人"公士甲等廿人"害怕其危害里内的公共安全将其告发。此"廿人"若为每户出一人来算，再加上当事人"丙"，则该

---

① 彭浩等：《二年律令与奏谳书：张家山二四七号汉墓出土法律文献释读》，上海：上海古籍出版社，2007 年，第 377 页。

② 陈伟等：《秦简牍合集（一）》，武汉：武汉大学出版社，2014 年，第 316 页。

③ ［日］工藤元男：《睡虎地秦简所见秦代国家与社会》，广濑熏雄、曹峰译，上海：上海古籍出版社，2010 年，第 349~350 页。

里人户不少于 21 户。"封诊式"是一种秦的法律文书模板，内容主要是对案件进行审问、调查、核验、审讯等法律程序的记录，其中包含了多种案件类型，以供有关官吏模仿练习，并在处理案件时以此为参照加以执行。因此这类文书的内容具有普遍性和典型性特征。据此案件所述的内容而言，则一里有 21 户左右的规模在秦代里的规模中具有代表性的意义。① 简中记录的本案为一个具体的个案，把该里推测的户数泛化似有不妥，但这样的户数能够成为一个具体的里是很明确的。此里的户数和人数或为当时较为普遍的规模。

（2）里耶秦简中的乡里户数。

2002 年在湖南湘西里耶镇的里耶古城发现的秦简牍，为秦代迁陵县的文书档案，其中的户籍简和乡里的名称及乡里户数的记录，可以清楚反映这一时期该地区乡、里的户数情况。

①简 8-157：

> 卅二年正月戊寅朔甲午，启陵乡夫敢言之：成里典、启陵邮人缺。除士五（伍）成里匄、成，成为典，匄为邮人，谒令尉以从事。敢言之。

> 正月戊寅朔丁酉，迁陵丞昌却之：启陵廿七户已有一典，今有（又）除成为典，何律令应？尉已除成、匄为启陵邮人，其以律令。气手。正月戊戌日中，守府快行。正月丁酉旦食时，隶妾冉以来。欣发。壬手。

《里耶秦简牍校释》注释：成里，启陵乡辖里的名字。里典，为里的行政管理者。② 《韩非子·外储说右下》载：秦昭王有病，老百姓买牛在自家为王祷，"王因使人问之，何里为之，尽其里正与伍老屯二甲"③。《二年律令·钱律》简 201 载："盗铸钱及佐者，弃市。同居不告，赎耐。正、典、田典、伍人不告，罚金四两。"又《户律》简 329 载："数在所正、典弗告，与同罪。"又

---

① 张新超：《秦汉乡里问题研究——以新出考古资料为中心》，南开大学博士学位论文，2015 年，第 24 页。

② 陈伟等：《里耶秦简牍校释（一）》，武汉：武汉大学出版社，2012 年，第 95 页。

③ 王先慎：《韩非子集解》，北京：中华书局，1998 年，第 335 页。

《置后律》简 390 载："诸当拜爵后者，令典若正、伍里人毋下五人任占。"里正、里典当为里内主要管理者，简文所在启陵乡成里有户数 27。

②简 8-19：

    ☑☑二户。

    大夫一户。

    大夫寡三户。

    不更一户。

    小上造三户。

    小公士一户。

    士五(伍)七户。☑

    司寇一(户)。☑

    小男子☑☑

    大女子☑☑

    ·凡廿五☑

从这枚简牍从记录的内容来看，似是一个里的户数记载。该里名称缺，暂名之为"简 8-19 里"，计有 25 户。

③简 8-2004：

    卅四年八月癸巳朔癸卯，户曹令史鞋疏书廿八年以尽卅三年见户数牍北(背)、移狱具集上，如请史书。鞋手。

    廿八年见百九十一户。

    廿九年见百六十六户。

    卅年见百五十五户。

    卅一年见百五十九户。

    卅二年见百六十一户。

    卅三年见百六十三户。

简 8-2004 所载的内容为迁陵县自秦始皇二十八年(公元前 219 年)到三十三年(公元前 214 年)每年现有的人户数目统计,分别为秦始皇二十八年(公元前 219 年)191 户、秦始皇二十九年(公元前 218 年)166 户、秦始皇三十年(公元前 217 年)155 户、秦始皇三十一年(公元前 216 年)159 户、秦始皇三十二年(公元前 215 年)161 户、秦始皇三十三年(公元前 214 年)163 户,该县在秦始皇二十八年的户数是这几年的峰值,之后的几年都没有超过 170 户。

④简 8-518:

　　世四年,启陵乡见户、当出户赋者志:☐
　　见户廿八户,当出茧十斤八两。☐

简 8-518 的内容为迁陵县启陵乡秦始皇三十四年(公元前 213 年)现有户数为 28 户。

⑤简 8-1236+8-1791:

　　今见一邑二里:大夫七户,大夫寡二户,大夫子三户,不更五户,☐
　　☐四户,上造十二户,公士二户,从廿六户。☐

该枚简残断,简文有残缺,简文记录的“一邑二里”中户数记录不全,无法判断每个里的户数。

⑥简 8-1519:

　　迁陵世五年狠(垦)田舆五十二顷九十五亩,税田四顷☐☐
　　户百五十二,租六百七十七石。衡(率)之,亩一石五。
　　户婴四石四斗五升,奇不衡(率)六斗。
　　启田九顷十亩,租九十七石六斗。
　　都田十七顷五十一亩,租二百丗一石。
　　贰田廿六顷丗四亩,租三百丗九石三。

凡田七十顷卌二亩。租凡九百一十。

六百七十七石。

由简 8-1519 可知，迁陵县在秦始皇三十五年（公元前 212 年）的户数为 152 户。

⑦里耶秦简南阳里户籍简：

2005 年，在里耶护城壕发掘出了一个里的"户籍简牍"，该里名为"南阳"，整个里的户数（就现存简的内容而言）为 25 户左右。①

据上面里耶秦简的材料，由于简 8-1236+8-1791 是一支编联简，且有断口，详细内容难以确定，暂不讨论。迁陵县以下三个里的户数为：简 8-157，成里，户数 27；简 8-19，"简 8-19 里"②，户数 25；南阳里，25 户。

由简 8-518 可知，卅四年启陵乡有 28 户。

简 8-2004，似是迁陵县秦始皇二十八年（公元前 219 年）至秦始皇三十三年（公元前 214 年），每年全县的户数统计。另据简 8-1519，迁陵县秦始皇三十五年（公元前 212 年），152 户。将秦始皇二十八年（公元前 219 年）至秦始皇三十三年（公元前 214 年）和秦始皇三十五年（公元前 212 年）迁陵县的户数相加取平均数四舍五入后，得出迁陵县每年户数平均数为 164 户，若以平均每户有 5 人的话，则迁陵县共有人口 820 人。若以迁陵县"三乡六里"来算，则平均每个乡拥有 55 户，每个里的户数为 27。而秦始皇三十四年（公元前 213 年）时，启陵乡有 28 户，按照迁陵县每年户数来算，则其他 2 个乡则共有 136 户，平均每乡 68 户。这样看来，其他两个乡是本来人户就很多，还是因为简牍未

---

① 南阳里"户籍简牍"见湖南省文物考古研究所：《里耶发掘报告》，长沙：岳麓书社，2007 年，第 203 页。相关讨论主要有：蔡万进：《"中国里耶古城·秦简与秦文化国际学术研讨会"综述》，《中国史研究动态》2008 年第 5 期；黎明钊：《里耶秦简：户籍档案的探讨》，《中国史研究》2009 年第 2 期；陈絜：《里耶"户籍简"与战国末期的基层社会》，《历史研究》2009 年第 5 期；刘瑞：《里耶古城北城壕出土户籍简牍的时代与性质》，《考古》2012 年第 9 期；王彦辉：《出土秦汉户籍简的类别及登记内容的演变》，《史学集刊》2013 年第 3 期。

② 简 8-19 应为一里户数统计，因里名缺失，暂名"简 8-19 里"。

完全发表或者其他原因尚有未被发现的乡，暂时不得而知。但 6 个里的存在似乎是没问题的，从成里、"简 8-19 里"、南阳里 3 个里的户数来看，每个里的户数大致有 25 户，6 个里，则计有 150 户左右，与迁陵县平均 164 户大致不误。

以上是对里耶秦简所记录的这个时期的乡里户数的探讨，里的户数相差无几，个别乡的户数还需要新的材料的支撑。

(3) 马王堆《箭道封域图》所见乡、里户数。

1972—1974 年，考古工作者在湖南长沙马王堆发掘了 3 座汉墓，其中编号为 M3 的汉墓，时代为西汉初期，在这座墓中发现的《箭道封域图》地图上的内容十分丰富，对于了解汉初乡里户数有很大帮助。这幅图上共绘制有居民地 58 处，地名有的标注在圆形符号内，有的则在符号外，并且都以文字的形式注明居民的居住情况。这幅图上标注的里名有 45 个，其中标注了里内户数的有 21 个。除了有 5 个里的户数由于地图破损不能确定之外，这些里的户数从最少 13 户到最多 108 户不等，详见表 1.2.1。

表 1.2.1　《箭道封域图》中的里及户数

序号	里名	户数
1	上蛇	二十三□□□
2	孖里	三十户【今】毋人
3	□里	□十户【今】毋人
4	轲【里】	五十三户今毋人
5	溜里	十三户今毋【人】
6	虑里	三十五户今毋人
7	波里	十七户今毋人
8	沙里	四十三户今毋人
9	智里	六十八户今毋【人】
10	乘阳里	十七户今毋人
11	□里	□六户今【毋】人
12	垣里	八十一户今毋人

续表

序号	里名	户数
13	沛里	三十五户今毋人
14	路里	四十三户今毋人
15	□里	□-四户今毋人
16	合里	□□□今毋人
17	禅里	□户并□不反
18	痤里	五十七户不反
19	资里	十二户不反
20	龙里	百八户不反
21	蛇下里	四十七【户】不【反】

表 1.2.1 中 21 个里在地图上都注明了户数及"现在"的情况。按其标注的内容大致可以分为两类。一类说明该里"现在"的情况是"毋人"计有 15 个里；另一类里"现在"的情况是"不反"，计有 5 个。有一个里因文字残泐无法辨认是"毋人"还是"不反"抑或其他情形。但图中所表现的是一个户数在动态变化的情况(这种情况，将在后文另行讨论)，而且该道中里的户数并不统一。

(4)江陵松柏汉墓木牍《二年西乡户口薄(簿)》所见乡户数。

2004 年，荆州市博物馆对荆州区纪南镇松柏汉墓进行了抢救性发掘，在编号为 M1 的墓中出土了木牍 63 块。[①] 其内容可分为以下七类：一是遣书，记录部分当时墓葬的随葬器物的名称和数量；二是各类簿册，记录了南郡及江陵西乡等地的户口簿、正里簿等；三是叶(牒)书，记载秦昭襄王至汉武帝七年历代帝王在位的年数；四是令，主要是抄写了汉文帝时期颁布的部分律令；五是历谱，主要是汉武帝时期的历谱；六是墓主人周偃的功劳阀阅记录；七是周

---

① 荆州博物馆：《湖北荆州纪南松柏汉木发掘简报》，《文物》2008 年第 4 期；荆州博物馆：《荆州重要考古发现》，北京：文物出版社，2009 年，第 209~212 页。江陵一号松柏汉墓的木牍释文参见彭浩：《读松柏出土的四枚西汉木牍》，《简帛》第 4 辑，上海：上海古籍出版社，2009 年，第 333~343 页。

偃从汉景帝到汉武帝时期的升迁记录及升调文书等公文。① 其中南郡及江陵西乡等地的户口簿、郑里簿等，有利于了解南郡下辖各县的人口户数及西乡人户数。

出土编号为 53 号的一块木牍，时间约为汉武帝早期，记录了南郡各县、侯国的人口，并且按性别、年龄进行分类统计，属于户口簿之类的记载。从这块木牍记录的内容可以明确当时南郡各县、侯国的人口，现移录于下（简文标点为笔者所加）：

江陵，使大男四千七百二十一人，大女六千七百六十一人，小男五千三百一十五人，小女二千九百三十八人。凡口万九千七百三十五人，延大男八百三十九人，延大女二百八十九人，延小男四百四十三人，延小女三百六十八人，延口千九百三十九人，其千五百四十七人外越。

宜成，使大男四千六百七十二人，大女七千六百九十五人，小男六千四百五十四人，小女三千九百三十八人。凡口二万二千七百五十九人。其二十九人复，二百四十四人中。

临沮，使大男二千三百六十人，大女四千二十六人，小男二千四百一十一人，小女千九百七人，延大男一人。凡

安陆，使大男四百七十五人，大女八百一十八人，小男五百五十八人，小女三百六十九人。凡口二千二百二十人，其二百二十九人复。

沙羡，使大男五百八十五人，大女九百五十九人，小男六百七十二人，小女四百四十五人。凡口二千六百六十二，其八人复。

州陵，使大男三百九十三人，大女六百三十四人，小男六百七十六人，小女三百八十八人。凡口二千九十一人，其四十九人复。

显陵，使大男三百四十二人大，女六百一十一人，小男三百九十五人，小女二百六十人。凡口千六百八人复。

便，侯国，使大男千七百八十一人大，女二千九百九十四人，小男千

① 荆州博物馆：《湖北荆州纪南松柏汉木发掘简报》，《文物》2008 年第 4 期。

九百四十二人，小女千七百三十人。凡口八千四百四十七人，其十六人复。

邸，侯国，使大男三千六百二十四人，大女五千六百六十四人，小男五千一百六十人，小女三千四百八十九人。凡口万七千九百三十七人，其千三百五十二复。

襄平侯中卢，使大男千四百九人，大女二千四百七十八人，小男千七百五十一人，小女千七十人。凡口六千七百八人，其百二十三人复。

将该木牍内容记录的南郡县、侯国的人口数如表1.2.2所示。

表 1.2.2　南郡县（侯国）人口数

序号	县（侯国）	人口数
1	江陵	19735
2	宜成	22759
3	临沮	10704①
4	安陆	2220
5	沙羡	2662
6	州陵	2091
7	显陵	1608
8	便侯国	8447
9	邸侯国	17937
10	襄平侯中卢	6708

从表1.2.2看南郡所属县、侯国中，人口最多的为宜成，有22759人，人口最少的是显陵，仅有1608人。

又同出土编号为48的《二年西乡户口薄（簿）》载：

---

① 临沮的总人数简文缺载，据简文文例，人口总数为前述人口的总和，据此得出临沮的总人数。

户千一百九十六

息户七十

耗户卅五

相除定息四十五户

大男九百九十一人

小男千四十五人

大女千六百九十五人

小女六百四十二人

息口八十六人

耗口四十三

相除定息口四十三

・凡口四千三百七十三人

该户口簿显示西乡户数为 1196 户。"息户"70，耗户 35，相除定息 45 户。但简文所载耗户 35 加相除定息的 45 户为 80 户，与"息户"70 不合，息耗相除数目误差 10 户，则可能耗户"卅五"或为"廿五"之误。

(5)江陵凤凰山十号墓简牍所见里的人户数。

1973 年，考古工作人员在湖北省江陵县凤凰山发掘了一批时代为西汉前期的墓葬。其中编号 M10 的墓葬出土 6 片木牍和 170 片竹简。① 编号为 1 号的木牍背面写有"四年后九月辛亥平里五大夫张偃□□地下"的文字。据《二十史朔闰表》，裘锡圭推断："在《简报》指出的墓葬时代的上下限内，景帝四年和武帝建元四年都有后九月。武帝建元四年的后九月为辛未朔，该月不可能有辛亥日。景帝四年的后九月为甲辰朔，初八日为辛亥。所以木牍所记的四年没有

---

① 一说有 172 片竹简，见长江流域第二期文物考古工作人员训练班：《湖北江陵凤凰山西汉墓发掘简报》，《文物》1974 年第 6 期；弘一：《江陵凤凰山十号汉墓简牍初探》，《文物》1974 年第 6 期；简文释文参考裘锡圭：《江陵凤凰山十号汉墓简牍初探》，《文物》1974 年第 7 期；又见李均明、何双全：《散见简牍合辑》，北京：文物出版社，1990 年，第66~76 页。

问题是景帝四年。这就是 10 号墓的绝对年代。"①简文所反映的里的户数如下：

①记刍稿木牍所见里内户数。

平里户刍廿七石

田刍四石三斗七升

凡卅一石三斗七升

八斗为钱

六石当稿

定廿四石六斗九升当□

田稿二石二斗四升半

刍为稿十二石

凡十四石二斗八升半

稿上户刍十三石

田刍一石六斗六升

凡十四石六斗六升

二斗为钱

一石当稿

定十三石四斗六升给当□

田稿八斗三升

刍为稿二石

凡二石八斗三升②

此木牍记载了平里、稿上两个里户缴纳的刍稿数量。据张家山汉简《二年律令·田律》的规定："卿以下，五月户出赋十六钱，十月户出刍一石，足其县用，馀以入顷刍律入钱。"③据此律文，若这两个里内都为卿以下爵位的话，

---

① 裘锡圭：《江陵凤凰山十号汉墓简牍初探》，《文物》1974 年第 7 期。

② 湖北省文物考古研究所：《江陵凤凰山西汉简牍》，北京：中华书局，2010 年，第 104 页。

③ 彭浩等：《二年律令与奏谳书：张家山二四七号汉墓出土法律文献释读》，上海：上海古籍出版社，2007 年，第 193 页。

则西乡平里共缴纳户刍 27 石，有户数 27；稿上里缴纳户刍 13 石，则有户数 13。

②《郑里廪籍》记录的户数。

郑里案禀（廪）簿 凡六十一石七斗

户人圣，能田一人，口一人，田八亩，卜移越人，户贷八斗。二年四月乙（下缺）

户人辱，能田一人，口三人，田十亩 + 卩贷一石

户人击牛，能田二人，口四人，田十二亩 + 卩贷一石二斗

户人野能，田四人，口八人，田十五亩 + 卩贷一石五斗

户人瘚冶，能田二人，口二人，田十八亩 + 卩贷一石八斗

户人瘌，能田二人口三人田廿亩 / 今口奴受贷二石

户人立，能田二人，口六人，田廿三亩 + 卩贷二石三斗

户人越人，能田三人，口六人，田卅亩 + 卩贷三石

户人不章，能田四人，口七人，田卅七亩 + 卩贷三石七斗

户人胜，能田三人，口五人，田五十四亩 + 卩贷五石四斗

户人虏，能田二人，口四人，田廿亩 + 卩贷二石

户人积，能田二人，口六人，田廿亩 + 卩贷二石

户人小奴，能田二人，口三人，田卅亩 + 卩贷三石口一石五……

户人佗，能田三人，口四人，田廿亩 + 卩贷二石

户人定氏，能田四人，口四人，田卅亩 + 卩贷三石

户人青肩，能田三人，口六人，廿七亩 + 卩贷二石七斗

户人□奴，能田四人，口七人，田廿三亩 + 卩贷二石三斗

户人□奴，能田三人，口□人，田卌亩 + 卩贷四石

户人射□，能田四人，口六人，田卅三亩 + 卩贷三石三斗

户人公士田，能田三人，口六人，田廿一亩 + 卩贷二石一斗

户人骈，能田四人，口五人，田卅亩 + （下缺）

户人朱市人，能田三人，口四人，田卅亩（下缺）

户人□顷奴，能田三人，口三人，田□四亩（下缺）

　　　　户人□䡄，能田二人，口三人，田廿亩 ＋ 卩贷二石

　　　　户人公士市人，能田三人，口四人，田卅二亩(下缺)①

　　以上记录的进行贷借的 25 户，这些户数是否是郑里全部人户，学者们有不同看法，② 从记录的人口数据来看，最少的一户仅 2 个人，最多的户也才 11人，从田亩数来看，最少的一户仅 8 亩，最多的有 40 亩，几乎不见什么豪门大户，若如此，这组廪籍所记录的可能是需要接济的贫人的户数，一里之中豪门大户不会是大多数，所以郑里廪籍记录的户数应是接近整个里的全部户数的。

　　(6)荆州高台 M46 木牍所见里户数。

　　2009 年 1 月，荆州博物馆对楚纪南故城遗址外的一座编号为 M46 进行了发掘，墓主生前的社会地位应在汉代第六级至第九级爵之间，但不高于第九级爵(五大夫)。从墓葬特点与高台秦汉墓二期四段相近，墓葬下葬的年代应为西汉早期后段，即元狩五年(公元前 118 年)以前的武帝初年。③ 该墓出土有木牍残存 9 块。其中有一编号 M4612-5 的木牍。墨书两行，释文为：

　　　　□里五十三家、西里卅一家，凡八十四家＝

　　　　廿钱＝千六百八十

　　　　不足三百廿、复以家数出，家四钱＝多十六

　　　　□里出千二百七十二

　　　　西里出七百卅四④

---

　　① 湖北省文物考古研究所：《江陵凤凰山西汉简牍》，北京：中华书局，2010 年，第108~112 页。

　　② 认为《郑里廪籍》中的这 25 户人家为全部户数的学者有裘锡圭：《湖北江陵凤凰山十号汉墓出土简牍考释》，《文物》1974 年第 7 期；张金光：《秦制研究》，上海：上海古籍出版社，2004 年，第 599 页；王爱清：《秦汉乡里控制研究》，济南：山东大学出版社，2010 年，第 153~154 页；黎明钊：《辐辏与秩序：汉帝国地方社会研究》，香港：香港中文大学出版社，2013 年，第 297 页。认为这 25 户人家仅为该里贫困户的学者有弘一：《江陵凤凰山十号汉墓简牍初探》，《文物》1974 年第 6 期；黄盛璋：《江陵凤凰山汉墓简牍及其在历史地理研究上的价值》，《文物》1974 年第 6 期。

　　③ 荆州博物馆：《荆州高台秦汉墓》，北京：科学出版社，2000 年，第 235 页。

　　④ 荆州博物馆：《湖北荆州高台墓地 M46 发掘简报》，《江汉考古》2014 年第 5 期。

"、"原木牍图版作"▲"或"▬"，简报释作"ㄥ"。此符号或可释作"、"。读作"点"，《说文》卷五《、部》："有所绝止，、而识之也。凡、之属皆从、。知庾切。"①与木牍上的内容相合，今改作"、"。

从出土的木牍内容来看，多与钱数有关，性质应为当时乡、里的收费账簿。则木牍上的"□里""西里"为一般的乡辖之里，户数分别为53户和31户。

（7）尹湾汉简所见东海郡属县、乡人户数。

据尹湾汉简《集簿》，当时东海郡有属县级行政单位（县、邑、侯国）38个，乡级行政单位170个，里有2534个，户总数为266290。②取平均数的话，则东海郡的每个县级行政单位的户数为7008，每乡有1566户，每个里平均有约105户。此处仅仅取其平均数据，根据上面列举的例子看来，每个县乡户数的实际情况当存在不小的差异。

兹将传世文献和出土材料中里的户数列表以作对比，如表1.2.3所示。

表1.2.3　传世文献与出土史料所见里的户数表

传世文献			考古资料		
序号	文献名称	户数	序号	名称	户数
1	《诗经·郑风》	25	1	睡虎地秦墓竹简	21
2	《周礼·地官·遂人》	25	2	里耶秦简	25
3	《庄子·胠箧》	25	3	里耶秦简	27
4	《国语·齐语》	50	4	里耶秦简	28
5	《管子·小匡》	50	5	岳麓书院秦简	30
6	《鹖冠子·王鈇》	50	6	《箭道舆地图》	43③
7	《尚书·皋陶谟》	72	7	江陵凤凰山十号墓简牍	13
8	《春秋公羊传》	80	8	江陵凤凰山十号墓简牍	27

①　段玉裁：《说文解字注》，上海：上海古籍出版社，1981年，第214页。

②　尹湾汉简《集簿》所载东海郡户口数问题，有学者对其真实性做了讨论，从均质化角度来看，并不影响乡里规模的讨论。参见高大伦：《尹湾汉墓木牍〈集簿〉中户口统计资料研究》，《历史研究》1998年第5期。

③　该栏户数依据表1.2.1中有明确户数信息的16个里相加后的平均值。

续表

	传世文献			考古资料	
9	《礼记·杂记下》	100	9	江陵凤凰山十号墓简牍	25
10	《汉书》	25	10	荆州高台 M46 木牍	31
11	《汉书》	50	11	荆州高台 M46 木牍	53
12	《汉书》	200	12	尹湾汉墓简牍	105
13	《后汉书》	100			
14	《三辅黄图》	412			

从表 1.2.3 可以看出，传世文献中的户数多为整数，且随着时代而变化，春秋战国时期多为 25 户，到了汉代有 25、50、100、200 甚至 412 户出现，这也可能反映了人口总数的变化和里内人口繁衍生息。出土资料的户数记载都不是整齐划一的数字，可能更是为了真实记录里内的实时户数。户数的不同及对其的进一步分析详见下文。

第三节　秦汉乡里规模问题新认识

在秦汉时期的乡里制度研究中，探究乡里规模的界定标准以及其具体设定依据是一个核心议题。然而，无论是传世文献还是出土资料，在记录乡里户数上存在显著差异，其范围从十数户至数百户不等。倘若仅依据其中某一种户数标准来推断乡里的设立条件，则可能导致理解上的偏差。[1] 部分学者提出，秦汉时期乡里的设置基准并非基于户数多寡，而是取决于是否有户口的存在。[2]尽管这一观点有效地规避了直接的户数问题，但随之引出的户口统计方法及其

---

[1]　有学者认为秦汉时期设置里的标准为"一里百人"，如杜正胜：《编户齐民：传统政治社会结构之形成》，台北：联经出版事业公司，1990 年，第 104~105 页；[日]宫崎市定：《关于中国古代聚落形体的变迁》，《大谷史学》1957 年第 6 号，收入《宫崎市定全集》第 3 卷，东京：岩波书店，1999 年，第 136~163 页；又见刘俊文主编：《日本学者研究中国史论著选译》第 3 卷《上古秦汉》，北京：中华书局，1993 年，第 1~29 页。

[2]　张新超：《秦汉乡里问题研究：以新出考古资料为中心》，南开大学博士学位论文，2015 年，第 39 页。

记录方式的疑问，反而增添了问题的复杂性。因此，我们需要进一步探讨乡里的户数与其设置之间的内在联系。通过对传世文献及出土资料中关于乡里户数记载的细致梳理和对比分析，或许能够形成全新的认识。本节将聚焦于乡里户数的研究，结合时代背景和地域特性两个维度，对乡里户数问题进行一次全面而深入的再审视。

一、乡里户数的记载具有时代性和地域性特征

上揭表1.2.3《文献与出土史料中所见里的户数》中记录的文献和出土资料中所见的里的户数并不统一。现将具有明显地域特征的资料进行整理成《秦汉乡里户数资料区域分布数据表》，如表1.3.1所示。

表1.3.1 秦汉乡里户数资料区域分布数据表

序号	资料	户数	今地
1	《诗经·郑风》	25	河南
2	《后汉书》	100	河南
3	《庄子·胠箧》	25	湖北
4	《鹖冠子·王鈇》	50	湖北
5	睡虎地秦墓竹简	21	湖北
6	江陵凤凰山十号墓简牍	13	湖北
7	江陵凤凰山十号墓简牍	25	湖北
8	江陵凤凰山十号墓简牍	27	湖北
9	荆州高台 M46 木牍	31	湖北
10	荆州高台 M46 木牍	53	湖北
11	《国语·齐语》	50	山东
12	《管子·小匡》	50	山东
13	《汉书》	25	陕西
14	《汉书》	50	陕西
15	《汉书》	200	陕西
16	《三辅黄图》	412	陕西

序号	资料	户数	今地
17	里耶秦简	25	湖南
18	里耶秦简	27	湖南
19	里耶秦简	28	湖南
20	《箭道舆地图》	43	湖南
21	尹湾汉墓简牍	105	江苏

表1.3.1的整理原则是按其反映的地域范围置于今天的行政区划，地域性不明显的资料不列入。考古资料根据其出土地点确定所在地区，如里耶秦简在今湖南省；《箭道舆地图》出土于长沙，确定的地点在今湖南省；江陵凤凰山汉墓因出土于湖北江陵而定位在湖北省；睡虎地秦简出土于湖北云梦，定位在今湖北省；尹湾汉墓简牍出土于江苏省连云港，将其地点确定在江苏省。传世文献所载地域则据其所描述地域进行分类，如《诗经·郑风》为春秋郑地诗歌，据此定为今河南省；《后汉书》的地点据东汉首都洛阳所在地确定为今河南省；《庄子》和《鹖冠子》的地点则据庄周为楚人所述多为楚地内容而定为今湖北省；《国语·齐语》与《管子》所述为春秋齐地内容，因而定位在今山东省；西汉以长安为都城，因而《汉书》的地点就定位在今陕西省；《三辅黄图》的地点较为明显，定位在经陕西省。并据此数据表制成《秦汉乡里户数区域分布图》（见图1.3.1）

史料中关于里的户数因时代的不同而各异，即使在同一时代也不是完全统一的。这就说明里的户数设置应该没有统一的标准。从《秦汉乡里户数区域分布图》来看，户数的分布也具有一定的地域特征。陕西、河南、江苏、山东等地每里的户数普遍较高。湖北、湖南两地里的户数则相对较少。即使在同一地区户数也并不一致。相差较大的是陕西，里的户数最少25户，最多则达412户（此例为汉都城长安，情况比较特殊），相差387户之多，这种户数标本可能不具有普遍性；差距较小的是湖北和湖南，湖北地区里的户数最少的13户，最多的53户，相差40户，湖南地区里的户数最少的25户，最多的43户，相

图1.3.1 秦汉乡里户数区域分布图

图　例

户数1
户数2
户数3
户数4
户数5
户数6
户数7
户数8

差 18 户。这两地的里的户数可能更接近当地里户数的普遍情况。从上述图表资料分析来看，里的户数具有一定的时代特征，并且地域特征也较为明显。由此看来，把某一个户数指标作为设置里的标准仍可商榷。随着人口繁衍生息，统一标准的户数局限性越发明显。

二、户数或为设置管理者的标准

户数标准可能是为设置管理者的基础。将前文引述的有关里户数和管理者的史料列表如表 1.3.2 所示。①

表 1.3.2 户数标准与管理者设置表

序号	文献出处	户数	管理者
1	《春秋公羊传·宣公十五年》	80	里正
2	《礼记·杂记下》	100	里尹
3	《管子·小匡》	50	有司
4	《国语·齐语》	50	有司
5	《鹖冠子·王鈇》	50	有司
6	《汉书》卷 49《晁错传》	50	假士
7	《后汉书》卷 118《百官志》	100	里魁

表 1.3.2 所列 7 则材料，涉及里的户数有 50 户、80 户、100 户，从这些数字来看，似乎是当时里的设置标准，但这些户数标准时代不同，且所在地域也不同，若据其中一个户数作为当时里的设置标准不免武断。仔细分析这 7 则材料，其实是在强调里的管理者，如"遂人""父老""里正""里尹""里有司""连为之长""里置有司""里有假士""里魁"等。这些户数正是设置这种管理者的一种标准，即达到一定的户数就会设置相应的管理者。

里耶秦简 8-157 的内容对于明确户数与设置管理者的认识有很大帮助，今移录如下：

---

① 本表文献出处及数据参见本书第一章第二节《秦汉时期乡里的规模》。

　　　世二年正月戊寅朔甲午，启陵乡夫敢言之：成里典、启陵邮人缺。除士五(伍)成匀、成，成为典，匀为邮人，谒令尉以从事。敢言之。

　　　正月戊寅朔丁酉，迁陵丞昌却之：启陵廿七户已有一典，今有(又)除成为典，何律令应？尉已除成、匀为启陵邮人，其以律令。

　　简文中启陵乡下辖的成里现有户数 27，设置有里典一名，但乡啬夫认为需要再增加一名里典进行管理，原因文中并未说明。迁陵丞昌驳回了启陵乡啬夫的请求，仍然维持一名里典的设置，理由是增加一名里典的要求没有法律依据，即文中的反问："何律令应？"从这件事来推测，一里之内至少有 27 户就可以设置一名管理者，户数达到一定数量可能设置更多的管理者，但成里的这个户数还没有达到需要两名管理者的标准。若需要增加管理者，那么对该里的户数应该有一定要求，即简文中提到的"应律"。可见对于里内管理者的设置也有相应的法律规定的户数要求。岳麓书院藏秦简一些内容可能就是这种规定的法律文件，简 1373+1405：

　　　尉卒律曰：里自世户以上置典、老各一人。不盈世户以下，便利，令与其旁里共典、老；其不便者，予之典而勿予老。官大夫以上擅启门者附其旁里，旁里典、老坐之。①

　　这两枚简所载的律文明确规定县级行政单位内，30 户以上的里可置里典、里老各一人，不足 30 户的里，如果"便利"则由其他里典、里老代为治理。"便利"之意或有两方面的考量，一方面是相邻里在地理上的分布情况，在距离上是否靠近以便于兼顾治理；另一方面可能要考虑就近管理的里内管理者的设置情况，如果该里设置有里典和里老各一名且能力较强，就会"便利"管理。

────────────────

　　①　陈松长主编：《岳麓书院藏秦简(四)》，上海：上海辞书出版社，2015 年，第 241 页；陈伟对该简文重新校读，可从，参见陈伟：《岳麓秦简"尉卒律"校读(一)》，简帛网 2016 年 3 月 21 日。

否则就会只设置一名里典，但不置里老。此则材料说明，秦代有 30 户以上的里也有不足 30 户的里，而 30 户的标准是设置里内吏员的基础。上述里耶秦简 8-157 提到成里有 27 户，设置有里典一名，简文内容未言里老一职，但在 27 户（以 30 户以下的标准而言）的里内置一名里典是符合法律要求的，由于启陵乡成里户数没有超过 30 户，对其增加里典的要求予以驳回，其所据律令可能就是这条《尉卒律》。因此说里的户数与设置里的管理者的有一定关系。

综上所述，从传世文献和考古资料所得先秦、秦汉的乡里户数有两个特点。一是从先秦到秦汉时期的乡里组织的户数并没有一个统一的标准，从十几户到几百户不等，且里的户数有明显的时代和地域特征。其中传世文献所载的乡里户数比较规则整齐，或是这种户数的制度性规定，但不能反映动态的乡里户数的变化情况。二是先秦到秦汉的乡里户数可能是设置管理者的基础。乡里户数记载的不统一，除了经济、社会、人口等不断发展的动态因素之外，县乡管理者的行政等级也会因为户数而发生了变化。如《汉书·百官公卿表》所提到的"万户"为设置令、丞的准则。里耶秦简 8-157 所载"廿七户已有一典"，不再多设置其他吏员；岳麓书院藏秦简"尉卒律"以 30 户作为设置典、老的标准。从这些规定来看，乡里户数可能是设置吏员的基础。

第二章　空间寻迹：古地图所见聚落的分布

秦汉时期，帝国的行政区划包括了不同规模和层级的聚落，如郡、县、乡、里等。这些聚落的规模、形态以及级别并非静止不变，而是随着社会发展和历史进程经历了变迁。它们的行政地位和空间结构受到了多种社会动态的影响，诸如政治决策、经济发展、人口迁移和文化交流等因素。本章旨在探讨秦汉时代聚落的空间分布特征，特别关注"里"这一基层行政单位。为了深入分析该主题，我们将以考古发掘的古地图资料作为主要研究案例。这些古地图不仅提供了关于聚落地理布局的直观信息，而且可以帮助我们理解当时聚落内部及聚落之间的相互关系。通过对这些地图的分析，我们可以观察到聚落之间的空间关系，包括它们之间的距离、相对位置以及与自然环境的互动。通过考古资料追踪特定聚落随时间演变的过程，有助于揭示秦汉时期聚落发展的历史轨迹，并为我们提供洞察其社会组织和行政管理模式的视角。本章将依托考古发掘出的古地图资料，具体分析秦汉时期基层聚落——"里"的空间分布特性及其演变规律，以期揭示该时期社会变迁对聚落结构的影响及其内在机制。

第一节　聚落的形成简述

聚落作为人类居住和生活的场所，根据其规模和组织结构，可分为城市聚落与乡村聚落两大类。中国古代聚落的概念历史悠久，通常指代村落。《汉书·沟洫志》中记载："或久无害，稍筑室宅，遂成聚落"①，表明聚落的形成与人类活动密切相关。关于中国古代聚落的研究，学术界积累了丰富的成果。

---

① 班固：《汉书》，北京：中华书局，1962年，第1692页。

1957 年，日本学者宫崎市定在其论文《关于中国聚落形体的变迁》中提出，中国古代社会是由都市国家逐步发展为古代帝国的。①　宫崎通过对《续汉书·郡国志》的注释内容进行梳理，并结合《水经注》中关于县、乡、聚、亭的记载，认为汉代的行政单位如乡、聚、亭均建有城郭，从而推断出中国上古时代的国家形态为"都市国家"。基于此，宫崎进一步推论，汉帝国的实际治理结构也符合"都市国家"的特征。然而，这一观点并非没有争议。有学者通过对这一时期乡里聚落的研究，反驳了"都市国家论"的看法。②　并提出了与"都市国家论"相左的看法。他们认为，在没有明确统一的都市国家标准的情况下，讨论中国古代是否属于"都市国家"并无实质性意义。

从传世文献和考古资料来看，秦汉时期确实存在大量城市的事实是毫无疑问的。在这些城市的城墙内外还存在大量的基层组织——里，这些基层组织也是重要的研究内容。《国语·齐语》载："桓公曰：'定民之居若何？'管子对曰：'制国以为二十一乡。'桓公曰：'善。'管子于是制国以为二十一乡。"韦昭注："二千家为一乡。"③《后汉书》卷76《循吏传》载，刘宠任会稽太守时，"山民愿朴，乃有白首不入市井者，颇为官吏所扰。宠简除烦苛，禁察非法，郡中大化"。后因政绩优异征拜将作大将，临走时，山阴县老人从若邪山谷出来，每人持一百钱送宠。刘宠曰："父老何自苦？"老人回答："山谷鄙生，未尝识郡朝。"从"有白首不入市井者"和"未尝识郡朝"的描述中可知存在于城邑之外的乡里聚落。又《后汉书》卷83《逸民列传》载："庞公者，南郡襄阳人也。居岘山之南，未尝入城府。"④这位庞公身居岘山之南，甚至没去过城市。由此可知，在城邑之外还有"郊区"乡野的乡里聚落存在。而进行讨论的乡里聚落，是与人为规划的聚居单元"城邑"相对应的意义上来使用的。⑤　这样的乡野聚落

---

①　［日］宫崎市定：《关于中国聚落形体的变迁》，刘俊文主编《日本学者研究中国史论著选译》第 3 卷《上古秦汉》，黄金山、孔繁敏等译，北京：中华书局，1993 年，第 12、21 页。

②　王彦辉：《早期国家理论与秦汉聚落形态研究——兼议宫崎市定的"中国都市国家论"》，《中国社会科学》2014 年第 6 期。

③　徐元诰：《国语集解》，北京：中华书局，2002 年，第 222 页。

④　范晔：《后汉书》，北京：中华书局，1965 年，第 2776 页。

⑤　王彦辉：《早期国家理论与秦汉聚落形态研究——兼议宫崎市定的"中国都市国家论"》，《中国社会科学》2014 年第 6 期。

或许不如城市中的里在结构上整齐划一，但应是在政府的行政系统之内，这种聚落"即使纳入乡里编制，其原本取决于地理自然条件和农耕活动方便性的居住形态大概不会改变；也就是说，不会仅仅因为行政管理的便利或里制的划一需要而迁移、分割或集中"①，仍然会依照原来的样式"参差聚落，纡余岐道"，但已经是"往化既孚，改襟输宝。俾建永昌，同编亿兆"②，纳入政府的行政系统，编户为民了。

实际上，除了官方的乡里行政系统之外，这一时期始终存在着一些非官方的自然聚落。③ 这些聚落在帝国正式的行政架构外自成一体，其存在具有其内在的合理性。部分自然聚落或家族为了逃避战乱和灾难，遁入偏远山区，从而与外界隔绝，形成了一种超脱于当时政治与社会纷扰的独立社区。晋代陶渊明在《桃花源记》中描述的便是一个典型的例子："自云先世避秦时乱，率妻子邑人来此绝境，不复出焉，遂与外人间隔。问今是何世，乃不知有汉，无论魏晋。"④此篇虽为文学作品，但也是当时市侩状况的一种写实，反映了历史发展的真实。

除此之外，还有隐逸之士由于各种个人原因选择隐居，他们往往生活在化外之地，如《后汉书·逸民传》所记载的台佟"隐于武安山，凿穴为居，采药自业"，矫慎"少好黄老，隐遁山谷，因穴为室，仰慕松、乔导引之术"。⑤ 基于这样的背景，我们可以将这些自然聚落划分为两大类：一类是被纳入帝国行政体系的聚落，另一类则是游离于行政体系之外的聚落。后者如《桃花源记》中所描绘的邑聚，它们存在于官方行政体系之外，不受政府行政管理，也不被征收赋役。

然而，一旦这些自然聚落被发现，随着社会的发展和政府的需要，它们会

---

① 邢义田：《从出土资料看秦汉聚落形态和乡里行政》，《治国安邦：法制、行政与军事》，北京：中华书局，2011 年，第 249~286 页。

② 范晔：《后汉书》，北京：中华书局，1965 年，第 2861 页。

③ 侯旭东：《汉魏六朝的自然聚落——兼论"邨'"村"关系与"村"的通称化》，黄宽重主编《中国史新论·基层社会分册》，台北：联经出版事业股份有限公司，2009 年，第 122~140 页。

④ 袁行霈：《陶渊明集笺注》，北京：中华书局，2011 年，第 479 页。

⑤ 范晔：《后汉书》，北京：中华书局，1965 年，第 2770 页。

逐步被纳入现有的行政体系中。《后汉书·循吏传》中记载了卫飒任桂阳太守期间的政策实践，当地有民众居住在深山之中，沿溪谷而居，生活淳朴原始，风俗迥异于辖地其他地区，且无需缴纳租税。为了将这批居民整合进行政系统，卫飒"乃凿山通道五百余里，列亭传，置邮驿"，通过改善交通设施，促进这些居民与外界的联系，并最终使他们"使输租赋，同之平民"①。值得注意的是这些自然聚落的存在对于理解古代社会结构和变迁具有重要意义。它们不仅是当时人民对于政治动荡的反应，而且展示了古代政府积极通过行政手段来整合社会资源。

第二节　天水放马滩木板地图所见聚落及其空间分布

地图作为一种特殊的载体，以其特有的方式记录和展现各类事物在空间维度上的分布状态、相互关系、数量规模、品质特征以及随时间推移的发展变迁。② 索尔在其关于地理学空间分布核心地位的论述中强调了地图的关键作用，他指出："在地理学的理想描述中，地图占据中心位置。地球上任何事物在特定时间内的分布往往是不均匀的，而地图则能够作为一个展示空间事件的基本模型，捕捉这些分布的特点。因此，地理描述具有揭示无尽现象的潜力。某一现象在不同区域的空间布局，实际上反映了地理分布的一般性问题，引导我们深入思考随着地域范围的变化，特定事物或一组事物的存在与否、集中或分散所蕴含的意义。在这个最广泛的意义层面上，地理学研究的核心目标之一便是探讨任何现象在全球地理空间中的定位与分布。"③

同样，阿兰·R. H. 贝克亦强调了地图再现与解读地理分布的重要性，他认为这不仅是历史地理学逻辑自洽的研究目标，也是实现其他研究目的不可或缺的方法手段。④

---

① 范晔：《后汉书》，北京：中华书局，1965 年，第 2459 页。

② 祝国瑞主编：《地图学》，武汉：武汉大学出版社，2004 年，第 2 页。

③ Sauer C O: *Forward to Historical Geography*. In: John Leighly（ed）: *Land and Life*（*5th*），University of California Press，1974：351-379.

④ ［英］阿兰·R. H. 贝克：《地理学与历史学：跨越楚河汉界》，阙维民译，北京：商务印书馆，2008 年，第 40 页。

对于秦汉时期聚落的具体空间分布情况，尽管传世文献记载不够详实，但天水放马滩秦墓出土的地图为我们揭示了两千多年前聚落空间格局的真实面貌。本节将以此地图为核心依据，系统性地剖析这一历史阶段聚落的空间分布特征及其相关规律。

一、放马滩木板地图新认识

1. 放马滩地图的位置和绘制时间

天水放马滩秦墓，在今甘肃省天水市麦积区（1985 年，天水撤地建市，原天水县改为北道区，2005 年 1 月 1 日更名为麦积区）①。党川乡小陇山林区放马滩景区内（图 2.2.1）。在 G30 连霍高速公路燕子关隧道北 1.8 千米（直线距离），花庙河上游西侧。放马滩又名牧马滩，地处秦岭山脉中部，海拔 1400～

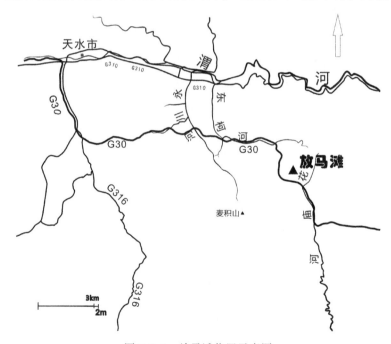

图 2.2.1　放马滩位置示意图

---

①　天水市麦积区人民政府网，http://www. m aiji. gov. cn/hml/mjgk/2008072115240
7710.hml.

2200 米，是渭河与党川河的分水岭。放马滩岭北有麦积河、永川河、东柯河汇人渭水，岭南由诸溪汇成党川河，流经花庙、永宁河入嘉陵江，属长江流域嘉陵江上游地区。是秦岭山脉中部的一处开阔地，离著名的麦积山石窟仅仅20 千米，西北到麦积区 40 千米，东面离陕西宝鸡交界仅 40 余千米。西边不远处就是陇南市礼县，秦人最早的都城——西犬丘所在地。1986 年 3 月，小陇山林业局党川林场的职工在放马滩护林站修建房舍时发现古墓葬群，甘肃省文物考古研究所于 6—9 月进行了钻探、发掘。墓葬集中分布在山前扇形草地中，地表无坟堆，墓葬没有被盗掘。①

墓地总面积为 11000 多平方米，墓葬 100 余座，都分布在墓地西部，其中秦墓 13 座，编号为 M1-4、M6-14，汉墓 1 座，编号为 M5。由于地下水渗入墓中，随葬品保存状况较差。出土文物 400 余件。编号 M1 的墓葬出土了七幅地图，地图均以墨线绘制在四块松木质地的木板的正反两面，其中有三块木板是两面都绘有图，一块只有一面有图。甘肃省博物馆和武汉大学简帛中心对放马滩秦简重新整理，出版了《秦简牍合集（四）》（下文简称《合集（四）》）。② 该书利用红外摄影技术对这七幅木板地图拍摄，使得木板地图上的图像更清晰，释文也更准确。学界对这几幅地图研究较为充分，研究的内容涉及该图的称谓、绘制时间、作者、地图的性质、排列方式及各图之间的关系等方面。③ 现就该图的绘

① 甘肃省文物考古研究所、天水市北道区文化馆：《甘肃天水放马滩战国秦汉墓群的发掘》，《文物》1986 年第 2 期；何双全：《天水放马滩秦墓出土地图初探》，《文物》1986 年第 2 期。

② 陈伟主编：《秦简牍合集（四）》，武汉：武汉大学出版社，2014 年。

③ 相关研究论著主要有何双全：《天水放马滩秦墓出土地图初探》，《文物》1989 年第 2 期；曹婉如：《有关天水放马滩秦墓出土地图的几个问题》，《文物》1989 年第 12 期；章册：《放马滩地图的年代问题》，《历史地理》第 8 辑，上海：上海人民出版社，1990 年，第 58 页；张修桂：《当前考古所见最早的地图——天水〈放马滩地图〉研究》，《历史地理》第 10 辑，上海：上海人民出版社，1992 年，第 141~161 页；张修桂：《中国历史地貌与古地图研究》，北京：社会科学文献出版社，2006 年；[日]藤田胜久：《战国秦的领域形成与交通路线》，秦始皇兵马俑博物馆《论丛》编委会编《秦文化论丛》第 6 辑，西安：西北大学出版社，1998 年，第 363 页；雍际春：《天水放马滩木板地图研究》，兰州：甘肃人民出版社2002 年；祝中熹：《对天水放马滩木板地图的几点新认识》，《陇右文博》2001 年第 2 期，收入《秦史求知录》，上海：上海古籍出版社，2012 年，第 490~504 页；晏昌贵：《天水放马滩木板地图新探》，《日本秦汉史研究》2015 年第 15 号。

制时间、地图上的文字注记及地图性质做讨论。

学界多认为放马滩地图的作者即同墓所出《邸丞赤敢谒御史书》篇名中提到的丹。① 为便于叙述，现将简文内容移录于下：

■八年八月己巳，邸丞赤敢谒御史：大梁（梁）人王里□徒日丹，□今七年，丹【刺】伤人垣离里中，因自【刺】殹，□之于市三日，葬之垣离南门外。三年，丹而复生。丹所以得复者，吾犀武舍人。犀武论其舍人尚（掌）命者，以丹未当死，因告司命史公孙强，因令白狐穴屈（掘）出。丹立墓上三日，因与司命史公孙强北之赵氏之北地柏丘之上。盈四年，乃闻犬狋（吠）鸡鸣而人食。其状类（颣）益（嗌），少麋（眉），墨，四支（肢）不用。丹言曰："死者不欲多衣；死人以白茅为富，其鬼贱，于它而富。"丹言："祠墓者毋敢殹，殹，鬼去敬（惊）走。已。收賏（餟）而厘之，如此鬼终身不食殹。"丹言："祠者必谨骚（扫）除，毋以淘□祠所。毋以羹沃賏（餟）上，鬼弗食殹。"②

对于地图的绘制年代看法较多，有秦始皇八年（公元前239年）说③、公元前239年之前说、公元前300年之前说④，还有学者将地图分组讨论绘

---

① 关于《丹》篇名，有称《墓主记》《志怪故事》或《邸丞谒御史书》，从简文中的书写形式和内容来看以《邸丞谒御史书》命名较为合适。《邸丞谒御史书》一文中的时间和地点，晏昌贵师有论证，参见《放马滩简〈邸丞谒御史书〉中的时间与地点》，李学勤主编《出土文献》第4辑，上海：中西书局，2013年，第297～303页。也有学者认为该篇与地图制作者无关，参见祝中熹：《对天水放马滩木板地图的几点新认识》，《陇右文博》2001年第2期，收入氏著《秦史求知录》，上海：上海古籍出版社，2012年，第490～504页。

② 陈伟主编：《秦简牍合集（四）》，武汉：武汉大学出版社，2014年，第203页。

③ 何双全：《天水放马滩秦墓出土地图初探》，《文物》1989年第2期。

④ 甘肃省文物考古研究所：《天水放马滩秦简》，北京：中华书局，2009年，第128～131页。

制年代。① 晏昌贵师对地图作者"丹"的活动地点及生卒年代作了缜密考证。②
"丹"活动的主要地点邸、柏丘，就在笔者家乡附近，位于河北省内丘县的
泜水（今名泜河，现已干涸，今有泜河大桥），自西向东从赞皇县而来经内
丘县北部向东流入泜泽（今河北隆尧县的泽畔）。简文的纪年是战国时期赵
国的纪年，"八年八月己巳"，即是赵惠文王八年（公元前 291 年）。在简文
中"丹"死而复生的时间是公元前 297 年。简文最后出现的时间是公元前 291
年"八月己巳"，若"丹"为地图作者，在其第一次死亡之前他的身份为一名
刑徒，大概是没时间绘制地图，因此该地图的绘制时间应在公元前 297 年到
公元前 291 年之间。

2. 木板地图上的注记文字及地图新摹本

学界对于木板地图的称谓有称"天水放马滩一号秦墓出土地图"，有的称
"放马滩秦墓出土地图"，有的称"放马滩秦木板地图"。按照时间、地点的特
征，本书称这几幅地图为"放马滩秦墓地图"。学界已有的对这几幅地图的摹
绘不太精确，③ 现以《合集（四）》的清晰的图版图像为底图进行描摹（因放马滩
地图图 3B 的内容尚未完成，内容不全暂未摹绘，不予讨论），对前人所摹绘
的地图作修订，此次摹绘共计有 6 幅图，分别为图 1A（图 2.2.2）、图 1B（图
2.2.3）、图 2（图 2.2.4）、图 3A（图 2.2.5）、图 4A（图 2.2.6）、图 4B（图
2.2.7）。本次描图河流部分按照上游用细线，到下游逐渐加宽，分水岭以点状
虚线绘制，道路以等宽实线绘制，图版序号与图上标注的文字及图版放置方
向，如无说明皆据《合集（四）》，文字的大小及其方向、位置及河流的长度与
底图保持一致。现对该地图分述如下：

---

① 参见章册：《放马滩地图的年代问题》，《历史地理》第 8 辑，上海：上海人民出版
社，1990 年，第 58 页；张修桂：《当前考古所见最早的地图——天水〈放马滩地图〉研究》，
《历史地理》第 10 辑，上海：上海人民出版社，1992 年，第 141~161 页；张修桂：《中国历
史地貌与古地图研究》，北京：社会科学文献出版社，2006 年。

② 晏昌贵：《天水放马滩木板地图新探》，《日本秦汉史研究》2015 年第 15 号。

③ 参见何双全：《天水放马滩秦墓出土地图初探》，《文物》1989 年第 2 期；曹婉如：
《中国古代地图集：战国—元》，北京：文物出版社，1990 年。

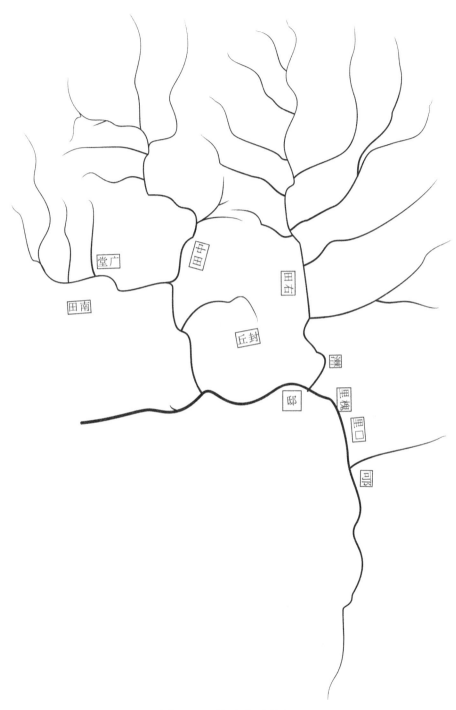

图 2.2.2　放马滩地图图 1A

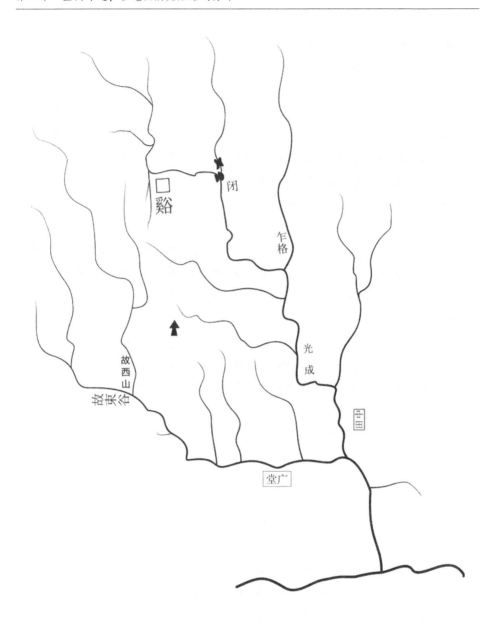

图 2.2.3 放马滩地图图 1B

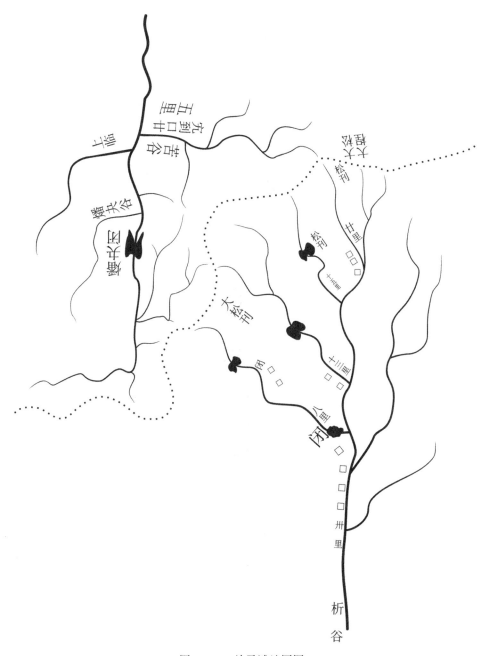

图 2.2.4　放马滩地图图 2

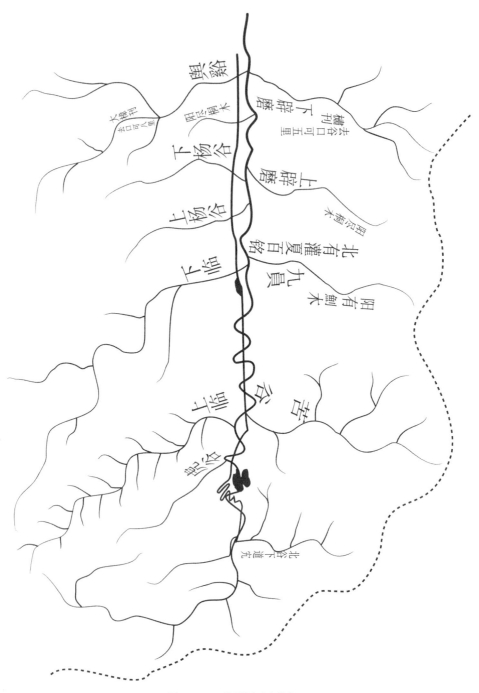

图 2.2.5　放马滩地图图 3A

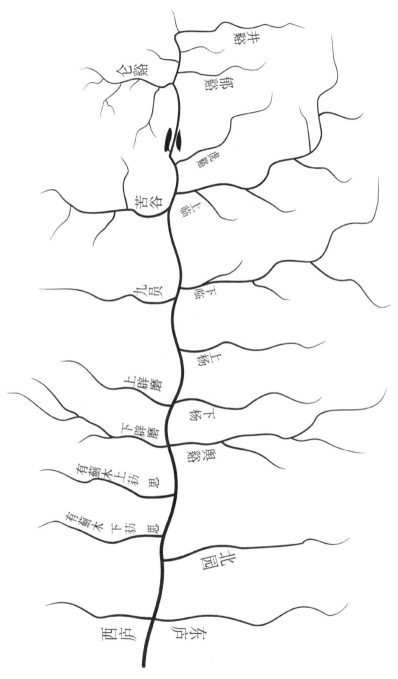

图 2.2.6 放马滩地图图 4A

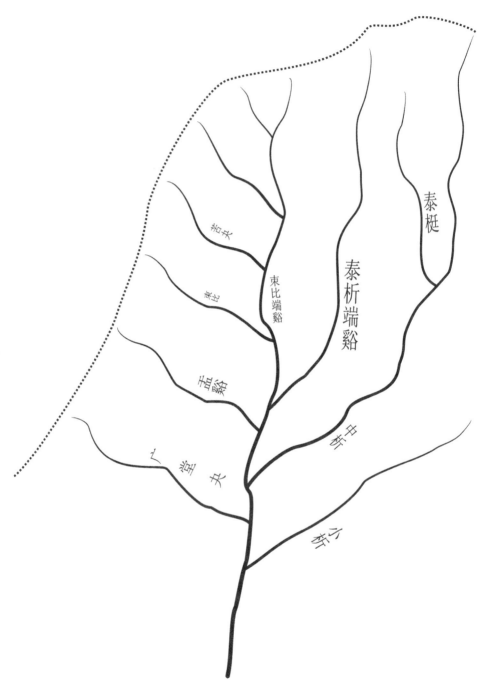

图 2.2.7　放马滩地图图 4B

（1）放马滩地图图 1A。

木板 1 现长 26.7、宽 18.1、厚 1.1 厘米，出土时裂为 3 块，整理时依裂纹复原成 1 块。据整理者，表面经人工刨平，两面绘图，图幅基本布满木板，分为 AB 面。图 1A 面绘制的地理事物主要是河流。① 注记文字有 10 处，文字外皆加方框表示：封丘、右田、中田、广堂、南田、邸、瀍、槐里、□里、邘。其中地名中有后缀名“田”的地名有 3 处，分别为右田、中田、南田；有后缀名“里”的 2 处，为槐里、□里。与其他木板地图相比，该图上的这些注记文字应为比较重要的聚落单位，但很难仅从字面上判断出他们的规模和级别。②

（2）图 1B。

绘有河流、溪谷。注记文字有 9 处，有两处文字外加方框，其余无方框。图一端注有“北方”二字，以前均没有发现，今由晏昌贵师释出。③ 图的中部有一亭形图，没有注记文字。有学者认为是一处重要驻地，或为秦亭；也有认作陇西郡的西县；也有认为具有特殊意义的处所。④ 依地形来看，该亭形图所在位置应是此处的高点，具有瞭望、观测、预警的功能。图上注记文字为：北方、广堂、中田、光成、乍格、明溪、闭、故西山、故束谷。这几处注记除提示方向的“北方”和“闭”外，应都是一般聚落单位，文字外加方框的“广堂”“中田”或许是比较重要的或规模较大的聚落。图上有一处墨迹图形作➤状，旁注“闭”字，位置在一河流主河道与两支流交汇处。闭与关义近。《周礼·地官·司关》：“司关掌国货之节，以联门市。”注曰：“界上之门也。”⑤此处为关

---

① 何双全认为地图绘有“山、河流、沟溪等”地形。尽管从地图内容隐形的表达了山的存在，但实际上图上并没有出现山的注记或其他明确的方式表达，见何双全：《天水放马滩秦墓出土地图初探》，《文物》1989 年第 2 期。

② 张修桂认为封丘为县级单位，其余为乡里级行政单位。参见张修桂：《中国历史地貌与古地图研究》，北京：社会科学文献出版社，2006 年，第 540 页。

③ 晏昌贵：《天水放马滩木板地图新探》，《日本秦汉史研究》2015 年第 15 号。

④ 对该亭形地理事物的讨论参见何双全：《天水放马滩秦墓出土地图初探》，《文物》1989 年第 2 期；曹婉如：《有关天水放马滩秦墓出土地图的几个问题》，《文物》1989 年第 12 期；张修桂：《天水〈放马滩地图〉的绘制年代》，《复旦学报》(社会科学版) 1991 年第 1 期；张修桂：《中国历史地貌与古地图研究》，北京：社会科学文献出版社，2006 年；祝中熹：《对天水放马滩木板地图的几点新认识》，《陇右文博》2001 年第 2 期，收入《秦史求知录》，上海：上海古籍出版社，2012 年，第 490~504 页。

⑤ 李学勤主编：《十三经注疏：整理本》，北京：北京大学出版社，2000 年，第 383 页。

塞或为桥梁的图示。如《二年律令·津关令》有关于在河溪边设置关亭的记载，如简 523-524：

　　廿三、丞相上备塞都尉书，请为夹溪河置关，诸漕上下河中者，皆发传，及令河北县为亭，与夹溪关相直。·阑出入、越之，及吏卒主者，皆比越塞阑关令。·丞相、御史以闻，制曰：可。①

　　图上从"□谿"到"闭"的一条线，有学者认为是一条道路，② 今据红外图片来看应是一条支流。而"闭"就设置在这条支流与另一条河的交汇处。

　　（3）图 2。

　　木板长 26.6、宽 15、厚 1.1 厘米。仅一面绘有地图。图版上注明的地形有河流、溪谷。注记文字 22 处：③ 松刊、廿里，④ □刊、闭，⑤ 松刊、十五里、十三里、□□，⑥ 大松刊、闭、□刊、八里，⑦ 闭、口□到□卅里，⑧ 析谷、燔央闭、燔央谷、上临、苦谷、宄道口廿五里、大松、大梐。该图标注有关塞 5 处，以 的图形表示，其中有 4 处标注"闭"字。还有注明里程的文字说明，如"十三里""十五里""宄到口廿五里""口□到□卅里"等。何双全先生认为这幅图的性质为《经济图》，从图上所绘内容来看，此图的军用功能较为突出，图上标注了河流、关塞、溪谷、树林等地形性的标志物，且道路里程十

---

① 彭浩等：《二年律令与奏谳书：张家山二四七号汉墓出土法律文献释读》，上海：上海古籍出版社，2007 年，第 324 页。

② 曹婉如：《有关天水放马滩秦墓出土地图的几个问题》，《文物》1989 年第 12 期。

③ 《合集（四）》将图上注记文字分作 15 组。

④ 《合集（四）》将"松刊廿里"连写在一起似不太合理，四字距离较远，连读不合适，今改。

⑤ 《合集（四）》作"□□□"；原简整理者作"松材刊"，据该地图红外图片第一字模糊难辨，第二字应作"刊"，第三个字与前两字距离较远，依字形应为"闭"。

⑥ 《合集（四）》作"十三里□□"，今改。

⑦ 《合集（四）》作"□□刊八里"。据地图红外图版，第一字应为"闭"，且附近有"闭"的标识墨迹。地图上也有相似例子，应是"闭"无疑；"闭"后二字与"闭"方向不一致，第一字不清，第二字为"刊"。"八里"应与前字分开写。

⑧ 《合集（四）》作"闭口□□□卅里"。观察图片，"闭"字较大且不与下面字连，应单独列出，"口"字后为三个字，中间一字形似"到"，他字不清楚。

分明显，亭、障、桥梁等标注醒目，这与墓主人的从军经历相契合。也与文献中记录的与行军有关的地形图相似。如《汉书》卷54《李广苏建传》载："陵于是将其步卒五千人出居延，北行三十日，至浚稽山止营，举图所过山川地形，使麾下骑陈步乐还以闻。"①行军作战所过之地要图画其山川地形，报送回京。《汉书》卷6《武帝纪》载，东越王谋反，汉武帝"遣浮沮将军公孙贺出九原"。注引臣瓒曰："浮沮，井名，在匈奴中，去九原二千里，见汉舆地图。"②则地图上标注有道路里程，以供行军之用。同书卷64《严朱吾丘主父徐严终王贾传》，载闽粤兴兵袭击南越，南越上书求助，汉武帝欲发兵击南越，时淮南王刘安上书陈述利害关系时说："臣闻越非有城郭邑里也，处溪谷之间，篁竹之中，习于水斗，便于用舟，地深昧而多水险，中国之人不知其执阻而入其地，虽百不当其一。得其地，不可郡县也；攻之，不可暴取也。以地图察其山川要塞，相去不过寸数，而间独数百千里，阻险林丛弗能尽着。视之若易，行之甚难。"③刘安所说的"地图"当标记有重要的山川要塞，推而论之，武帝做这个军事行动的决定时想必也一定凭借了地图进行了考虑，则他们所参考的地图当具备较强的军事功能。上述所及的地图的内容或许与此一木板地图大致相仿，皆与军事有关标注山川地形及道路里程等交通情况。

图上未闭合的一条曲线（见图2.2.4中的虚线），有学者认为是界线，④ 有学者则认为是分水岭，⑤ 从水流的方向来看，应该是分水岭。但学者仅绘制这条分水岭的一部分，而把燔共闭和大松刊之间的一段分水岭当作河流，以致后之学者研究时，采用这幅摹绘地图时将错就错未有订正。⑥ 据该图的红外照

① 班固：《汉书》，北京：中华书局，1962年，第2451页。

② 班固：《汉书》，北京：中华书局，1962年，第189页。

③ 班固：《汉书》，北京：中华书局，1962年，第2778页。

④ 何双全：《天水放马滩秦墓出土地图初探》，《文物》1989年第2期。

⑤ 曹婉如：《有关天水放马滩秦墓出土地图的几个问题》，《文物》1989年第12期。

⑥ 何双全：《天水放马滩秦墓出土地图初探》，《文物》1989年第2期；曹婉如：《中国古代地图集·战国—元》，北京：文物出版社，1990年；张修桂：《中国历史地貌与古地图研究》，北京：社会科学文献出版社，2006年，第522页。雍际春：《天水放马滩木板地图研究》，兰州：甘肃人民出版社2002年，第46页；[日]藤田胜久：《战国秦的领域形成与交通路线》，秦始皇兵马俑博物馆《论丛》编委会编《秦文化论丛》第6辑，西安：西北大学出版社，1998年，第363页；祝中熹：《对天水放马滩木板地图的几点新认识》，《陇右文博》2001年第2期，收入《秦史求知录》，上海：上海古籍出版社，2012年，第490~504页。

片，这是一条贯穿整个图幅的分水岭，而不是半条。

(4)图3A。

木板长 26.5、宽 18.1、厚 1.1 厘米。两面绘制。图 3A 绘有河流、沟溪、关隘、道路和 1 条分水岭等。注记文字有 16 处。据《合集(四)》主要地名有：北谷下道宄、苦谷、阳有剑木、九员、北有灌夏百铭、阳尽桐木、上辟磨、去谷口可五里、欐刊、下辟磨、虎谷、① 上临、下临、上杨谷、下杨谷、阳尽桐木、大樟刊、舆溪。这些标注信息，按文字大小可分为两类，一类标示地名和里程的标注，文字稍小；另一类描述性文字则较大。这种文字标注有明显区别，可能说明该图的经济作用性质。图上另有三条较长曲线：一当为主干河流的走向；一为沿主干河流的河谷道路走向。该图有两处表示关隘的图形，一处在主干河流的上游处，一在河谷道路的中部。

此图在"虎谷"和"北谷下道宄"一段，图形复杂。学者在摹绘该图时把主干道与河流混淆。依据这一组的图例，一般来说"闭"都是建立在河流之上的，所以该图有"闭"标志的地方应为河流。道路则位于"闭"的右边曲折而上到"北谷下道宄"终止。图上与"宄"字对的一条支流，在绘制时与干流相交了两次，应是误笔(见图 2.2.5)。

(5)图3B。

图 3B 是一幅未绘完整的地形图，无注记文字，暂不论述。

(6)图4A。

木板长 26.8、宽 16.9、厚 1 厘米，两面绘图。图 4A 绘制有河流、溪谷、关塞，注记文字有 18 处，地名外未加方框，地名有：东庐、北园、舆谿、下杨、上杨、下临、上临、虎谿、郁谿、井谿、西庐、有蓟木下茆思、有蓟木上茆思、下辟磨、上辟磨、九员、苦谷、仑溪。其中"北园"，《合集(四)》作"韭园"。"韭"的图版为 ![北], 字迹比较清晰，封丘的丘图版为 ![丘], 与之相近。![北]或可释作"北"，"北"，即"丘"。"丘园"，或为家园、乡村之意。《易》贲卦：

---

① "虎谷"与图 2"燔夬谷"当处在同一位置，然名称有别，但原因不明，或为改名之故。

"贲于丘园，束帛戋戋。"注曰："施饰丘园，盛莫大焉，故贲于束帛，丘园乃落。"正义曰："丘谓丘墟，园谓园圃。唯草木所生，是质素之所。"①"丘园"又可指隐居的地方。蔡邕的《处士圈叔则铭》记载处士圈叔则："洁耿介于丘园，慕七人之遗风。"②又《玉篇·北部》："北，去留切，虚也，聚也，冢也。……址丘，并同上。"③"有蓟木上芴思"，"有蓟木下芴思"，"思"，《合集（四）》作"罔"，图版为、，何双全释作"思"，④依图版字形上部作"田"字明显，下部作"心"，据此当释作"思"。"思"有异体字作鬼、鬼，或与图版相合。"思"，《说文》卷10《思部》："容也。各本作容。……谷部曰。容者、深通川也。"⑤"上芴思""下芴思"应为聚落名称，"有蓟木"为对此地的描述语言，与图3A的"阳有桐木""阳有剞木"一样，说明该地盛产"蓟木"，"蓟木"即"剞木"。又图4A中"虎谿"与图3A"虎谷"位置相同，应为同一地，"谿"与"谷"义同，可通用。

（7）图4B。

图4B绘有河流及1条分水岭。注记文字有9处：苦夬、束比、盂谿、广堂夬、束比端谿、泰梃、泰析端谿、中析、小析。图2有析谷，图4B有泰析、中析、小析，图形与图2一部分极其相似，且图4B的内容更加详细，应是图2的一部分局部详图。

以上讨论了木板地图的形制和内容，并对几处地名进行了改释。放马滩木板地图最新研究成果可见晏昌贵师《天水放马滩木板地图新探》。⑥现依据该文中的《注记文字异同表》，并附上有改定的意见，列表如表2.2.1所示。

---

①　王弼注，孔颖达疏：《周易正义》，李学勤主编《十三经注疏：整理本》，北京：北京大学出版社，2000年，第107页。

②　邓安生：《蔡邕集编年校注》，石家庄：河北教育出版社，2002年，第114页。

③　顾野王：《大广益会玉篇》，北京：中华书局，1987年，第10页。

④　何双全：《天水放马滩秦墓出土地图初探》，《文物》1989年第2期。

⑤　段玉裁：《说文解字注》，上海：上海古籍出版社，1981年，第501页。

⑥　晏昌贵：《天水放马滩木板地图新探》，《日本秦汉史研究》2015年第15号。

表 2.2.1 放马滩地图注记文字异同对照表

序号	何双全	李学勤	整理者	晏昌贵	今定
图 1A	邽丘	封丘	邽丘	封丘	封丘
	略	略	略	右田	右田
	中田	中田	中田	中田	中田
	南田	南田	南田	南田	南田
	广堂	广堂	广堂	广堂	广堂
	廊	邸	邸	邸	邸
	潜	漕	潜	潜	潜
	杨里	杨里	杨里	槐里	槐里
	真里	贞里	真里	□里	□里
	邧	邧	阿	邧	邧
图 1B	广堂	广堂	广堂	广堂	广堂
	中田	中田	中田	中田	中田
	炎成	永成	光成	光成	光成
	山格	山格	山格	乍格	乍格
	明谿	明谿	明谿	□谿	□谿
	故西山	故西山	故西山	□西山	□西山
	故东谷	故东谷	故东谷	故束谷	故束谷
	闭	闭	闭	闭	闭
	上	上	上	北方	北方
图 2	上临	上临	上临	上临	上临
	苦谷	苦谷	苦谷	苦谷	苦谷
	燔史谷	燔夬谷	燔史谷	燔夬谷	燔夬谷
	燔史关	杨夬闭	燔史闭	燔夬闭	燔夬闭
	—	宛到口廿五里	最到口廿五里	宄到口廿五里	宄到口廿五里
	大松	大松	大松	大松	大松
	大	大□	大程	大程	大程
	松利	松刊	松材	松刊	松刊

续表

序号	何双全	李学勤	整理者	晏昌贵	今定
图2	杨谷	杨谷八里	杨谷材八里	□□刊八里	闭
					□刊
					八里
	—	松刊十五里	松材十五里	松刊十五里	松刊
					十五里
	—	松刊十三里	松材十三里	十三里□□	十三里
					□□
	大松利	大松刊	大松材	大松刊	大松刊
	—	多□木	多材木	闭口□□世里	闭
					口□到□世里
	相谷	柏谷世里	世里相谷	析谷	析谷
图3	北谷	北谷下道宛	北谷口道最	北谷下道宄	北谷下道宄
	苦谷	苦谷	苦谷	苦谷	苦谷
	剡木	阳有剡木	阳有剡木	阳有剡木	阳有剡木
	九员	九员	九员	九员	九员
	灌木	北有灌夏百锦	北有灌忧百录	北有灌夏百铭	北有灌夏百铭
	杨木	阳尽柏木	阳尽柏木	阳尽桐木	阳尽桐木
	上辟磨	上辟磨	上辟磨	上辟磨	上辟磨
	—	橘刊去谷口可五里	去谷口可五里橘材	去谷口可五里橘刊	去谷口可五里
					橘刊
	下辟磨	下辟磨	下辟磨	下辟磨	下辟磨
	虎谷	虎谷	虎谷	虎谷	虎谷
	上临	上临	上临	上临	上临
	下临	下临	下临	下临	下临
	上杨谷	上杨谷	上杨谷	上杨谷	上杨谷
	下杨谷	下杨谷	下杨谷	下杨谷	下杨谷
	榆木	阳尽柏木	阳尽柏木	阳尽桐木	阳尽桐木
	大楠木炎谷	大□刊去口可八里	去口可八里大楠木	大樟刊去口可八里	大樟刊
					去口可八里
	兴谿	舆谿	与谿	舆谿	舆谿

序号	何双全	李学勤	整理者	晏昌贵	今定
图 4A	东庐	东卢	东庐	东庐	东庐
	韭圆	韭园	韭圆	韭园	北园
	—	舆谿	舆谿	舆谿	舆谿
	下杨	下杨	下杨	下杨	下杨
	上杨	上杨	上杨	上杨	上杨
	下临	下临	下临	下临	下临
	上临	上临	上临	上临	上临
	虎谿	虎谿	虎谿	虎谿	虎谿
	樊谿	郁谿	懃谿	郁谿	郁谿
	丹谿	井谿	丹谿	井谿	井谿
	西庐	西卢	西庐	西庐	西庐
	上获思有剣木	上犵思有蓟木	有苏木上获思	有蓟木上犵罔	有蓟木
					上犵思
	下辟磨	下辟磨	下辟磨	下辟磨	下辟磨
	上辟磨	上辟磨	上辟磨	上辟磨	上辟磨
	九员	九员	九员	九员	九员
	苦谷	苦谷	苦谷	苦谷	苦谷
	仑谿	仑谿	仑谿	仑谿	仑谿
图 4B	苦史	苦夬	苦史	苦夬	苦夬
	夹比	夹比	夜比	束比	束比
	夹比铺谿	夹比端谿	夜比铺谿	束比端谿	束比端谿
	孟谿	孟谿	盂谿	盂谿	盂谿
	广堂史	广堂夬	广堂史	广堂夬	广堂夬
	大祭枞	泰析	大柴枞	泰梃	泰梃
	大祭相铺谿	泰析端谿	大柴相铺谿	泰梃端谿	泰梃端谿
	中秋	中析	中杺	中析	中析
	小秋	小析	小杺	小析	小析

二、放马滩地图所见聚落及其分布特征

据表2.2.1统计，天水放马滩木板地图上的注记文字可按性质分为四类。一类是聚落名称，有53处，可按名称后缀进行分类：以田为后缀名的有右田、中田、南田；以里为后缀名的有槐里、□里；以谷(谿)为后缀名的有□谿、故束谷、苦谷、燔央谷、析谷、北谷、虎谷、上杨谷、下杨谷、舆谿、郁谿、井谿、仓谿、束比端谿、盂谿、泰梃端谿；以磨为后缀名的有上辟磨、下辟磨；以临为后缀名的有上临、下临；以庐为后缀名的有东庐、西庐；以思为后缀名的有上荔思、下荔思；以刊为后缀名的有松刊、□刊、大松刊、橚刊、大樟刊；以析为后缀名的有小析、中析；以央为后缀名的有苦央、广堂央；其他类有封丘、广堂、邸、灂、邛、光成、乍格、□西山、大松、大桯、宄、九员、北园、束比、泰梃。关隘有燔央闭，其他关隘多注记为"闭"，或仅有墨迹符号。注明里程的注记有"宄到□廿五里""八里""十五里""十三里""□□到□世里""去谷口可五里""去□可八里"。具有说明性质的注记有"阳有剞木""北有灌夏百铭""阳尽桐木""有蓟木等"。

放马滩地图所绘的今地范围已有多位学者考证，[1] 据最近的研究成果，放马滩地图主要绘制了今天仍存在的三条河流，东柯河、永川河以及与其隔一条分水岭相对的花庙河，整个地域范围约有2000平方千米。[2] 如图2.2.8所示，这条分水岭就是图中的那条虚线，据放马滩地图的今地位置，采用网上公开的SRTM90米分辨率数字高程数据模型(DEM),[3] 利用Global mapper软件制成这一地区的等高线图，以考察地图上聚落的分布情况。

---

[1] 曹婉如：《有关天水放马滩秦墓出土地图的几个问题》，《文物》1989年第12期；张修桂：《当前考古所见最早的地图——天水〈放马滩地图〉研究》，《历史地理》第10辑，上海：上海人民出版社，1992年，第141~161页；张修桂：《中国历史地貌与古地图研究》，北京：社会科学文献出版社，2006年。

[2] 晏昌贵：《天水放马滩木板地图新探》，《日本秦汉史研究》2015年第15号。

[3] 2000年2月，美国太空总署(NASA)和国防部国家测绘局(NIMA)联合，运用"奋进"号航天飞机对全球进行测量。得到的数据数字化即是SRTM(全称Shuttle Radar Topography Mission，即航天飞机雷达地形测绘任务)数据，现在网络上公开下载的是分辨率为90米的数据资料。

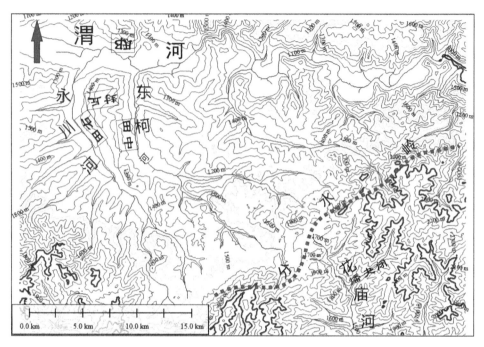

图 2.2.8 放马滩等高线地图

结合放马滩地图观察图 2.2.8，地图上的聚落大多分布在海拔 1100—1700 米，1700—2200 米则几无聚落。聚落的位置大多是位于河流的中下游谷地，或许这也是地图上很多地名以谷（豀）为后缀名的原因。以封丘所在地形为例，名如其地，恰好位于东柯河和永川河之间的一处海拔约 1400 米的山丘之上。中田、右田则在封丘南部的河谷平坦处。

地图上的聚落因为没有图例和文字说明，无法判断聚落的规模和级别，应为地方行政单位无疑。从注记格式来看，那些在文字外有方框的聚落应该是比较重要的，其他聚落则相对次之，而且分布的形式也在逐渐往主干河流的中上游方向分布。邢义田说："不论图上这些居民点属于哪一个层级，在分布形态上，看不出曾经历人为的规划。"①放马滩地图上聚落的空间分布状态，在海拔

---

① 邢义田：《从出土资料看秦汉聚落形态和乡里行政》，载黄宽重主编《中国史新论——基层社会分册》，台北：联经出版事业公司，2009 年，第 27 页，收入《治国安邦：法制、行政与军事》，北京：中华书局，2011 年，第 262 页。

较低处聚集，同时也反映了当时人们的居住的空间概念，依山近水，又有主要道路(主要是河谷道路)相连，在主干河流的两边，因地制宜地利用自然资源，河谷和河流则是主要的交通路线。

第三节　马王堆帛地图所见聚落及其空间分布

在1973年的考古发掘中，位于长沙的马王堆三号墓出土了两件珍贵的文物：两幅帛绘地图。经过专家们的细致整理与研究，这两幅地图被分别命名为《地形图》和《箭道封域图》。根据考古学界的广泛共识，该墓葬的主人被认为是汉代长沙国的相轪侯利苍的儿子。[1] 重要的是，这两幅帛地图为学者们提供了关于当时聚落分布的直接证据。在这些帛地图上，标示了大量的聚落地点，这些信息不仅丰富了我们对汉代及其所在地区聚落模式的了解，而且对于研究古代地理、社会结构以及经济活动具有重要的学术意义。因此，通过严谨的分析并结合其他相关的历史文献资料，我们可以利用《地形图》和《箭道封域图》所展示的聚落地理信息，来进一步探讨和重建长沙国在汉代的社会景观与经济地理。这些地图不仅仅是历史地理学的资料，更为历史聚落地理学提供了宝贵的研究视角和分析框架。

一、《地形图》上的聚落分布及特征

1.《地形图》的内容性质与绘制时间

《地形图》没有标出图名、比例尺和绘制年代等地图的基本信息。出土时是折叠着的长方形状态。由于在地下叠压的时间太长，边缘残损的比较的严重，幅面沿折线的地方大多已经断裂，现存有32个小片。这32片中又有不同程度的破裂、错动和残缺，其中有5片残损的相当严重。经测量，保存较完整的帛片长24厘米、宽12厘米左右。由于帛片经历了两千多年的叠压，紧贴在

---

① 湖南省博物馆、湖南省文物考古研究所编：《长沙马王堆二、三号汉墓，田野考古发掘报告》，北京：文物出版社，2004年，第238页。

一起的帛片上的内容相互渗印形成错综复杂的线条、方框和文字注记。经整理者拼复，这 32 张帛片可以排列成横四、竖八片的边长 96 厘米见方的正方形，可以看到还有一条用针线缝扎的宽约 5 毫米的一条折边。拼复后的地图正在图幅中间，一张完整的地图得以再现。《文物》在 1976 年第 1 期上刊登了长沙马王堆三号墓的发掘简报和两篇相关研究文章。1977 年，《古地图：马王堆汉墓帛书》由文物出版社出版，① 该书公布了《地形图》(图 2.3.1) 及与其同出的《箭道舆地图》的照片和复原图，② 并附有对帛书地图研究的论文集。

图 2.3.1　马王堆三号墓出土《地形图》

---

① 马王堆汉墓整理小组编：《古地图：马王堆汉墓帛书》，北京：文物出版社，1977 年。

② 本书改称《箭道舆地图》，详述见下文。

　　学界对这幅地图的研究非常丰富，研究内容涉及地图的拼复、命名、测绘技术和测绘时间以及由地图内容延伸出来的关于西汉长沙国界、汉初政区设置、古地名地望等各方面的内容。①《地形图》的方位为上南下北，绘图颜色有两种，青色用以对河流绘制，其余内容用墨色绘成。据学者研究，该图所绘区域大致为今湖南省境内及广东两省和广西壮族自治区的一部分。全图所绘地区可分为主区和邻区。主区范围为当时长沙国的南部地区，主区绘制的内容很详细，既有自然地理要素山脉、河流，又有社会经济要素居民点、道路等，基本上具备了地貌、水系、居民点、交通网等现代地形图的四大基本要素。邻区又可详细分为近邻区和远邻区之分。近邻区只绘县城和道路，未绘乡里和河流。②

　　《地形图》中绘制的主体是水系，发掘报告称这可能与该图主要用于水道运输和水道作战有关。观察图上内容可知，除了水系，图上绘制的山脉所占比例与水系大致相当，体现这一地区的地貌特征。图上共绘有三级25条河流，一级支流14条，二级支流9条，三级支流2条。其中有11条还注明了河名或河源。③ 图中以墨色实线绘制道路，也有部分是用虚线表示。地图上的居民点多标注了行政级别。主要可分为"县"和"乡里"两级，县级居民点以矩形方框内标注县名来表示。地图上现存的8个县级地名又可分为"县"和"道"两种，用墨色方框符号表示。《汉书》卷19《百官公卿表上》："县大率方百里，其民稠则减，稀则旷，乡、亭亦如之，皆秦制也。列侯所食县曰国，皇太后、皇后、公主所食曰邑，有蛮夷曰道。"④在乡里级居民点名称之外，套以圆圈进行标示，圆圈符号的大小，或与居民点范围的大小有关。图上可以清晰辨认的乡里居民点有74个，乡里名称后多缀有通名"里"，如"池里""邢里""桃里"等；另外还有地名后缀为"部""君""官"的特殊情况，例如"蛇君""雷君""不于

　　① 余斌霞：《马王堆汉墓〈地形图〉研究综述》，《湖南省博物馆馆刊》第9辑，长沙：岳麓书社，2012年，第64~75页。该文对《古地图：马王堆汉墓帛书》一书的出版时间和书名表述有误。

　　② 湖南省博物馆、湖南省文物考古研究所编：《长沙马王堆二、三号汉墓，田野考古发掘报告》，北京：文物出版社，2004年，第91~93页。

　　③ 湖南省博物馆、湖南省文物考古研究所编：《长沙马王堆二、三号汉墓，田野考古发掘报告》，北京：文物出版社，2004年，第93页。

　　④ 班固：《汉书》，北京：中华书局，1962年，第742页。

君""□(雷？)君""侈部""牖部""皋部""犬官"等,① 据"深君里"这一居民点
的名称，推测前面所列的地点或省略后缀"里"。而"某君"或"某君里"的称谓，
或是以少数民族一个部落君长的称谓作里名。从出土的秦汉律令可知乡是地方
上比较重要的行政机构,② 但在《地形图》上并没有看到以"乡"为通名的地点。
有学者认为"部"应于"乡"相当。③ 还有以"郭"为后缀的居民点(《箭道舆地
图》上后缀"郭"的地点比较多)，怀疑与西北汉简中的"郭"功能类似，诚如是，
也能够说明这幅地图制作的时代与当时的社会形势。

《地形图》上标明了山川、居民点、交通等重要信息，或能说明该图的军
事功能。《管子》卷10《地图》称："凡兵主者，必先审知地图。轩辕之险，滥
车之水，名山、通谷、经川、陵陆、丘阜之所在，苴草、林木、蒲苇之所茂，
道里之远近，城郭之大小，名邑、废邑、困殖之地，必尽知之。地形之出入相
错者，尽藏之。然后可以行军袭邑，举错知先后，不失地利，此地图之常
也。"④《地形图》所绘制的地区处于南方，而地图上的信息所反映出来的社会
情况或与淮南王刘安所描述的相似。《汉书》卷64《严助传》，载淮南王刘安上
书谏汉武帝伐南越时说："臣闻越非有城郭邑里也，处溪谷之间，篁竹之中，
习于水斗，便于用舟，地深昧而多水险，中国之人，不知其势阻而入其地，虽
百不当其一。得其地，不可郡县也；攻之，不可暴取也。以地图察其山川要
塞，相去不过寸数，而间独数百千里，阻险林丛。弗能尽者。视之若易，行之
甚难。"⑤张修桂注意到了《地形图》上乡里聚落分布特点。他说：

　　地形图乡里的分布有一个十分奇特的现象，即几乎所有的乡里都是分

---

　　① 裴锡圭主编：《长沙马王堆汉墓简帛集成》(第6册)，北京：中华书局，2014年，
第111页。

　　② 邢义田：《张家山汉简〈二年律令〉读记》，《燕京学报》2003年第15期。

　　③ 张修桂：《马王堆地形图测绘特点研究》，《中国古代地图集：战国—元》，北京：
文物出版社，1990年，第6页；张修桂：《中国历史地貌与古地图研究》，北京：社会科学
文献出版社，2006年，第437~501页；傅举有：《马王堆汉墓出土的驻军图》，载《中国古
代地图集：战国—元》，北京：文物出版社，1990年，第10页；傅举有：《中国历史暨文
物考古研究》，长沙：岳麓书社，1999年，第174页。

　　④ 黎翔凤：《管子校注》，北京：中华书局，2004年，第529~530页。

　　⑤ 班固：《汉书》，北京：中华书局，1962年，第2778页。

布在深水支流的两岸，而深水主干的两岸，除深平附近的三个居民点之外，绝无乡里设置。这究竟是什么原因？我认为当与深水的洪水泛溢有密切关系。当时社会生产力比较低下，先民，尤其是这偏僻的山区先民，尚无能力抗御洪水所带来的灾害。因此只能把乡里设置在地势较高的支流两岸。这里既可取水，又不致遭没顶之灾。正因为当时先民无法克服洪水泛溢之灾，所以宁可放弃深水干流两岸肥沃的土地，而去开发土地显然较为瘠薄的支流域地区。结果就形成了深水干流反而没有居民点的局面。聚落尚未下山，说明这种聚落还处在比较原始落后的状态。①

张氏对《地形图》上的信息观察得很细致，看到了乡里聚落的空间分布不平衡的状态，认为生产力低下是造成这种分布状态的原因。后张氏将这篇文章收入专著时对这种认识进行了修订，认为《地形图》上乡里聚落的性质和配置，反映了秦汉之际当地居民对这片土地的开发过程和移民动向，并论述了其大致情况。认为这一地区在汉文帝初期时的发展状态是东半部地区比西半部地区开发较为成熟；北半部地区比南半部地区开发较为成熟；东北部地区是开发最为成熟的地区；西南部地区处于开发过程中或尚是未开垦的处女地。以上情况的产生，是由该地区的开发路线和开发的时间进程所决定的。② 从这幅地图来看，聚落的分布状态固然与当时的开发有很大关系，将本图与《箭道舆地图》上的聚落进行对比观察时，《地形图》上聚落的分布更可能接近当时居民的原始状态。

与《地形图》同出一枚有纪年的木牍，释文为："十二年二月乙巳朔戊辰，家丞奋移主藏郎中，移藏物一编，书到先质，具奏主藏君。"这枚木牍被命名为《十二年木牍》，据此纪年可以认定马王堆三号汉墓下葬的确切年代为汉文帝初元十二年(公元前168年)。③ 则地图的绘制时间当在此之前。而该图的绘

① 张修桂：《马王堆地形图测绘特点研究》，载《中国古代地图集：战国—元》，北京：文物出版社，1990年，第6页。

② 张修桂：《中国历史地貌与古地图研究》，北京：社会科学文献出版社，2006年，第468~469页。

③ 马王堆汉墓帛书整理小组：《长沙马王堆三号汉墓出土地图的整理》，《文物》1975年第2期；湖南省博物馆、湖南省文物考古研究所编：《长沙马王堆二、三号汉墓，田野考古发掘报告》，北京：文物出版社，2004年，第103页。

制的上限，周世荣、龙福廷认为在汉高祖十一年（公元前 196 年）以后。① 曹学群认为《地形图》的绘制时间可能是在高帝五年（公元前 202 年）以后至高后七年（公元前 181 年）这段时期。② 吴承园认为西汉初年朝廷对这一地区进行勘测的条件并不成熟。《地形图》绘制时间应与秦始皇征服南越，统一岭南的过程有关，加上《地形图》的范围又纵横跨越长沙、桂林、南海三郡，重视水系的描绘，因此认为该地图应是为屠睢的楼船军远征南越而进行的军事性质的地形测绘图。理由是《地形图》所绘北部的潇水流域、南岭、九嶷山及其附近较为详尽，而相邻近地区的地理事物绘制得较为简略粗糙，南越地区各种地理要素更为简单，甚至都没有比较完整的政区，更像是据实地勘测和侦查的资料而绘制的楼船军的进军路线图。吴氏认为该图的绘制时间应该是始皇帝三十三年（公元前 214 年）之前。③

2.《地形图》上聚落的分布及特征

从地图所绘的聚落结构数量、行政组织的名称、性质和级别的变化与分布状态来看，《地形图》与《箭道舆地图》两图所反映的内容大约相差几十年到一百年。《地形图》或许反映了较早时期这一地区的开发状态，故而在这幅图上的聚落分布具有"比较原始落后的状态"。马王堆地图上的这种行政组织的名称、性质和级别与分布，或与天水放马滩木板地图上的聚落的空间分布特点有相似之处，即都反映了在统一的社会制度下的新出现的行政组织形式与当地原住民聚落之间的状态，亦即"新黔首"与新政府之间共存的空间形态。又《地形图》标注的地名、水名共计 78 个。其中编号为"10 深君里""13 不于君""39 垒君""46 蛇君""61□（雷?）君"等五个地名，其中 10 号地名释文作"深君里"，④

① 周世荣、龙福廷：《从"龙川长印"的出土再谈汉初长沙国的南方边界》，《考古》1997 年第 9 期。

② 曹学群：《论马王堆古地图的绘制年代》，湖南省博物馆编《马王堆汉墓研究文集——1992 年马王堆汉墓国际学术讨论会论文选》，长沙：湖南出版社，1994 年，第 175~182 页。

③ 吴承园：《马王堆帛地图考》，《地图》1990 年第 1 期。

④ 裘锡圭主编：《长沙马王堆汉墓简帛集成》（第 6 册），北京：中华书局，2014 年，第 110 页。

笔者怀疑应读作"深里君"。因为在《箭道舆地图》中"周都尉军""徐都尉军""徐都尉别军""司马得军"及一些里户数说明，如子里"三十户【今】毋人"、溜里"十三户今毋【人】"、瘁里"五十七户不反"等，这些地名由两行书写且文字较多，读的顺序为先上下然后从右至左。10号地名也应该按此顺序读作"深里君"，与13、39、46、61号的地名后缀"君"字相同。而这五个地名又可能与当地少数民族有关。《后汉书》卷1《光武帝纪》载："九真徼外蛮夷张游率种人内属，封为归汉里君。"①同书卷86《南蛮西南夷列传》载："建武十二年，九真徼外蛮里张游，率种人慕化内属，封为归汉里君。"本注曰："里，蛮之别号，今呼为俚人。"②若如此，则这五个地名很可能就是蛮夷人的聚落在纳入汉帝国行政系统后，保留了"君"名号，而行政级别实际上是一个里。又《地形图》的制作和反映的内容时代较早，而《箭道舆地图》中又不见类似的"君"出现，是否意味着这些少数民族已经成为在编的汉民或迁往他处，或逃回深山老林呢？或许在深入分析《箭道舆地图》后，对于该图反映的这种社会现象，有利于对"编户齐民"的社会过程有一个更全面的认识。

马王堆出土的两幅地图都具有时代特征，《地形图》的绘制早于《箭道舆地图》。曹学群经过仔细观察两图相对应位置上的山脉、河流、居民点等内容，认为两幅地图的这些差异具有不同的时代特征：（1）精确度方面。《箭道舆地图》精确性高于《地形图》。比如《地形图》把深水西边的资水标记为深水源，而《箭道舆地图》则将深水靠东的深水标记为深水源。深水较资水更长更宽，应作为大深水的主源。如果《地形图》的绘制时间晚于《箭道舆地图》，则不会出现将深水源标记错误。（2）注记文字的异同。两幅地图上特殊的乡里组织名称发生了变化。如居民点蛇君、雷君、垄君、牖部，应为汉王朝通过长沙国在湘南民族地区设置、利用少数民族首领统治其民众的、相当于乡里级的行政区划名称。但是《地形图》上的蛇君，在《箭道舆地图》的相应位置上消失了，代之以"蛇障""蛇上""蛇下里"。蛇障应为一个军事要塞，而蛇上、蛇下里当由蛇君发展而来。（3）标注书体的风格变化。《地形图》的文字有的还残存有秦篆的

---

① 范晔：《后汉书》，北京：中华书局，1965年，第60页。
② 范晔：《后汉书》，北京：中华书局，1965年，第2836页。

风格。如营浦的浦字，其偏旁"水"还写作"川"，而在《驻军图》上已写作"氵"旁，说明《地形图》要早于《箭道舆地图》。（4）聚落级别的变化。《地形图》九疑山东北方向有县一级行政组织机构龁道，而在《箭道舆地图》的相应位置上，只有龁障。《地形图》乡里级居民点有深平，而《箭道舆地图》上相应位置则为四周筑有方形城墙的"深平城"。①《长沙马王堆二、三号汉墓，田野考古发掘报告》对曹学群的说法略有订正："《地形图》上原龁道的相应位置，《驻军图》上在方框中标注为'故官'，应可理解为原来的县一级官署，龁障则标注在其北，并不在《地形图》上龁道的原址。"②由此可见，随着社会的发展，一些少数民族的聚落逐渐被纳入汉帝国的行政组织，并且在名称和规模上都有不小的变化，这些变化改变了这一地区聚落的空间分布状态，同时反映了社会过程对于空间形态的影响。

二、《箭道舆地图》所见聚落分布

1.《箭道舆地图》的命名问题

长沙马王堆 M3 出土的第二幅地图，马王堆汉墓帛书整理小组将这幅地图命名为《驻军图》，③ 谭其骧先生称之为《西汉初期长沙国深平防区图》，④ 詹立波称之为《守备图》，⑤ 傅举有、李均明根据《驻军图》所绘的内容，认为该

---

① 曹学群：《论马王堆古地图的绘制年代》，湖南省博物馆编《马王堆汉墓研究文集——1992 年马王堆汉墓国际学术讨论会论文选》，长沙：湖南出版社，1994 年，第 175～182 页。

② 湖南省博物馆、湖南省文物考古研究所编：《长沙马王堆二、三号汉墓，田野考古发掘报告》，北京：文物出版社，2004 年，第 103 页。

③ 湖南省博物馆、湖南省文物考古研究所编：《长沙马王堆二、三号汉墓，田野考古发掘报告》，北京：文物出版社，2004 年，第 99 页。

④ 谭其骧：《二千一百多年前的一幅地图》，《文物》1975 年第 2 期，收入马王堆汉墓整理小组编《古地图：马王堆汉墓帛书》，北京：文物出版社，1977 年，第 13～23 页；又见《长水集》（下），北京：人民出版社，2009 年，第 248～260 页。

⑤ 詹立波：《马王堆三号汉墓出土的守备图探讨》，《文物》1976 年第 1 期，收入马王堆汉墓整理小组编《古地图：马王堆汉墓帛书》，北京：文物出版社，1977 年，第 50～56 页。

图所绘的是具有军事作用县一级的行政单位的"封域"，① 邢义田认为该图"很可能是一张汉代郡国常有，普通的箭道行政区地图，在汉代或应名为箭道图或箭道封域图"。认为"封域为汉代常用词"。并引用两条史料以作支撑。

《史记》卷6《秦始皇本纪》：

> 古之帝者，地不过千里，诸侯各守其封域，或朝或否，相侵暴乱，残伐不止，犹刻金石，以自为纪。②

《后汉书》卷34《梁统列传》：

> 又多拓林苑，禁同王家，西至弘农，东界荥阳，南极鲁阳，北达河、淇，包含山薮，远带丘荒，周旋封域，殆将千里。③

又《史记》卷58《梁孝王世家》：

> 孝王，窦太后少子也，爱之，赏赐不可胜道。于是孝王筑东苑，方三百余里。

《史记索隐》："盖言其奢，非实辞。或者梁国封域之方。"④这里用"封域"描述了梁国的地域范围，这则材料也可以补充"封域"的说法。

邢义田对地图的观察可谓精审，他从这幅地图上看到从西南角的石里到故乘城有50里，到图中央的箭道有60里，封里到箭道也是50里，以此比例推测箭道的边界大约有100里。那么整个箭道方圆大致有100里，而这个面积也

---

① 傅举有：《马王堆汉墓出土的驻军图》，《中国古代地图集：战国—元》，北京：文物出版社，1990年，第9~11页。李均明：《关于驻军图军事要素的比较研究》，湖南省博物馆编《马王堆汉墓研究文集》，长沙：岳麓书社，1994年，第161~165页。
② 司马迁：《史记》，北京：中华书局，1959年，第246页。
③ 范晔：《后汉书》，北京：中华书局，1965年，第1182页。
④ 司马迁：《史记》，北京：中华书局，1959年，第2083页。

正好合于《汉书·百官公卿表》所说的汉代一县"大率方百里"的规格。因此这幅图从性质上，"更准确地说，应是箭道图或箭道封域图"①。邢氏认为汉代郡、国、县、乡都有行政地图，清楚标明郡、国、县、乡之界。② 而该图的边界十分清楚，由于该图为县道一级的行政区域图，因此图中的行政中心箭道绘制并标注的十分突出等。

考察秦汉史料有关封域的内容，知"封域"一词或许只是对图上内容所涉及的地域范围的一种概括性说法。联系《史记》《汉书》《后汉书》中有关地图的史料，关于已经形成图画制品且具有行政区划作用的地图，其正式的名称或许称为"舆地图"，有时也简称为"舆图"或"地图"。《史记》卷60《三王世家》载，御史庄青翟曰："臣请令史官择吉日，具礼仪上，御史奏舆地图"，《史记索隐》："谓地为'舆'者：天地有覆载之德，故谓天为'盖'，谓地为'舆'，故地图称'舆地图'。疑自古有此名，非始汉也。"③这里明确指出地图"古时"的名称为"舆地图"。《汉书》卷44《淮南衡山济北王传》："日夜与左吴等案舆地图。"注引苏林曰："舆犹尽载之意。"④则地图来源已久，其为正式的名称应"舆地图"。

里耶秦简也将地图称作"舆地图"，简8-224+8-412+8-1415：

其旁郡县与桉(接)界者毋下二县，以□为审，即令卒史主者操图诣御史，御史案雠更并，定为舆地图。有不雠、非实者，自守以下主者……⑤

① 见邢义田：《论马王堆汉墓"驻军图"应正名为"箭道封域图"》，《湖南大学学报》(社会科学版)2007年第5期；黄宽重主编：《中国史新论——基层社会分册》，台北：联经出版事业公司，2009年，第110~126页；收入氏著《治国安邦：法制、行政与军事》，北京：中华书局，2011年，第341~355页。裘锡圭主编《长沙马王堆汉墓简帛集成》，采用了《箭道封域图》这一命名，见裘锡圭主编：《长沙马王堆汉墓简帛集成》，北京：中华书局，2014年。席会东在《中国古代地图文化史》一书中仍采用《驻军图》的说法，席会东：《中国古代地图文化史》，北京：中国地图出版社，2013年，第290页。
② 邢义田：《中国古代的地图》，《中山大学艺术史研究》2005年第6期。
③ 司马迁：《史记》，北京：中华书局，1959年，第2110页。
④ 班固：《汉书》，北京：中华书局，1962年，第2194页。
⑤ 陈伟主编：《里耶秦简牍校释(第一卷)》，武汉：武汉大学出版社，2012年，第118页。

"舆地图"也简称为"图"，当郡县发生边界纠纷时，就需要拿出"舆地图"作为勘定证据。如《三国志》卷24《魏书·孙礼传》载有这样一则事例：

> 征拜少府，出为荆州刺史，迁冀州牧。太傅司马宣王谓礼曰："今清河、平原争界八年，更二刺史，靡能决之；虞、芮待文王而了，宜善令分明。"礼曰："讼者据墟墓为验，听者以先老为正，而老者不可加以榎楚，又墟墓或迁就高敞，或徙避仇雠。如今所闻，虽皋陶犹将为难。若欲使必也无讼，当以烈祖初封平原时图决之。何必推古问故，以益辞讼？昔成王以桐叶戏叔虞，周公便以封之。今图藏在天府，便可于坐上断也，岂待到州乎？"宣王曰："是也。当别下图。"礼到，案图宜属平原。而曹爽信清河言，下书云："图不可用，当参异同。"礼上疏曰："管仲霸者之佐，其器又小，犹能夺伯氏骈邑，使没齿无怨言。臣受牧伯之任，奉圣朝明图，验地著之界，界实以王翁河为限；而郓以马丹候为验，诈以鸣犊河为界。假虚讼诉，疑误台阁。窃闻众口铄金，浮石沈木，三人成市虎，慈母投其杼。今二郡争界八年，一朝决之者，缘有解书图画，可得寻案揳校也。平原在两河，向东上，其间有爵堤，爵堤在高唐西南，所争地在高唐西北，相去二十余里，可谓长叹息流涕者也。案解与图奏而郓不受诏，此臣软弱不胜其任，臣亦何颜尸禄素餐。"辄束带着履，驾车待放。[①]

上引史料中清河、平原两县争地界8年都没有解决，原因是"讼者据墟墓为验，听者以先老为正"，各执一词，僵持不下，最后还是孙礼拿着初封时的地图，并参以实际的地理事物才解决了这一纠纷。从文中谈及的图来看，图中的内容有封域的范围、边界、堤坝等地理事物。秦汉时期的舆地图内容十分丰富。山川、河流、道路里程、政区名称齐全。政区名称应是必备，甚至还注明前代的地名，有历史地图的性质。《汉书》卷28《地理志》就有两处提到秦地图上的政区名称。如在琅邪郡"长广县"条，自注曰："有莱山莱王祠。奚养泽在

---

① 卢弼：《三国志集解》，上海：上海古籍出版社，2009年，第1878~1879页。

西，秦地图曰剧清地，幽州薮。有盐官。"①又代郡"班氏"条，本注曰："秦地图书班氏。"②又如《后汉书》卷75《刘焉袁术吕布列传》载："鲁自在汉川垂三十年，闻曹操征之，至阳平"，注曰："《周地图记》曰：'褒谷西北有古阳平关。'"③舆地图上绘制有山川、河流、地形等内容，《汉书》卷96《西域传》载，搜粟都尉桑弘羊说："臣愚以为可遣屯田卒诣故轮台以东，置校尉三人分护，各举图地形，通利沟渠，务使以时益种五谷。"④《后汉书》卷16《邓寇列传》载："光武舍城楼上披舆地图指示禹曰：'天下郡国如是今始乃得其一。'"⑤《后汉书》卷17《冯岑贾列传》辛臣谏戎曰："今四方豪杰各据郡国，洛阳地如掌耳"，注引《续汉书》曰："辛臣为戎作地图，图彭宠、张步、董宪、公孙述等所得郡国，云洛阳所得如掌耳。"⑥

还有的舆地图标注有道路里程，《史记》卷110《匈奴列传》载："乌维单于立三年，汉已灭南越，遣故太仆贺将万五千骑出九原二千余里，至浮苴井"，《史记索隐》引臣瓒云："去九原二千里，见汉舆地图"。⑦《汉书》卷6《武帝纪》："又遣浮沮将军公孙贺出九原"，注引臣瓒曰："浮沮，井名，在匈奴中，去九原二千里，见汉舆地图"。⑧ 又汉代舆地图上还标注有户口租赋，这与《箭道舆地图》上的内容更接近。地图上标注户口早已有之，《荀子》卷3《仲尼》："与之书社三百，而富人莫之感距也。""书社"，王先谦注曰："谓以社之户口书于版图。"⑨甚至居民性质种类也详加标注。《史记》卷128《龟策列传》载，泉阳渔民豫且捕得龟，龟梦告宋元王，"于是王乃使人驰而往问泉阳令曰：'渔者几何家？名谁为豫且？豫且得龟，见梦于王，王故使我求之。'泉阳令乃使

① 班固：《汉书》，北京：中华书局，1962年，第1586页。
② 班固：《汉书》，北京：中华书局，1962年，第1622页。
③ 范晔：《后汉书》，北京：中华书局，1965年，第2437页。
④ 班固：《汉书》，北京：中华书局，1962年，第3912页。
⑤ 范晔：《后汉书》，北京：中华书局，1965年，第600页。
⑥ 范晔：《后汉书》，北京：中华书局，1965年，第658页。
⑦ 司马迁：《史记》，北京：中华书局，2013年，第2914页。
⑧ 班固：《汉书》，北京：中华书局，1962年，第189页。
⑨ 王先谦：《荀子集解》，北京：中华书局，2013年，第126页。

吏案籍视图，水上渔者五十五家，上流之庐，名为豫且"。① 足见图籍上标注有户口数。又如《后汉书》卷50《孝明八王列传陈敬王羡传》载："陈敬王羡，永平三年封广平王。建初三年，有司奏遣羡与巨鹿王恭、乐成王党俱就国。肃宗性笃爱，不忍与诸王乖离，遂皆留京师。明年，案舆地图，令诸国户口皆等，租入岁各八千万。"②按舆地图即可查知户口多少使其"皆等"，则舆地图上应该有户口租赋的记录。《孟子·离娄下》载"晋之《乘》"，赵岐注："以其所载以田赋乘马之事，故以因名为《乘》。"③与此相合。《史记》卷53《萧相国世家》载："汉王所以具知天下阨塞，户口多少，强弱之处，民所疾苦者，以（萧）何具得秦地图也。"④以此可知秦地图上或也标注有户口数。⑤ 综合上述秦汉时期的舆地图，就其绘制标记的内容而言，在当时其通用名称应为"舆地图"，而且功能应该是多样的。而马王堆出土的这幅"驻军图"所绘制的内容又与汉代的舆地图十分相似，因此该图在汉代的名称应是《箭道舆地图》。

2.《箭道舆地图》的内容与性质

《箭道舆地图》（编号为东57-8），出土时断裂成28块长方形帛片，其中有四片残损比较严重。马王堆汉墓帛书整理小组把它们拼接为横4片、竖7片的98厘米×78厘米的长方形地图（如图2.3.2）。图的边缘位置标注有"东"和"南"字样，因而比较容易判断其方向为上南下北，与《地形图》方向一致。该图所绘的范围为《地形图》的东南部区域，即今湖南省江华瑶族自治县的潇水流域。图中北部地区内容绘制得比较详细，南部地带较为简略。⑥《箭道舆地

---

① 司马迁：《史记》，北京：中华书局，2013年，第3230页。

② 范晔：《后汉书》，北京：中华书局，1965年，第1667页。

③ 赵岐注，孙奭疏：《孟子注疏》，李学勤主编《十三经注疏：整理本》，北京：北京大学出版社，2000年，第267页。

④ 司马迁：《史记》，北京：中华书局，2013年，第2014页。

⑤ 杜正胜以为萧何所收"秦图书"，其中"书"记录了户籍人数，今看来，能标明户籍人数的或是"图"。见杜正胜：《"编户齐民论"的剖析》，王健文主编《政治与权力》，北京：中国大百科全书出版社，2005年，第23页。

⑥ 湖南省博物馆、湖南省文物考古研究所编：《长沙马王堆二、三号汉墓，田野考古发掘报告》，北京：文物出版社，2004年，第99页。

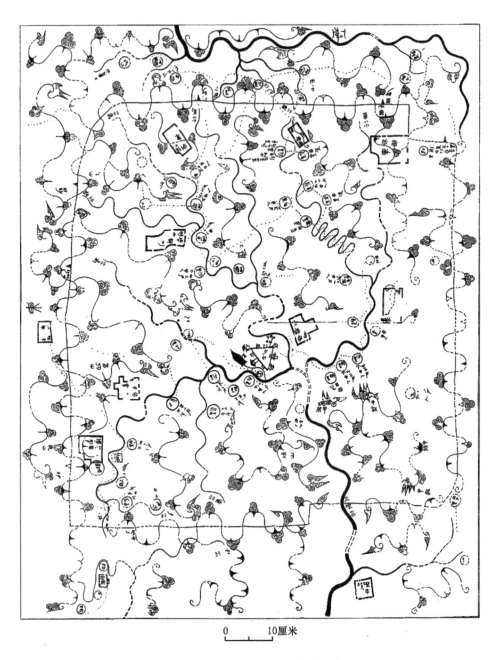

0　　　　10厘米

图 2.3.2　马王堆三号墓出土《箭道封域图》

图》中用浅蓝色绘制有河流 20 多条，其中 13 条河流标注有河名。其中的大深水（即今潇水），《说文》卷 11《水部》载："深水。出桂阳南平，西入营道。"段玉裁注："深水。出桂阳南平。西入营道。"①《水经注》卷 39《深水》："深水出桂阳卢聚。"注引吕忱曰："深水一名邃水，导源卢溪。西入营水，乱流营波，同注湘津。"②图中用黑色"山"字形状首尾正反相连，以示蜿蜒起伏的山峦及山脉的走向。图中有用黑、红色双线（外黑内红）勾划而成的矩形、凸形以表示军事驻地。框内以黑色标注有"周都尉军""周都尉别军""徐都尉军""徐都尉别军""徐××军""司马得军""桂阳郡军"等共 9 处驻军，位于地图中比较显著的位置，反映了这一地区的军队状况或与汉初形势有关。

3.《箭道舆地图》所见聚落的分布及特征

《箭道舆地图》图中各居民点、城邑之间以朱红色虚线相连接，可能表示陆上交通路线，有的道路上还标注有里程，如在封里注有"到廷五十四里，到袍廷五十里"，石里标注"到乘五十里""到廷六十里"等，其目的或与秦汉时期的邮传制度有关。图中的居民点的符号，用红、黑线勾方框表示驻军，其余乡里组织的居民点用红线圆圈，或用黑线圆圈内套红线圆圈表示，其意义或有不同，见下文详述。

全图共有居民点 58 处，地名大多标注在每处符号内，有的则标注在符号外，以文字的形式注明居民的居住情况。这些文字说明居住点情况的方式有三种：一是"××户，今毋人"；二是"××户，不反"；三是"并×里"。对于这些文字说明，通常理解"××户，今毋人"，指的是这个居民点里原有住户若干，现已无人居住于此；"××户，不反"，是指该里原有住户若干，因其他原因离去不再返回居住；"并×里"，指的是该里居民与其他里合并。朱桂昌认为地图上对于住户的文字说明应理解为"××户，今毋人"，即该里中原有"××户"这几户现已无人；"××户，不反"指的是这个里中有"××户"各种原因不再返回居住；"并×里"，即该里居民已与他里合并。并认为图中没有

---

①　段玉裁：《说文解字注》，上海：上海古籍出版社，1981 年，第 529 页。

②　陈桥驿：《水经注校证》，北京：中华书局，2007 年，第 913 页。

标出各里总户数，而只标出了"无人"和"不反"的户数，可能是因为当时另有户籍。① 根据地图中对于里的户数的记录体例来看，每个里的户数说明文字即此里的总户数，而"毋人"和"不反"应为这个里当时的情况说明。本图中这种自然聚落即乡野中的乡里组织，里中的户数自然也不会完全遵照"一里若干家"那种城市中里的户口数规划。② 而地图上的户数统计的统计与变化，体现了这里正在进行的或进行过的"编户齐民"的社会过程。

这幅地图上呈现出的当时乡里聚落的分布及其聚落内部的住户状况，多被认为与西汉王朝对南越用兵有关。邢义田认为本图上聚落的这种分布状态"应该从秦汉政府的力量深入地方基层，与地方原本势力长期拉锯的角度来思考。出土的地图是帝国边陲县道一级行政官吏手中的地图，它们仅仅描绘和注记了某一地区之内，这些官吏可以组织和掌握的部分。所谓组织和掌握，简单地说是指可以将当地人口纳入了帝国的乡里行政系统，可以据此征收赋税和徭役，可以进行治安和司法管理"。③ 统一王朝的行政观念和力量扩展到了领土的边缘地带，自然会与当地土著的观念、文化、风俗产生矛盾。依照传统做法，秦汉政府对于这些边境少数民族地区的统治形式上按照内地统治的方法，设置县乡邮亭进行行政化管理。但实际上会给这些地区的人们很多优惠政策，并"徙中国罪人，使杂居其间，乃稍知言语，渐见礼化"。④ 以这种方式对新征服地的居民进行同化。早在秦惠王并巴中时，就以巴氏为蛮夷君长，世代与秦联姻，而且巴地之民爵比不更，有罪则以爵位相抵消。秦昭襄王时，记载有白虎常袭扰秦、蜀、巴、汉边境，伤人无数。当时有巴郡阆中夷人，以白竹作弩，射杀白虎。因其为夷人，不愿给其封爵位，于是秦与夷人刻石而盟曰："秦犯夷，输黄龙一双；夷犯秦，输清酒一钟。"⑤在此种约定之下，秦与边境夷人能

① 朱桂昌：《关于帛书〈驻军图〉的几个问题》，《考古》1979 年第 6 期。
② 张金光：《秦制研究》，上海：上海古籍出版社，2004 年，第 597~602 页。
③ 邢义田：《从出土资料看秦汉聚落形态和乡里行政》，黄宽重主编《中国史新论——基层社会分册》，台北：联经出版事业公司，2009 年，第 34 页；收入《治国安邦：法制、行政与军事》，北京：中华书局，2011 年，第 268 页。
④ 范晔：《后汉书》，北京：中华书局，1965 年，第 2836 页。
⑤ 范晔：《后汉书》，北京：中华书局，1965 年，第 2841 页。

够和平共处。到了汉代，刘邦为汉王时，就曾征发夷人伐三秦。功成之后，"复其渠帅罗、朴、督、鄂、度、夕、龚七姓，不输租赋，余户乃岁入賨钱，口四十"。① 也是对夷人渠帅有经济上优待政策。而一旦这种政策发生变化，就可能引起夷人或者边境之民发生叛乱或者逃亡。如《后汉书》卷86《南蛮西南夷列传》载：

> 顺帝永和元年，武陵太守上书，以蛮夷率服，可比汉人，增其租赋。议者皆以为可。尚书令虞诩独奏曰："自古圣王不臣异俗，非德不能及，威不能加，知其兽心贪婪，难率以礼。是故羁縻而绥抚之，附则受而不逆，叛则弃而不追。先帝旧典，贡税多少，所由来久矣。今猥增之，必有怨叛。计其所得，不偿所费，必有后悔。"帝不从。其冬澧中、溇中蛮果争贡布非旧约，遂杀乡吏，举种反叛。②

从上述材料可知，澧中、溇中蛮等举种反叛的原因是"可比汉人，增其租赋"，贡赋缴纳亦"非旧约"，即汉朝政府未按之前约定征收租赋从而导致夷人不满。尚书令虞诩反对增加夷人租赋的理由有两个，一是历来帝王都是以羁縻政策安抚夷人；二是征收夷人租赋数量有"先帝旧典"，不可"猥增"，否则"必有怨叛"。

睡虎地秦简中也记载了南郡守腾在治理新征服之地的新黔首时的困惑，"今法令已具"，"而吏民莫用，乡俗淫泆之民不止"。③ 类似的例子也可见于张家山汉简《奏谳书》中的一个案例：

> 十一年八月甲申朔己丑，夷道介、丞嘉敢谳之。六月戊子发弩九诣男子无忧告，为都尉屯，已受致书，行未到，去亡。无忧曰：蛮夷大男子。岁出五十六钱以当徭赋，不当为屯，尉窑遣无忧为屯，行未到，去亡。它

---

① 范晔：《后汉书》，北京：中华书局，1965年，第2842页。
② 范晔：《后汉书》，北京：中华书局，1965年，第2833页。
③ 陈伟主编：《秦简牍合集（一）》，武汉：武汉大学出版社，2014年，第30页。

如九。窑曰：南郡尉发屯有令，蛮夷律不日勿令为屯，即遣之，不知亡故，它如无忧。诘无忧：律，蛮夷男子岁出賨钱，以当徭赋，非日勿令为屯也，及虽不当为屯，窑已遣，无忧即屯卒，已去亡，何解？无忧曰：有君长，岁出賨钱，以当徭赋，即复也，存吏，无解。问，如辞。鞫之：无忧蛮夷，大男子，岁出賨钱，以当徭赋，窑遣为屯，去亡，得，皆审。疑无忧罪，它县论，敢谳之，谒报，署狱史曹发。史当：无忧当腰斩，或曰不当论。廷报：当腰斩。

这则奏谳书中蛮夷大男子以蛮夷律为准则，以逃亡的方式对抗汉朝官府的征戍，这种以逃离的形式抗拒统一王朝的行政制度，说明帝国的政治控制在边缘地带的状态。又《后汉书》卷86《南蛮西南夷列传》载，汉灵帝时，巴郡板楯蛮叛乱，州郡讨伐，连年不能克。帝欲大动干戈，向益州负责上计的官吏征询讨伐方略。汉中上计吏程包回顾了板楯蛮历史认为：

> 板楯七姓，射杀白虎立功，先世复为义人。其人勇猛，善于兵战。昔永初中，羌入汉州，郡县破坏，得板楯救之，羌死败殆尽，故号为神兵。羌人畏忌，传语种辈，勿复南行。至建和二年，羌复大入，实赖板楯连摧破之。前车骑将军冯绲南征武陵，虽受丹阳精兵之锐，亦倚板楯以成其功。近益州郡乱，太守李颙亦以板楯讨而平之。忠功如此，本无恶心。长吏乡亭，更赋至重，仆役棰楚，过于奴虏，亦有嫁妻卖子，或乃至自刭割。虽陈冤州郡，而牧守不为通理。阙庭悠远，不能自闻。含怨呼天，叩心穷谷。愁苦赋役，困罹酷刑。故邑落相聚，以致叛戾。非有谋主僭号，以图不轨。今但选明能牧守，自然安集，不烦征伐也。①

程包分析了板楯蛮的前世历史及维护边境安定的作用，如作战英勇，多次击败羌人，使其不敢南行，肯定了其对汉室的忠诚。最重要的是指出了板楯蛮叛乱的根本原因，即"更赋至重，仆役棰楚"，"愁苦赋役，困罹酷刑"。解决

---

① 范晔：《后汉书》，北京：中华书局，1965年，第2843页。

的办法"但选明能牧守,自然安集,不烦征伐也"。而与边境之民的关系处理得当,则可以开郡置县,使其纳入帝国的行政系统。如"安帝永初元年,九真徼外夜郎蛮夷举土内属,开境千八百四十里"。① 又"灵帝建宁三年,郁林太守谷永以恩信招降乌浒人十余万内属,皆受冠带,开置七县"。② 以相对优厚的条件处理民族问题。《箭道舆地图》中 "无人里""不反里""今无人"等注记,很难说与当时的这种社会状况无关。我们将图中的里分类列表进行分析(见表2.3.1),或许会对当时的乡里聚落的分布状况有新的认识。

表2.3.1 《箭道舆地图》乡里人居情况一览表③

编号	里名	注释	符号及颜色
55	合里	—	朱红圆圈
56	酓里	—	朱红圆圈
57	福里	—	朱红圆圈
58	如里	—	—
59	延里	—	朱红圆圈
60	蕃里	—	—
61	数里	—	朱红圆圈
62	利里	—	—
63	句里	—	—
64	故菑里	—	—
65	易君里	—	—
66	袍里	—	朱红圆圈
67	条里	—	—

① 范晔:《后汉书》,北京:中华书局,1965年,第2847页。
② 范晔:《后汉书》,北京:中华书局,1965年,第2839页。
③ 《〈箭道封域图〉乡里人居情况一览》的释文、乡里名符号颜色据裘锡圭主编《长沙马王堆汉墓简帛集成》(第6册),北京:中华书局,2014年,第116~117页。符号颜色见第二册彩色图版,第159页。说明:"—"表示无法判断符号的具体颜色或文字。

续表

编号	里名	注释	符号及颜色
68	□里	—	—
69	□里	—	—
70	上蛇	二十三□□□	朱红圆圈
71	孑里	三十户【今】毋人	朱红圆圈
72	□里	□十户【今】毋人	—
73	㖖【里】	五十三户今毋人	—
74	溜里	十三户今毋【人】	朱红圆圈
75	慮里	三十五户今毋人	朱红圆圈
76	波里	十七户今毋人	朱红圆圈
77	沙里	四十三户今毋人	朱红圆圈
78	智里	六十八户今毋【人】	—
79	乘阳里	十七户今毋人	朱红圆圈
80	□里	□六户今【毋】人	—
81	垣里	八十一户今毋人	—
82	沛里	三十五户今毋人	朱红圆圈
83	路里	四十三户今毋人	—
84	□里	□-四户今毋人	—
85	合里	□□□今毋人	—
86	㮏里	□户并□不反	黑朱套圈
87	痊里	五十七户不反	黑朱套圈
88	资里	十二户不反	黑朱套圈
89	龙里	百八户不反	黑朱套圈
90	蛇下里	四十七【户】不【反】	黑朱套圈
91	胡里	并路里	朱红圆圈
92	□里	并□里	—

续表

编号	里名	注释	符号及颜色
93	□里	并【乘】阳【里】	—
94	弅里	并波里	朱红圆圈
95	兼里	并虑里	朱红圆圈
96	琇里	并波里	朱红圆圈
97	封里	到廷五十四里并解里袍廷到五十里	朱红圆圈
98	石里	到乘五十里并石到廷六十里	朱红圆圈
99	纳部	到☐到☐邑☐到☐☐	朱红圆圈

从表 2.3.1 的内容来看，有朱红圆圈表示的里有 21 个，他们是 66 袍里、55 合里、56 酰里、57 福里、59 延里、61 数里、70 上蛇、71 孑里、74 溜里、75 虑里、76 波里、77 沙里、79 乘阳里、82 沛里、91 胡里、94 弅里、95 兼里、96 琇里、97 封里、98 石里、99 纳部。这种里的标注文字的内容可分为两种，一种标注了该里的户数并说明"毋人"，这样的里有 17 个。另一种情况是标注该里并入某里，这样的里有 4 个；有黑朱套圈的里有 5 个，他们是 86 殚里、87 痤里、88 资里、89 龙里、90 蛇下里，标注的内容是该里的户数并说明"不反"。除此之外还有 19 个无法判断符号颜色的里，其中有注释文字的有个 10 里，在这 10 个里中注释文字有户数和说明"毋人"的有个 8 里，他们是 72 □里、73 纳【里】、78 智里、80 □里、81 垣里、83 路里、84 □里、85 合里，据上述文例可推测他们的符号应为朱红圆圈表示。有 2 个里，92 □里、93 □里，他们的注释文字为并入某里，据文例推测其标示符号应该是黑朱套圈。

《箭道舆地图》上行政单位表示符号是有区别的，乡里等基层行政单位以圆圈的符号表示，这类圆圈可以分为两种：一种是朱红色的圆圈①；一种是黑

---

① 见裘锡圭主编：《长沙马王堆汉墓简帛集成》（第六册），北京：中华书局，2014年，第 162 页。

色圆圈内套朱红色圆圈①。那么这幅图用这两种形式两种色彩的符号表达什么样的含义呢？据《〈箭道與地圖〉乡里人居情况一览》统计，有 5 个里在图中所表示的符号是"黑红套圈"，它们是：㚟里、痓里、资里、龙里、蛇下里。这 5 个里有一个共同的特征，那就是他们在图中的说明文字都表示"××户"，"不反"。由于地图的残破，很多乡里的符号颜色无法判断，根据上面 5 个里的表示情况，有"不反"注释的里很可能是用朱红色圆圈表示。地图的绘制者以这种方式标注乡里的聚落单位有何用意无迹可寻。一个可能的推测，就是这幅地图不是一张固定的用来查看使用的地图，而可能是一张动态标注"封域"内乡里聚落变动图。即一开始这张图的乡里居民点用朱红色圆圈内注明乡里名称。域内的乡里的聚落发生变化的就在图上标注出来，如"毋人"里就在旁边加"今毋人"以说明，如果是两里合并，也在旁边做标注"×里并×里"，一些比较重要的里，甚至还注明到廷的里程数。而标注"不反"的 5 个里，或与该里人口迁往他处有关，故而在朱红色的圆圈外加画一个黑色圆圈以示区别。另外，还应注意到城池和鄣也是用黑色方框或不规则矩形内套朱红色描画而成。通过对这幅图中乡里居民点的统计和观察，对于这一区域内的乡里居民点的时空分布有了一个清楚地认识。即这张地图的使用随着时间的推移和乡里居民点的变化，而在图中呈现出不同的标志。乡里聚落的空间分布也因为这张地图的动态标注而呈现出了一个不断变动的状态，也就是说其空间分布形态随着社会的发展时间的推移而不断发生变化。这种动态变化的原因，或如邢义田所说："在此边缘地带，就文化而言，原居民的文化风俗和中原核心区的主流文化风俗长期处于拉锯的状态。文化和政治上的优势力量并不必然每一刻都居于优势。某里并某里、今无人或不返，并不意味着人口减少，只是脱离掌控，反映了帝国控制力一时受挫，是拉锯下长期存在的现象和问题。其原因非常多，可以和南越国的一时入侵有关，也可以完全无关。"②韩国学者金秉骏通过对汉代墓葬与

----

① 见裘锡圭主编：《长沙马王堆汉墓简帛集成》（第六册），北京：中华书局，2014年，第 165 页。

② 邢义田：《从出土资料看秦汉聚落形态和乡里行政》，黄宽重主编《中国史新论——基层社会分册》，台北：联经出版事业公司，2009 年，第 36 页；收入《治国安邦：法制、行政与军事》，北京：中华书局，2011 年，第 270 页。

县城之间距离的统计与分析认为："作为国家权力的地方据点的县城及临近地区的聚落，其与远离县城的地区的聚落之间，对于国家权力的贯彻程度有所不同，而且这种差异既随着时代的变迁而产生，同时也在特定的时期发生多种多样的现象。"①上面分析了秦汉时期帝国与边境居民之间的关系，那么在这幅地图中标记的里的户数及状态，无人或不反，很可能因为"内属"，已经内迁到新地，抑或因为无力承受超额的赋役租税又逃回山林。通过对这幅地图中乡里聚落的空间分布的分析，或许能说明当时汉朝的国家权力在这一地区的执行情况，以及这一地区复杂的社会因素所导致的聚落空间分布的消长。社会发展过程对这一地区的乡里聚落空间分布变化的影响是显而易见的。

---

①　[韩]金秉骏：《汉代聚落分布的变化——以墓葬与县城距离的分析为线索》，《考古学报》2015 年第 1 期。

第三章　地域有踪：考古遗址所见聚落
空间结构

　　美国人文地理学家大卫·哈维提出了"历史—地理唯物主义"的理论，认为"社会过程决定空间形态"。① 前面我们考察了天水放马滩木板地图与长沙马王堆汉墓帛地图，从该图所绘制的内容大致了解了这一时期的乡里聚落的空间分布状态。这些乡里聚落空间分布的特征，反映了当时社会进程中聚落分布的一些具体问题。由于资料有限，仅能看到这一时期乡里聚落在这一地域上的空间分布，至于乡里聚落的内部结构与空间特征则无法论述。秦汉时期的考古工作使得这一问题的讨论成为可能，尤其是秦汉时期聚落遗址的考古发现，能够深入聚落的内部空间来考察这一时期乡里聚落的内部更细致的空间结构及其特征。

第一节　考古所见秦汉时期聚落遗址概述

　　20 世纪 50 年代以来，随着对聚落研究的深入，对秦汉时期的聚落考古工作逐渐展开，大量的聚落遗址被发现。这一时期的代表性的聚落遗址主要有：

　　(1)辽宁省辽阳市的三道壕西汉村落遗址。1955 年考古工作者发掘了 6 处居住遗址，11 眼水井，7 座砖窑，2 段铺石路，遗址面积约 1 平方千米。②

　　(2)江苏高邮北约 8 千米的邵家沟汉代聚落遗址。1957 年发掘，出土遗物

---

　　① 张佳：《大卫·哈维的历史—地理唯物主义理论研究》，北京：人民出版社，2014年，第 70~71 页。

　　② 东北博物馆：《辽阳三道壕西汉村落遗址》，《考古学报》1957 年第 1 期。

387 件，发掘了 2 个灰坑、1 条灰沟和 2 眼井，遗址北缘有残损，现存面积 750~850 平方米。①

（3）河南省遂平县小寨汉代聚落遗址。1975 年发掘，遗址面积约有 1.2 万平方米。遗址内清理了 7 条道路（其中东西方向有 6 条，南北方向 1 条）和 28 眼水井（其中 16 眼陶圈井、5 眼砖券井、7 眼土井）。时代为战国晚期至东汉时期，村落遗址以西汉时期为主。②

（4）1988—1989 年，位于山东章丘宁家埠，共清理出灰坑 172 个、11 条长条形沟、水井 11 眼。遗址年代约为西汉早或中期。③ 发掘者没有判断该遗址的性质，白云翔细审发掘报告公布的有关遗迹和遗物的文字记述，断定其为一处汉代聚落遗址。④

（5）河北井陉南良都战国、汉代遗址。1992 年考古工作者发现遗迹有 3 座战国、汉代房屋，1 段道路，1 座东汉窖藏等。⑤

（6）河北永年榆林汉代聚落遗址。1994 年考古工作者发现新石器时代、西周和汉代 3 个时期的文化遗存，发掘面积 2000 平方米，汉代主要遗迹有灰坑、水井、灰沟等。⑥

（7）1995 年至 2007 年，山东大学东方考古研究中心与美国耶鲁大学、芝加哥费尔德自然历史博物馆在鲁东南沿海地区以日照市两城镇遗址为中心进行了 10 余年的区域系统考古调查，这次考古调查覆盖面积达 1400 平方千

---

① 江苏省文物管理委员会：《江苏高邮邵家沟汉代遗址的清理》，《考古》1960 年第 10 期。

② 河南省文物研究所：《河南遂平县小寨汉代村落遗址水井群》，《考古与文物》1986 年第 5 期。

③ 山东省文物考古研究所：《章丘宁家埠遗址发掘报告》，《济青高级公路章丘工段考古发掘报告集》，济南：齐鲁出版社，1993 年，第 82~89 页。

④ 白云翔：《秦汉时期聚落的考古发现及初步认识》，《汉代城市和聚落考古与汉文化》，北京：科学出版社 2012 年，第 46 页。

⑤ 河北省文物研究所石太考古队：《井陉南良都战国、汉代遗址及元明墓葬发掘报告》，河北省文物研究所编《河北省考古文集》，北京：东方出版社，1998 年，第 202~240 页。

⑥ 河北省文物研究所等：《永年县榆林遗址发掘简报》，河北省文物研究所编《河北省考古文集》，北京：东方出版社，1998 年，第 117~126 页。

米。发现了秦汉时期的聚落遗址有 1600 余处，这些聚落分别位于不同的地貌环境。①

（8）20 世纪末 21 世纪初，为配合三峡水利工程，在峡江地区发现的一系列聚落遗址。②

（9）河南内黄三杨庄汉代聚落遗址。2003 年发掘，遗址面积约 100 万平方米，发现了 15 处汉代宅院遗迹、道路 4 条、湖塘遗迹 1 处、陶窑遗迹 1 处等。③

另外，报刊和网络报道的汉代聚落遗址还有：2007 年 5 月，在满城县方顺桥乡陉阳驿村，挖掘清理了 3000 平方米的遗址，该遗址分为东西两个发掘区，东区的北大寺遗址为元代以前的一皇家寺庙；西区的陉阳驿遗址属于西汉晚期村落，东西长 500 米，南北长 300 米。出土文物主要是砖瓦等汉代建筑构件和汉代五铢钱，并有铁刀等生产、生活用具。从遗址来看应是一处定居的农耕聚落。④

2008 年 10 月，在内蒙古磴口县的沙金套海苏木沟心庙发现一处约 1000 多平方米的汉代村落遗址，出土了大量碎陶片和 1 眼古井。⑤

2008 年 12 月，安徽省蚌埠曹老集发现大面积东汉末聚落遗址。在该镇沿北淝河的多处台地上采集到大量的汉代陶器、砖瓦碎片，主要分布区域 100 多万平方米。⑥

2009 年，重庆黔江区文物管理所工作人员在阿蓬江流域新发现了 3 处汉代聚落遗址，3 处遗址均位于阿蓬江流域两岸的一级台地，地势平坦，分别为河口场遗址、猫坪遗址、乌杨树遗址。河口场遗址呈长方形，临河冲积和垮塌

---

① 中美日照地区联合考古队等：《鲁东南沿海地区系统考古调查报告》，北京：文物出版社，2012 年，第 321～325 页。

② 重庆市文物局、重庆市移民局编：《重庆库区考古报告集》（1997 卷），科学出版社，2001 年，第 209～243 页。

③ 河南省文物考古研究所、内黄县文物保护管理所：《河南内黄县三杨庄汉代庭院遗址》，《考古》2004 年第 7 期。

④ 权义、潘锐：《河北省发现汉代村落遗址填补一项考古空白》，搜狐网 2007 年 5 月 11 日。

⑤ 郭承德：《磴口县发现大型汉代村落遗址》，《内蒙古日报（汉）》2008 年 10 月 27 日第 8 版。

⑥ 张建平：《曹老集发现大面积汉代聚落遗址》，《蚌埠日报》2008 年 11 月 28 日第 1 版。

形成数道断崖，北侧有壕沟相隔，面积约1.2万平方米，在地表及0.3米~2米深文化层采集有汉代的陶片。猫坪遗址与河口场遗址相距4千米，呈圆弧形，面积约1万平方米，在约0.4米~1.5米文化层、土坎及地表采集到汉代的几何纹砖、明清的筒瓦、粗布纹瓦片、砖、瓷片等。乌杨树遗址占地面积约2.4万平方米，在挖掘过程中也发现了不少汉代陶片等文化堆积物。①

2010年8月，河南平顶山宝丰县肖旗乡史营村发现了约2万平方米战国至汉代的古村落遗址，出土了大遗物如陶瓷罐、陶瓷壶、陶钵、铁刀等文物。②

2010年12月，高平市马村镇东宅村新发现了大面积的汉代村落遗址，并挖掘出完整的陶罐、陶斗、铜碗等器物。③

2013年3月，在四川宜宾长宁县古河镇的"小七个洞"，发现了一处古代村落遗址。④

2015年2月，贵州遵义习水县土城镇黄金湾附近发现西汉代聚落遗址，总面积约4万平方米，目前发掘面积有580余平方米，发现两汉时期遗迹40余处及瓮（瓦）棺葬群。出土陶器、石器、铜器、铁器、骨器等大量珍贵遗物，遗物相对完整，整体以汉代遗存为主，通过对该遗址已出土的遗迹、遗物进行初步分析，对比云、贵、川三省区赤水河流域已发现和发掘的同期文化遗存，知黄金湾遗址是一处汉代聚落遗址。⑤

以上这些聚落遗址的发现与发掘，丰富了聚落研究的资料（本书讨论的范围主要是乡里聚落，而县城或城市聚落遗址属于城市史的范畴，暂不做讨论，故这里所说的聚落遗址，一般认为是属于乡里的聚落遗址），为进一步研究聚落内部空间结构成为可能。尤其是房屋、道路、水井等遗迹的发现，可以根据

---

① 吴国富、陶静：《阿蓬江流域首次发现三处汉代聚落遗址》，《重庆晨报》2009年8月20第27版。

② 王长河、郭光敬：《史营村惊现战国至汉代古村落遗址》，《平顶山日报》2010年8月24日第3版。

③ 孟苗：《山西高平发现大面积汉代村落遗址》，中国青年网，2010年12月16日。

④ 方勇、陈泓宇、喻熹：《宜宾长宁又发现汉代村落遗址》，中新网，2013年3月21日。

⑤ 刘伊霜：《习水土城发现我省规模最大的汉代聚落遗址》，《遵义日报》2015年2月27日第2版。

房屋所在外部自然环境、房屋的朝向、房屋之间的距离、房屋与周边环境的关系来探讨秦汉时期乡里聚落的空间结构及其特征。

《汉书》卷29《沟洫志》记载贾让上《治河三策》时说：在河边修筑堤防的方法治理黄河水患，之后"或久无害，稍筑室宅（着重号为引者所加，下同），遂成聚落。大水时至漂没，则更起堤防以自救，稍去其城郭，排水泽而居之，湛溺自其宜也。今堤防陿者去水数百步，远者数里。近黎阳南故大金堤，从河西西北行，至西山南头，乃折东，与东山相属。民居金堤东，为庐舍，（住）[往]十余岁更起堤，从东山南头直南与故大堤会。又内黄界中有泽，方数十里，环之有堤，往十余岁太守以赋民，民今起庐舍其中，此臣亲所见者也。东郡白马故大堤亦复数重，民皆居其间"。① 这里描述了随着黄河河滩上水患的遏制，聚落逐渐兴起的过程。又《汉书》卷19《晁错传》载，晁错在谈到徙民实边时，称述古人徙民的做法时说："营邑立城，制里割宅，通田作之道，正阡陌之界。先为筑室，家有一堂二内，门户之闭，置器物焉。民至有所居，作有所用，此民所以轻去故乡，而劝之新（色）[邑]也。为置医巫，以救疾病，以修祭祀，男女有昏，生死相恤，坟墓相从，种树畜长，室屋完安。此所以使民乐其处而有长居之心也。"② 晁错讲述了在徙民时要做的工作，提到了城邑、道路修建和里的建设对于稳定居民的重要性，同时也描述了一般家庭的建筑结构。上引两则《汉书》材料中的几个关键词如"室宅""城郭""庐舍""制里割宅""筑室""一堂二内""室屋"等，都是在说房屋对于里民的重要性，既是遮风避雨的居所，又是安居乐业的基础。因此对秦汉时期的聚落遗址中的房屋庭院遗迹及其周围环境进行考察，或许就能部分了解那个时期乡里聚落的空间结构及其特征。

第二节　考古遗址所见聚落空间分布

本节选取具有显著房屋遗迹的峡江地区聚落遗址作为分析对象，具体包括云阳县高阳镇李家坝遗址、巫山县张家湾遗址、巴东县楠木园遗址、巴东县沿

① 班固：《汉书》，北京：中华书局，1962年，第1692~1693页。
② 班固：《汉书》，北京：中华书局，1962年，第2288页。

渡河镇罗坪遗址以及土地湾遗址。此外，还有辽阳三道壕的西汉村落遗址、河北井陉南良都的汉代遗址以及河南内黄三杨庄遗址。这些遗址的地域分布涵盖了重庆、湖北、河南、河北、辽宁等省市，形成了一个跨区域的研究视角。通过这一视角，旨在探讨乡里聚落的内部空间结构，既揭示其普遍性特征，也强调其地域性差异。针对未发现房屋遗迹的遗址，虽然无法直接获取其具体的居住空间结构信息，但通过对已发掘出的墓葬、灰坑、水井、道路、农田等附属遗迹进行分析，我们可以间接证实此类聚落的存在及其所在区域聚落的历史演变过程。本节将主要聚焦于那些确证存在房屋遗迹的聚落，详细阐述其空间特征。在描述这些房屋遗迹时，重点关注房屋遗址的具体地理位置及其周边生态环境，房屋本身的形制设计、建筑面积，以及相关的日常生活遗存等要素，以此构建一个全面而立体的聚落空间结构认知框架。

一、峡江地区的聚落结构与分布

1. 李家坝遗址

李家坝遗址位于重庆市云阳县长江北侧支流澎溪河（也称小江）的东岸，遗址北侧依山，南临澎溪河，在一条东西长、南北窄的一处河流的台地上。遗址东西长约 1300、南北宽约 100 米~500 米，面积约 60 万平方米。[1] 1997 年 10 月至 1998 年 1 月，四川大学历史文化学院等单位历时三个半月对该遗址进行了大规模发掘，发掘出一处时代约西汉中晚期房屋一座编号为 F2。[2] 该房屋的建筑的面积比较大，但破坏非常严重，朝向为东南—西北向，现残存有部分石砌墙基和墙垣，在西墙的墙内侧地下有陶制排水管道。房屋的北面有一道与建筑物平行的石块砌成的墙坎，为 F2 建筑台基的一部分，呈东南—西北走向。在坎上的地面和坎下的斜坡上还残存有大量的大型板瓦和筒瓦及云纹瓦当。报告称这是一处大型建筑物，顶部为瓦制，下半部由石墙垣组成，地面铺有石板

---

① 四川大学历史文化学院考古系、郧阳县文物管理所：《云阳李家坝遗址发掘报告》，重庆市文物局、重庆市移民局编《重庆库区考古报告集》（1997 卷），北京：科学出版社，2001 年，第 209~243 页。

② 贺世伟认为 F2 年代应为西汉晚期，参见贺世伟：《汉六朝时期三峡地区的聚落及相关问题研究》，武汉大学博士学位论文，2011 年，第 16 页。

等(如图 3.2.1)。

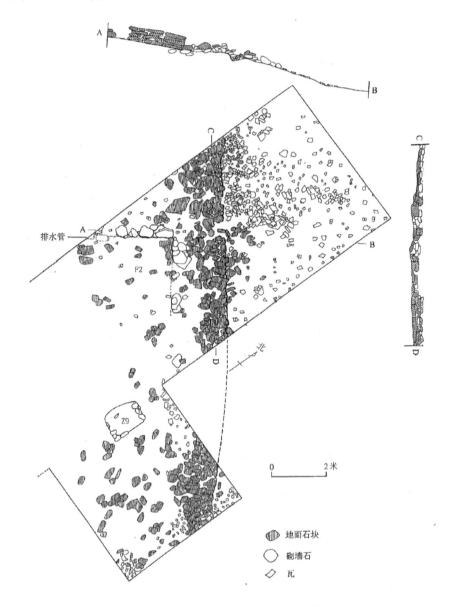

排水管

F2

0　　　　2米

地面石块

砌墙石

瓦

图 3.2.1　李家坝遗址 F2 平面图①

　　①　四川大学历史文化学院考古系、郧阳县文物管理所：《云阳李家坝遗址发掘报告》，重庆市文物局、重庆市移民局编《重庆库区考古报告集》(1997 卷)，北京：科学出版社，2001 年，第 231 页。

2001—2002年发掘遗址面积有10000多平方米，发现的房屋遗迹较多也比较重要。考古工作者根据这一期的地层关系、遗迹种类和特征、出土遗物组合形式及形制等条件，把房屋遗址的分为四期。① 其中第四期为六朝晚期，不在本文讨论范围之内。

（1）战国晚期到西汉早期。

这一时期代表性房屋遗址有如下三处：

①编号02IF8（见图3.2.2），房基残址平面为比较规则的长方形,长17.5

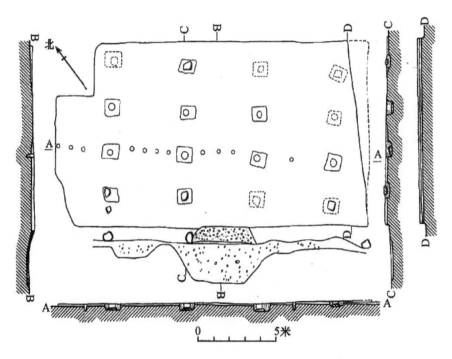

图3.2.2　李家坝遗址房02IF8平面、剖视图②

①　赵德云、黄伟：《重庆云阳李家坝秦汉六朝聚落居住址的初步研究》，中国社会科学院考古研究所、河南省文物考古研究所《汉代城市和聚落考古与汉文化》，北京：科学出版社，2012年，第112~129页。

②　赵德云、黄伟：《重庆云阳李家坝秦汉六朝聚落居住址的初步研究》，中国社会科学院考古研究所、河南省文物考古研究所《汉代城市和聚落考古与汉文化》，北京：科学出版社，2012年，第114页。

米、宽 11.3 米、残高 0 米~0.16 米。在房址的南侧正中有一斜坡状堆积，表面覆盖有一层瓦砾和炭屑，推测为慢道，慢道南侧为散水。在台基南侧为一前廊。

②编号 02IF7（图 3.2.3），该房屋遗址平面呈不规则长方形。东西残长 5.48 米、南北宽 3.6 米。房址西部有一门道，宽约 1.1 米，被一晚期坑打破。

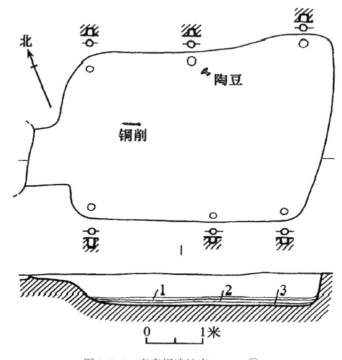

图 3.2.3　李家坝遗址房 02 I F7①

③编号 02IF6（图 3.2.4）。该房屋遗址是直接在平整好的平面建造。该房址破坏严重，具体结构、地面建筑形式等情况不明，据房屋柱洞的排列与分布推测应有两个以上的房间。

① 赵德云、黄伟：《重庆云阳李家坝秦汉六朝聚落居住址的初步研究》，中国社会科学院考古研究所、河南省文物考古研究所《汉代城市和聚落考古与汉文化》，北京：科学出版社，2012 年，第 115 页。

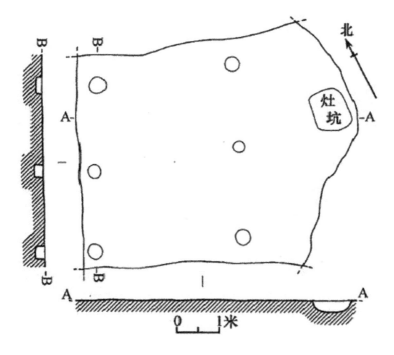

图 3.2.4　李家坝遗址房 02 I F6①

从这一时期的房屋遗址来看，该地居住址比较分散(图 3.2.5)，居住空间相对较大，可以自由选择适宜居住的位置，也可能与人口的数量有关，更与这一地区的地形地貌有直接关系，此地依山面河，人们更倾向于选择安全和便于生产生活的地方建造住宅。

(2)西汉中晚期。

这一时期代表房屋遗址为编号 01IF6(图 3.2.6)。房址台基平面呈比较规则的方形，南北长 17.5、东西宽 15.9、残高 0.2 米~0.6 米。该房址有正房、廊道、门道、厢房、院落等功能齐全。在院落东侧墙外有一条沿用时间较长的

---

① 赵德云、黄伟：《重庆云阳李家坝秦汉六朝聚落居住址的初步研究》，中国社会科学院考古研究所、河南省文物考古研究所《汉代城市和聚落考古与汉文化》，北京：科学出版社，2012 年，第 115 页。

残断道路，呈长条形，长约 7.25，宽 0.5~1、厚 0.2~0.3 米。房屋的年代上限应为汉武帝时期，年代下限，应在六朝早期。

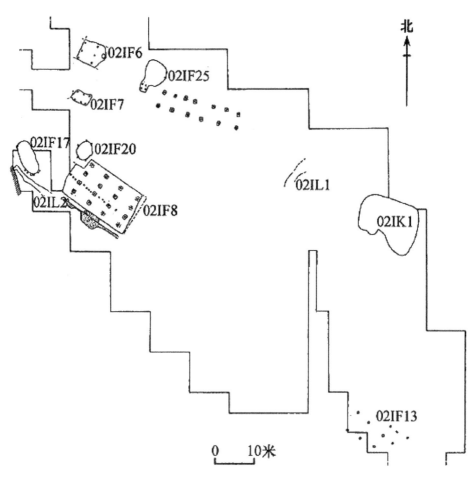

图 3.2.5　李家坝聚落居住址第一期遗迹平面分布图①

---

　　① 赵德云、黄伟：《重庆云阳李家坝秦汉六朝聚落居住址的初步研究》，中国社会科学院考古研究所、河南省文物考古研究所《汉代城市和聚落考古与汉文化》，北京：科学出版社，2012 年、第 116 页。

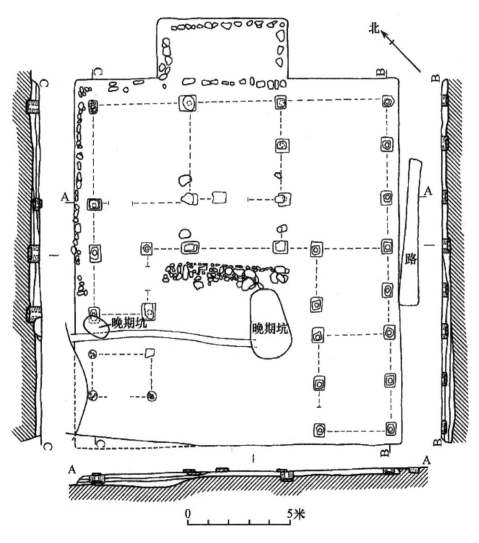

图 3.2.6　李家坝遗址房 01 I F6 平、剖面图①

①　赵德云、黄伟：《重庆云阳李家坝秦汉六朝聚落居住址的初步研究》，中国社会科学院考古研究所、河南省文物考古研究所《汉代城市和聚落考古与汉文化》，北京：科学出版社，2012 年，第 117 页。

　　这一时期的居住址多为新建。从《李家坝聚落居住址第二期遗迹分布图》(图3.2.7)来看，较前一时期的建筑规模有向东和向南扩张的发展的趋势，也表明东南方向的地形地貌有利于生产建设。

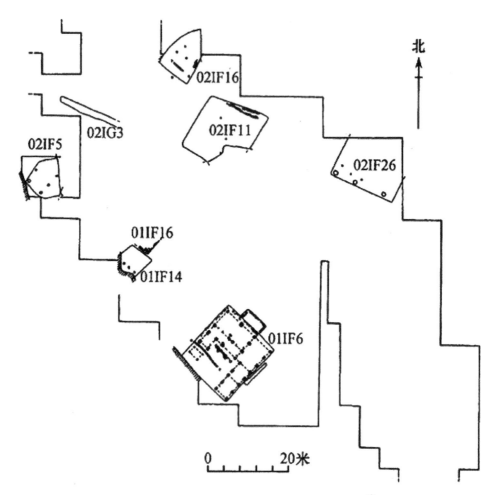

图 3.2.7　李家坝聚落居住址第二期遗迹分布图①

　　①　赵德云、黄伟：《重庆云阳李家坝秦汉六朝聚落居住址的初步研究》，中国社会科学院考古研究所、河南省文物考古研究所《汉代城市和聚落考古与汉文化》，北京：科学出版社，2012年，第118页。

（3）东汉到六朝时期。

比较完整的房屋遗址为编号02IF9（图3.2.8）。房屋面向河流，基址呈长方形。东西长约15.5米、南北宽约9米。

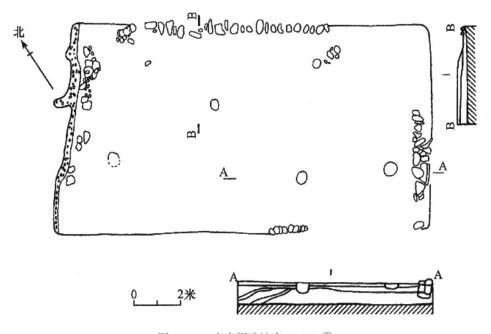

图3.2.8　李家坝遗址房02 I F9①

从《李家坝聚落居住址第三期遗迹分布图》（图3.2.9）来看，该聚落居住址与上期的居住址存在延续使用迹象，在规模上也有较大的变化。遗址的整体布局逐渐南移。房址的排列有一定的秩序，并以沟渠分开，这与该聚落依山而建有关，沟渠除了用以区分建筑界线更重要的作用是排水。

---

① 赵德云、黄伟：《重庆云阳李家坝秦汉六朝聚落居住址的初步研究》，中国社会科学院考古研究所、河南省文物考古研究所《汉代城市和聚落考古与汉文化》，北京：科学出版社，2012年，第119页。

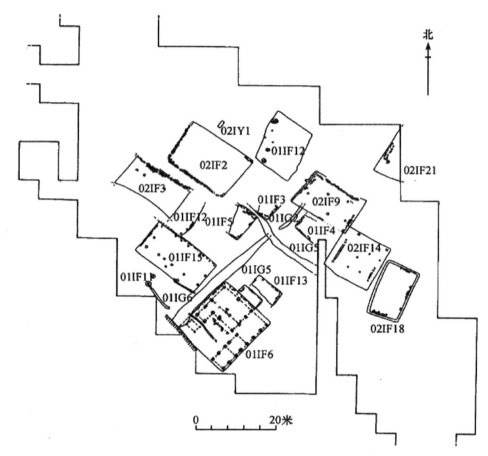

图 3.2.9　李家坝聚落居住址第三期遗迹分布图①

2. 巫山张家湾遗址

　　张家湾遗址位于重庆市巫山县大昌镇，是大昌盆地古遗址中的一个，处于盆地西北边缘的山前地带，在大宁河西岸的一级台地上。西依大巴山脉支脉张家坡山，东临大宁河河漫滩。张家坡山大体呈南北走向，大宁河绕山脚而行。

---

　　① 赵德云、黄伟：《重庆云阳李家坝秦汉六朝聚落居住址的初步研究》，中国社会科学院考古研究所、河南省文物考古研究所《汉代城市和聚落考古与汉文化》，北京：科学出版社，2012 年，第 119 页。

遗址现存面积约 12000 平方米，地形西高东低，南高北低。[1] 1999 年 5 月，南京大学历史系考古专业、重庆市博物馆与巫山县文管所联合进行了第一次考古发掘，发现汉代房址 2 座，编号为 F1 和 F2。

F1 为地面建筑，平面呈东西向长方形，中间南北一墙相隔，分为两间。

F2 在 F1 北部，仅有一段东西向残墙基，未发掘，情况不明。发掘部分长 2 米。房内发现有网坠、钱币(货泉、版两千)、双系罐、盘口壶及花纹砖、板瓦、筒瓦等。

2000 年 3—6 月他们对该遗址进行了第二次发掘。发现有东汉时期(包括新莽时期)房屋遗址 3 座，编号为 F3、F4、F5。

F3 与 F2 相距不远，平面近似 1/4 圆形，未发现门道。

F4 东南部与 F2 相距约 3 米，南面与 F3 相距约 2 米，大致呈南北向，长约 22.5 米，残宽约 3.5 米。

F5 南距 F4 约 1.8 米，以大型卵石堆砌墙基，东墙及北墙大部分，南墙的东端缺失，但垫土层仍然很清晰，其平面形状可能为长方形。长约 7.2 米、宽约 5.4 米。大致呈东西向，F5 西南角未发现石块，应为一道门，宽约 0.74 米。房基周围发现了大量的筒瓦、板瓦、瓦当及少量的残青砖块，应为当时房屋的建筑材料。

张家湾遗址房屋排列相对集中建筑物之间的距离多为 3 米左右，朝向一致。据研究该遗址的衰落与气候变迁和人们对周围环境的破坏有关。[2]

3. 巴东楠木园遗址

楠木园遗址位于湖北省巴东县官渡口镇楠木园村。西距鄂渝边界约 8 千米，东距巴东县城 10 余千米。楠木园村是一个自然村同时也是一个行政村，管理的范围包括周边几个小村落。在楠木园村中，以村中一条山脊为界可分为两部分，东边为楠木园，西边为李家湾。楠木园遗址的范围与现在楠木园自然

---

① 南京大学历史系考古专业等：《巫山县张家湾遗址第二次发掘报告》，重庆市文物局、重庆市移民局编《重庆库区考古报告集》(1999 卷)，科学出版社，2006 年，第 26~58 页。

② 张强、朱诚等：《重庆巫山张家湾遗址 2000 年来的环境考古》，《地理学报》2001 年第 3 期。

村的分布范围基本重合。自 1994 年至 2003 年，武汉大学考古系对楠木园遗址先后进行了 7 次挖掘。在李家湾遗址发现房屋址 4 座，编号 F4、F5 为东汉时期房屋遗址。①

F4 为长方形地面建筑，现存情况不佳，屋内结构不明（图 3.2.10）。遗迹

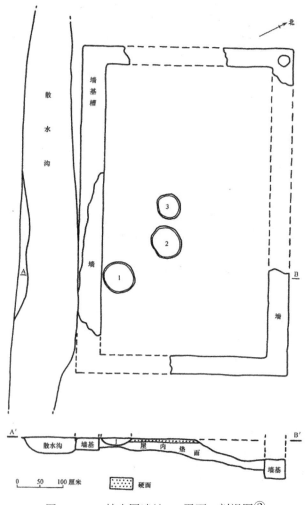

图 3.2.10 楠木园遗址 F4 平面、剖视图②

---

① 余西云：《巴东楠木园》，北京：科学出版社，2006 年，第 288~290 页。巴东楠木园房屋遗址时期依据贺世伟博士论文的分期结果，参见贺世伟：《汉六朝时期三峡地区的聚落及相关问题研究》，武汉大学博士学位论文，2011 年，第 26 页。

② 余西云：《巴东楠木园》，北京：科学出版社，2006 年，第 289 页。

东西长 7.1 米、南北宽 4.5 米，面积约 32 平方米。房子的南侧有散水沟，沟残长 850 厘米、宽 80 厘米~140 厘米、深 35 厘米。东侧有 G16，其表部有硬面，推测为道路。东北部有窖穴 H105。

F5 居住面已被破坏（图 3.2.11）。东侧石墙残长 4.9 米、残高 0 米~0.8 米。东面石墙外有条石路通向江边。西南有窖穴 H68，北墙外有两个柱洞（D4，D5）。①

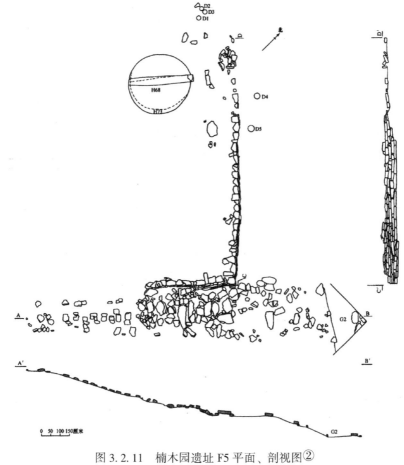

图 3.2.11 楠木园遗址 F5 平面、剖视图②

---

① 余西云：《巴东楠木园》，北京：科学出版社，2006 年，第 288~290 页。

② 余西云：《巴东楠木园》，北京：科学出版社，2006 年，图版为第 290~291 页的插页。

4. 巴东罗坪遗址

罗坪镇位于大巴山脉之中，南距长江南岸的巴东县城直线距离约有 20 千米。遗址位于罗坪村七组，主要由车口、泰山庙二遗址及其西部、西北部的猪脑壳包、花园、叫化子坡以及南部较远的鸭子嘴等处山坡上的汉、宋墓葬组成。① 该遗址由鄂西土家族自治州博物馆于 1978 年发现，至 2002 年先后经过多个单位多次发掘。② 在车口遗址发现有东汉房基 3 座，编号为 F5、F7、F8。

F5 长 420 厘米、宽 340 厘米，呈长方形(图 3.2.12)。主体建筑西北 40 余厘米处残存一段长 270 厘米的南北向墙基槽。

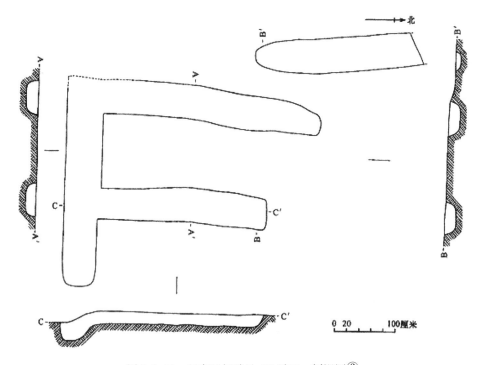

图 3.2.12　巴东罗坪遗址 F5 平面、剖视图③

---

①　杨定爱：《巴东罗坪》，北京：科学出版社，2006 年，第 1~2 页。

②　这些单位主要是厦门大学、武汉市文物考古研究所、湖北省文物考古研究所、福州市文物考古工作队等。

③　杨定爱：《巴东罗坪》，北京：科学出版社，2006 年，第 97 页。

　　F7平面略呈直角形(图3.2.13)。现残存东南角的基槽及槽内一、二层垒砌的石块。东墙与西墙相大交于90°，推测应为该建筑的附属护坡。

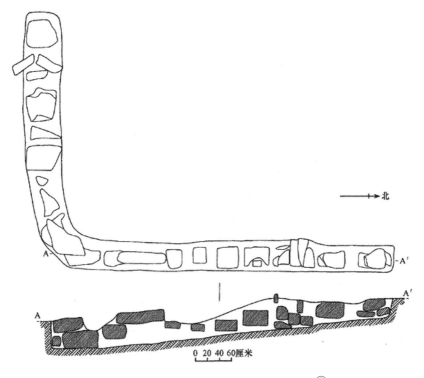

图3.2.13　巴东罗坪遗址F7平面、剖视图①

5. 土地湾遗址

　　秭归土地湾遗址位于湖北秭归县香溪镇官庄坪村一、二组之间，香溪河西岸的一级台地上。土地湾遗址于1984年被发现，1996年至2001年，先后开展了四次发掘。发现汉代房屋遗址3座，编号为F1、F2、F3。这三座房屋遗迹都是地面建筑，房基保存状况较差，仅存有部分墙基、石柱础、柱洞居住面或烧土面、鹅卵石地面、散水、道路等遗迹。墙基均为石块砌筑，墙底挖基槽，房屋平

---

　　①　杨定爱：《巴东罗坪》，北京：科学出版社，2006年，第98页。

面大体呈方形或长方形，侧部多有附属建筑，应属于一般的乡村的平民房屋。①

F1残存西边的一小部分呈不规则方形，房址南北宽7.5米、东西残长5.8米。在西部残墙的西北角发现有一个用石块砌成的半圆形小屋。在残墙的东南侧发现灶台（图3.2.14）。

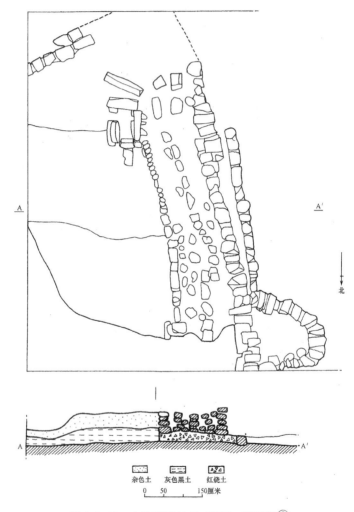

图3.2.14 土地湾遗址F1平面、剖面图②

---

① 胡文春：《秭归土地湾》，北京：科学出版社，2006年，第9页。

② 胡文春：《秭归土地湾》，北京：科学出版社，2006年，第11页。

F2 残存房屋平面为不规则长方形，房址残迹长 7.8 米、宽 6.82 米。另有残存的北墙和散水(图 3.2.15)。

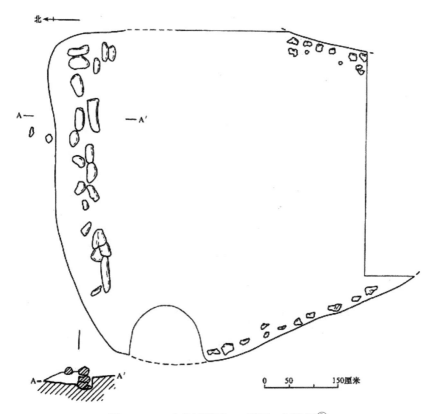

图 3.2.15 土地湾遗址 F2 平面、剖视图①

F3 为带有附属设施的长方形地面房屋。东南部分已被破坏，西北墙体保存有墙、门道、附属建筑、柱洞、石柱、室内地面和道路(图 3.2.16)。

在对上述聚落遗址的考察中，我们发现其建筑物主要采用了石块作为建筑材料，这一选择不仅基于石料本身的坚固耐用特性，更深层次的原因在于该类材料在当地获取的便捷性。由于这些聚落均位于山谷河滩地带，拥有丰富的石

---

① 胡文春：《秭归土地湾》，北京：科学出版社，2006 年，第 16 页。

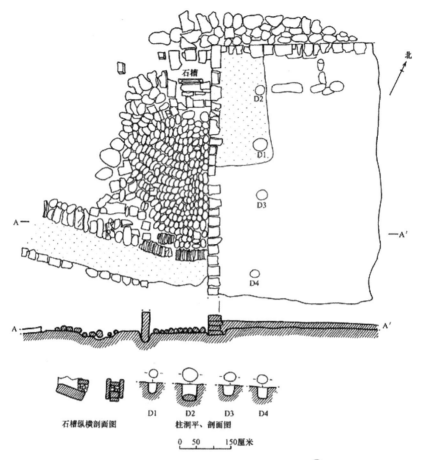

图 3.2.16　土地湾遗址 F3 平面、剖视图①

材资源，因此，就地取材成了显著的建筑策略。进一步分析建筑物的布局与方位设计，可以观察到其在很大程度上受到所在地复杂多变地形地势的影响，呈现出明显的随形就势特点。然而，这并不妨碍建筑者兼顾到采光需求，在建筑设计中进行了充分的光照方面的考量。至于建筑外围的护栏和排水系统，它们不仅揭示了该地区可能属于多雨气候，也体现了建造者对于居住安全性的细致考量。这种安全措施的实施，反映出古代建筑者在建筑设计中对生活实用性和防御功能的重视。通过对该聚落遗址的建筑特点及其与环境的互动关系的研

① 胡文春：《秭归土地湾》，北京：科学出版社，2006 年，第 22 页。

究，我们可以得出这样的结论：这一时期的建筑实践不仅注重材料的坚固性和可得性，还兼顾地理环境、居住舒适性及安全性，展现了古代人民在建筑设计与规划方面的智慧与适应性。

峡江地区考古所见的聚落遗址较多，现将有居址的聚落遗址做一统计，数据来源主要是考古报告及其他期刊（详见《峡江地图战国至东汉聚落居址统计数据》①）。遗址所在地的经纬度据谷歌电子地图定位，以该地中心位置设置为经纬度。采用 SRTM 产品数据的 90 米分辨度的 DEM，截取从重庆到巫山的部分，使用 GlobalMapper14.0 软件，对这些居址按照经纬度进行自建图元定位，为了与底图形成对比，居址用黑色圆点表示，河流为白色，这样得到战国、西汉、东汉三个时期峡江地区聚落遗址的空间分布图。现分述如下：

（1）峡江地区战国时期聚落居住遗址有 53 处。② 这些居住遗址的分布状况见图 3.2.17。

图 3.2.17　峡江地区战国聚落居址分布图

---

① 由于本表数据较多，置于本章末。

② 相关数据资料参见谭觅：《运用 GIS 技术探索三峡地区东周至汉代遗址空间分布规律》，吉林大学硕士学位论文，2015 年。

（2）西汉（含新莽）时期居址遗址有66处。其平面分布状况见图3.2.18。

图 3.2.18　峡江地区西汉时期聚落居址分布图

（3）东汉时期的居住遗址有69处，分布状况见图3.2.19。

图 3.2.19　峡江地区东汉时期聚落居址分布图

为便于讨论，现将西汉时期聚落居址数据制作成等高线图（图 3.2.20），等高距为 100 米，海拔高度设置为 100 米到 2000 米。

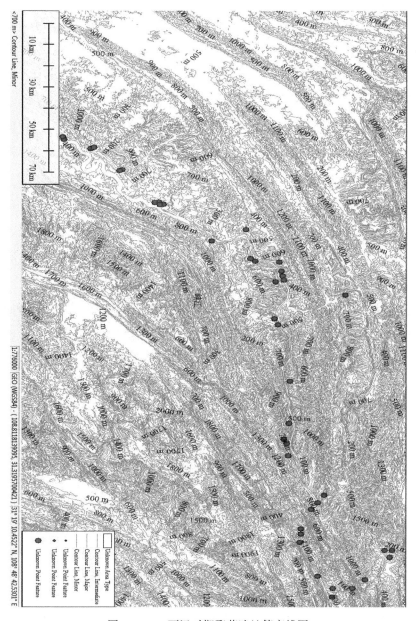

图 3.2.20　西汉时期聚落遗址等高线图

经过考察峡江地区的多个聚落遗址，从地理位置、建筑结构和交通条件等多个维度揭示了该地区居民分布模式及聚落空间演变的特征。首先，就海拔高度而言，尽管该区域的平均海拔较高，但自战国时期至东汉期间的聚落遗址主要分布在海拔 100 米至 500 米之间，鲜有超过 700 米的遗址。

在地理分布方面，我们发现，从战国到东汉的时段内，聚落主要集中在长江沿岸及其河谷漫滩地带，这些地区地势较为平坦，适宜人类居住与耕作。此外，部分聚落集中于长江支流下游与长江交汇处，尤其在巫山县大宁河、奉节县梅溪河以及重庆市涪陵区嘉陵江下游等区域，聚落的分布显得尤为密集。进入西汉和东汉时期，上述区域的聚落数量显著增加，同时云阳县以西沿长江的地区也出现了聚落的增长。

关于聚落地点与河流的距离，绝大多数遗址位于距离河流不超过 10 千米的范围。即便有些聚落相对远离长江干流，它们也通常紧邻长江的支流。地貌分析显示，这些聚落多位于河谷漫滩或丘陵地带，表明在群山环绕的地形条件下，临近河流的位置对于利用水路作为主要交通手段至关重要。

尽管从表面上看，聚落在群山间河畔的分布似乎呈现出随机散布的格局，缺乏规划的迹象，但在当时的社会生产力水平下，这种分布并非完全随意。相反，它们是地理环境与当地生产生活资源相协调的结果。因此，峡江地区古代聚落的分布和演变反映了居民对自然环境的适应和利用，以及在特定历史背景下人类活动与环境之间的互动关系。

从西汉上自战国时期，这一地区由较少的几个大的聚落和零星的小聚落点缀而成。由于居址分布的零散，贺世伟称之为散村，并分析称："西汉时期三峡的聚落稀少而零散。若以巫峡西口为界，西部的大型村落要多于东部，尤其是万州南部比较密集；小型村落则都很空旷和零散。"[1]到了东汉时期，这一地区以村落为单位的聚落数量大幅增加。同一个地区的聚落从西汉的数量少、规模小、分布散乱无序，到东汉时期的密集出现，改变了这一地区的聚落构成和

---

① 贺世伟：《汉六朝时期三峡地区的聚落及相关问题研究》，武汉大学博士学位论文，2011 年，第 16、20 页。

分布状况。

在鲁东南地区，聚落分布形态的演变同样得到了显著的体现。自 1995 年至 2007 年，山东大学东方考古研究中心联合美国耶鲁大学及芝加哥费尔德自然历史博物馆，以日照市两城镇遗址为核心，对鲁东南沿海地区开展了长达十余年的区域系统考古调查。① 该调查覆盖了约 1400 平方千米的地域，揭示了秦汉时期在不同地貌环境中分布的聚落遗址超过 1600 处。分析结果显示，这一时期的聚落分布特征主要表现为聚落数量的增长以及聚落规模和形态的变迁。新的大型聚落的出现，以及中小型聚落遗址的迅速增加，共同勾勒出了这一时期聚落发展的新面貌。东周至秦汉时期，该地区中心聚落的数量从 3 处增至 7 处，且分布更为均衡。同时，二级中心聚落的数量也从 9 个增长至 14 个。研究者推测，这种增长反映了中心聚落居民数量的上升。在这一地区，多个同等规模的主要中心并存，表明主要中心可能位于区域之外。② 学者杜正胜指出，秦汉时期实行郡县制后，"尽管聚落景观未发生根本性改变，但地方行政系统的构建却发生了显著变化"。③ 根据考古实证，郡县制的推行对地方行政组织架构产生了深远影响，聚落数量与规模的变迁足以证明中央集权制度的确立加快了地方聚落形态演化和分布格局的调整。

进一步观察显示，在该地区众多的聚落中，占据大多数的并非一级或二级中心聚落，而是相当于秦汉时期乡里行政层级的三级中心聚落，其规模大致与当时的"里"相吻合。这些大量涌现的"里"，对于秦汉时期该地区聚落形态分布的影响显然是至关重要的。

综上所述，秦汉时期郡县制实施后，地方聚落形态及分布受中央政权建设推动而发生的深刻转变，而"里"这一基层行政单位的大规模形成，则直接塑

---

① 中美日照地区联合考古队、方辉等：《鲁东南沿海地区系统考古调查报告》，北京：文物出版社，2012 年，第 321~325 页。

② Gregory A Johnson：Rank-Size Convexity and System Integration：A View from Archaeology，*Economic Geography*，1980，56(3)：234-247．

③ 杜正胜：《编户齐民》第 3 章《地方行政系统的建立》，台北：联经出版社，1980 年，第 110 页。

造了该地区独特的聚落分布格局。

二、其他地区(河南、河北、辽宁)的聚落结构

1. 河南内黄三杨庄汉代聚落遗址

三杨庄位于河南省内黄县梁庄镇三杨庄村西北，北距内黄县城约 20 千米。2003 年 6 月，当地要引黄河水入硝河，进行考古勘探时，在三杨庄村北 500 米处发现一处汉代房屋遗址。发掘人员认为："从发现情况看，在 1500 米长的河道范围内有至少 4 处较大面积的汉代建筑遗迹。这里应该是一处较大范围的汉代聚落遗址，可能由若干小的区域组成，每个小的区域又包含有若干庭院。根据已清理的两组建筑遗存，我们称之为庭院遗存。"①该遗迹如图 3.2.21 所示。而据曾在三杨庄进行考古实习了两年的符奎介绍，对以三杨庄村为中心约 100万平方米的范围内的考古勘探，共发现了汉代宅院遗存 15 处，包括已经发掘或局部发掘的四座，即第一处至第四处庭院。就整个聚落的居址而言，他们的分布方式并没有按照一定秩序井然排列，院落之间的距离更是参差不齐，似随意为之。但在聚落内部却发现有东西走向的主干道路 3 条，南北走向的主干道路 1 条，宅院与主干道之间有独家小道 3 条，各宅院与门前的道路距离远近也与院落的位置有关，距离并不相等。另外还发现有湖塘遗迹 1 处、陶窑遗迹 1处等。② 截至 2010 年，河南省文物局组织，内黄县文物部门及安阳市文物局，已对这四处庭院进行了发掘，发掘面积约有 10000 平方米。③ 从已发掘的四座庭院来看，他们具有很多相似之处，方向也几乎一致，大都南偏西约 10°，朝向均为坐北朝南，院落的布局基本上是二进院，每处庭院的总面积大约 900 平方米，宅院前一般会有一定的活动场地。从这些相似点来看，这里的宅院建筑

---

① 河南省文物考古研究所、内黄县文物保护管理所：《河南内黄县三杨庄汉代庭院遗址》，《考古》2004 年第 7 期。

② 符奎：《秦汉农业聚落的形态与耕作技术——以三杨庄遗址为中心的探讨》，郑州大学博士学位论文，2013 年，第 87 页。

③ 河南省文物考古研究所，内黄县文物保护管理所等：《河南内黄三杨庄汉代聚落遗址第二处庭院发掘简报》，《华夏考古》2010 年第 3 期，图版 6-13。

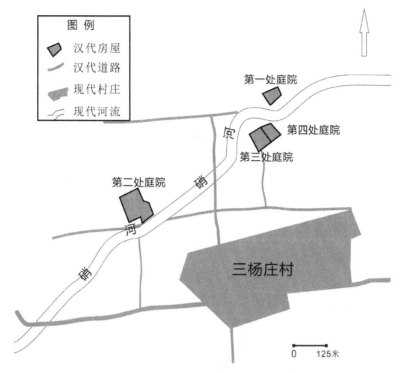

图 3.2.21　三杨庄庭院位置分布图①

具有很强的人为性或当地风俗特征。刘海旺认为聚落中每家均有自己的田、宅，自己的宅院建造在自己的农田里。邻居之间的相邻，是宅院周围的田与田的相邻，宅院与宅院之间并不相邻。②

　　这种田宅相连的情况应是乡村聚落中的普遍现象，在《汉书》中也多次"田里"连称，或许已经暗示这种结构。如《汉书》卷1《高帝纪》载："五月，汉王

————————

　　①　图片改绘自河南省文物考古研究所、内黄县文物保护管理所等：《河南内黄三杨庄汉代聚落遗址第二处庭院发掘简报》，《华夏考古》2010 年第 3 期。

　　②　刘海旺：《首次发现的汉代农业阎里遗址——中国河南内黄三杨庄汉代聚落遗址初识》，《法国汉学》第 11 辑《考古发掘与历史复原》，北京：中华书局，2006 年，第 72 页；《由三杨庄遗址考古发现试谈汉代聚落》，中国社会科学院考古研究所、河南省文物考古研究所《汉代城市和聚落考古与汉文化》，北京：科学出版社，2012 年，第 56～62 页；《新发现的河南内黄三杨庄汉代遗址性质初探》，卜宪群、杨振红《简帛研究（2006）》，桂林：广西师范大学出版社，2008 年，第 293～302 页。

屯荥阳，萧何发关中老弱未傅者悉诣军。"《汉仪注》云："民年二十三为正，一岁为卫士，一岁为材官骑士，习射御骑驰战陈。又曰年五十六衰老，乃得免为庶民，就田里。今老弱未尝傅者皆发之。未二十三为弱，过五十六为老。"[1]依文意，即那些被征发之人需要到五十六的年岁，才能够以庶人的身份回田里，此处"田里"意应为"家乡"。然而以"田里"代指"家乡"，可见田地与里之间的微妙关系。又《汉书》卷89《循吏传》载孝宣帝常称曰："庶民所以安其田里而亡叹息愁恨之心者，政平讼理也。"[2]《汉书》卷99《王莽传》载王莽任大司马司允费兴为荆州牧，临行前问费兴的施政方略，兴对曰："荆、杨之民率依阻山泽，以渔采为业。间者，国张六筦，税山泽，妨夺民之利，连年久旱，百姓饥穷，故为盗贼。兴到部，欲令明晓告盗贼归田里，假贷犁牛种食，阔其租赋，几可以解释安集。"[3]由以上材料可约略知到庶民与田里的关系。但无法明确田与里的空间位置关系，而《睡虎地秦墓竹简》的一则材料或许可以进一步明确。《封诊式·贼死》载："男子死(尸)所到某亭百步，到某里士五(伍)丙田舍二百步。"[4]此则材料中男子死的房间的位置，是以"亭"和"某里士五(伍)丙田舍"为参照的，而且他们之间的距离到"亭"有五十步，到"田舍"有二百步，我们据此认为这"二百步"的距离的空间或许就是田地。若如此，则《睡虎地秦墓竹简》所载的田地与屋舍的情形与三杨庄发掘出来的房舍遗址与田地遗址就十分相似。具体可见下文所述的三杨庄四处房舍遗迹。

第一处庭院钻探探出古代遗存面积约 1800 平方米。在钻探范围内，北部发现有较大面积的夯土遗存，南部发现有古道路遗迹宽约 4 米。这些遗迹均在同一地层。第一处庭院发掘面积有 400 多平方米，发现的遗迹有庭院基础、房基、瓦屋顶、夯土墙和拌泥池等，还有未使用的瓦、建筑废弃物堆积、灶和灰坑等。发掘的院落基础南北长约 20 米、东西宽约 18 米，明显高于周围原地面0.3 米~0.5 米，周围散落有零星的砖块、瓦片以及陶器残片等。房基与瓦屋顶位于庭院基础的西部，从现存迹象初步判断，这里有可能为一座坐西向东的房屋，两开间。保存较完整的瓦屋顶分为两部分，分别位于房屋基础的南北两

---

① 班固：《汉书》，北京：中华书局，1962 年，第 37 页。
② 班固：《汉书》，北京：中华书局，1962 年，第 3624 页。
③ 班固：《汉书》，北京：中华书局，1962 年，第 4151~4152 页。
④ 陈伟主编：《秦简牍合集(一)》，武汉：武汉大学出版社，2014 年，第 306 页。

端。未使用的瓦在院落基础的东南角，清理出堆放整齐的部分板瓦和筒瓦。在庭院基础的东北角清理出一处较大面积的碎瓦片、砖块和陶器残片堆积区，这里混杂有个别铁器等。在庭院基础的西边沿中部清理出一个呈簸箕状的小拌泥池。另外，在本次清理区域的东部发现有较大面积的草木灰堆积区，在庭院基础的北侧和东侧清理出树桩状遗迹，在北部屋瓦面下的东南角清理出一个南北向的船形灶。房屋基础周围还出土有一些陶器残片，如盆、罐、瓮、水槽等，另有小件铁器出土。

第二处庭院遗址(图3.2.22)面积约1700平方米，发现有密集的砖、瓦等遗物，还有灰坑、水沟、夯土、古墓葬等遗迹。第二处院落遗址，从南向北由两进院落组成。第一进院由南墙、东厢房、西门房组成，第二进院由南墙、门房、厢房、正房等组成。在庭院的西侧，还发掘了一个形状规整的圆形水池。

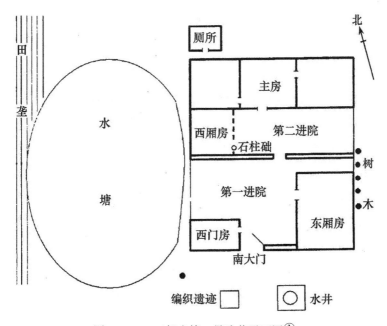

图3.2.22　三杨庄第二号院落平面图①

①　刘庆柱：《汉代城市与聚落考古研究》，中国社会科学院考古研究所、河南省文物考古研究所《汉代城市和聚落考古与汉文化》，北京：科学出版社，2012年，第36页。

其内部结构为：水井位于庭院南大门外东南侧约 9 米。井周围遗物较多，且多位于井口的东、南、西三面，有陶瓮、陶水槽、陶盆等，已残破，较为完整的为石磨。井台北面 1.4 米处还遗留有圆形石臼 1 件。在水井与南大门之间用碎瓦片铺有一条专用便道，位于南大门东侧，长 5.5 米，宽约 0.3 米~0.7 米。

编织遗迹，位于南大门外约 10 米处，东距水井约 3 米。遗迹四角有 4 垛砖。

南大门，南大门宽约 2.47 米。南大门西侧院墙东西长约 3.5 米。东侧院墙东西长约 5 米。

西门房位于南大门内西侧。屋顶从中间向南北两侧坍塌，坍塌面积为南北长约 7 米，东西宽约 2.5 米。推测西门房南北长 3.5 米。

东厢房位于南大门内东侧，坐东朝西。东厢房西侧庭院内遗留有两盘石磨，形制相似，大小不同，大的直径约 50 厘米，小的直径约 42 厘米，南北排列，相距 1.2 米。两磨之间有 1 件陶瓮口部残块。该处庭院内地面上还散落有几件铁器及 1 件陶甑。

西厢房位于主房西南，北与主房相接。西厢房坍塌范围为东西长 4.5 米，南北宽 4.3 米。房顶基本坍塌于房内，致使屋瓦现存凌乱、破碎。在西厢房东南部、南墙以内，距南墙约 0.26 米处，清理出 1 个石柱础，由上下两层青石块组成。西厢房西墙亦有砖基，南接庭院第二进院南墙，北接主房南墙，长约 4.75 米，宽约 0.45 米。在西厢房的东侧院内，发现有 1 件腹径为 46 厘米的铁釜，清理出 3 枚货泉。另外，在西厢房内西南角，还清理出 1 件略残的陶豆。

主房瓦顶坍塌范围为南北约 14 米，东西宽约 9 米。从已清理出的部分筒瓦与板瓦扣合情况分析，主房屋顶基本上是南北两面坡形，而且坡面较长，所用筒瓦与板瓦形制大小与其他房屋相同。从已清理的主房西部看，主房南墙距第二进庭院南墙约 4.32 米，主房西部清理出南北向隔墙砖基，宽度与南墙相同。主房前面庭院内清理出较大的圆石臼和较小的方石臼各 1 件。

厕所位于主房西北角北侧。

池塘位于庭院西侧，略呈椭圆形，南北最长 23.6 米，东西最宽 16.5 米。另外，在庭院中部东侧，残存有树木遗迹。5 棵树南北向排列。

考古工作者发现第二处庭院东、北、西南面均为农田环绕，田垄为南北向。庭院南大门向南约 42 米有一条东西向道路，路宽约 8 米，为遗址内的次主干道路遗址内主干道路宽约 20 米）。在路与南大门之间，是宽敞的活动场地，部分地点清理出有砖瓦和小件石器等遗物。

第三处庭院（图 3.2.23）东北距第一处庭院遗存约 100 米，面积约为 900 平方米。整体平面布局呈长方形，从南向北依有遗迹为第一进院南墙及南大门、南厢房、第二进院南墙及主房、院墙等。庭院东、西墙各有一条形状大致相同的水沟在墙外围，其中西侧水沟分为南北两段；南门外西侧有水井一眼，庭院后门有一厕所；厕所往北有两排树木残存遗迹，从出土的树叶痕迹判断，应为桑树或榆树；庭院东西水沟外及大门、后门为农田环绕。该庭院出土有石稚、小石臼、陶瓮、陶盆、"货泉"铜钱等遗物。

第四处庭院位于第三处庭院遗存东约 25 米处，平面布局与第三处庭院遗存类似，只是西侧以一行南北向的树木替代边沟；庭院后亦有一处遗迹推测为厕所，其后面种植有树木，并发现一个方形坑。第三处庭院与第四处庭院之间

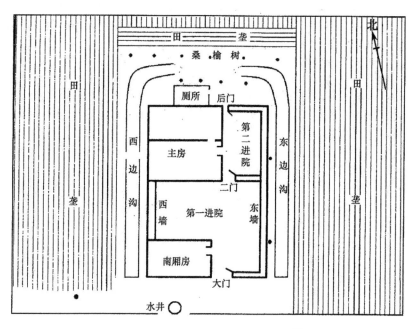

图 3.2.23　三杨庄三号院落平面图①

_____

① 刘庆柱：《汉代城市与聚落考古研究》，中国社会科学院考古研究所、河南省文物考古研究所编《汉代城市和聚落考古与汉文化》，北京：科学出版社，2012 年，第 37 页。

是农田，在田地内发现有车辙痕迹及牛蹄痕迹。

三杨庄的发掘工作到现在尚未结束，勘探面积已经超过 100 万平米，考古工作者又在二帝（颛顼、帝喾）陵东部发现一处建筑堆积遗存，面积超过 10000 平方米，这一遗迹的性质，目前尚难以判断。又在第二处庭院以西约 500 米的地方，发现了一座疑似陶窑的建筑遗存区域，在其南有一直径约为 200 米的平面形状不规则的湖塘。在整个勘探区域内发现有汉代道路若干条，其中最宽的可达 20 米左右，最窄的 3 米，这些道路构成三杨庄遗址聚落内部及内部与聚落外的交通网络。

三杨庄汉代遗址的发现，引起学界广泛关注，学者讨论三杨庄汉代遗址的论着主要涉及三杨庄遗址形成原因①、秦汉时期聚落形态②、三杨庄遗址所反

① 这方面的论著主要有：河南省文物考古研究所、内黄县文物保护管理所：《河南内黄县三杨庄汉代庭院遗址》，《考古》2004 年第 7 期；程有为：《内黄三杨庄水灾遗址与西汉黄河水患》，《中州学刊》2008 年第 4 期；白岩：《三杨庄汉代聚落的废弃与东汉黄河改道》，中国社会科学院考古研究所、河南省文物考古研究所编《汉代城市和聚落考古与汉文化》，北京：科学出版社，2012 年，第 93~101 页。

② 基于三杨庄遗址来考察秦汉时期聚落形态的论著有刘兴林：《汉代农业聚落形态的考古学观察》，《东南文化》2011 年第 6 期；张凤：《秦汉时期农业文化与游牧文化聚落的比较研究》，《考古》2011 年第 1 期；邢义田：《从出土资料看秦汉聚落形态和乡里行政》，黄宽重主编《中国史新论——基层社会分册》，台北：联经出版事业公司，2009 年，第 13~126 页；收入《治国安邦：法制、行政与军事》，北京：中华书局，2011 年，第 254~255 页；王子今：《内黄三杨庄遗址考古发现与秦汉乡村里居形式的考察》，中国社会科学院考古研究所、河南省文物考古研究所编《汉代城市和聚落考古与汉文化》，北京：科学出版社，2012 年，第 81~82 页；白云翔：《秦汉时期聚落的考古发现及初步认识》，中国社会科学院考古研究所、河南省文物考古研究所编《汉代城市和聚落考古与汉文化》，北京：科学出版社，2012 年，第 44~55 页；刘庆柱：《汉代城市与聚落考古研究》，中国社会科学院考古研究所、河南省文物考古研究所编《汉代城市和聚落考古与汉文化》，北京：科学出版社 2012 年，第 39 页；刘海旺：《由三杨庄遗址的发现试谈汉代"田宅"空间分布关系》，中国社会科学院考古研究所等编《西汉南越国考古与汉文化》，北京：科学出版社，2010 年，第 341 页；孙家洲：《从内黄三杨庄聚落遗址看汉代农村民居形式的多样性》，《中国人民大学学报》2011 年第 1 期，中国社会科学院考古研究所、河南省文物考古研究所编《汉代城市和聚落考古与汉文化》，北京：科学出版社，2012 年，第 85~92 页；程有为：《内黄三杨庄汉代庭院遗址与汉代聚落样式探讨》，中国社会科学院考古研究所、河南省文物考古研究所编《汉代城市和聚落考古与汉文化》，北京：科学出版社，2012 年，第 85~92 页；刘海旺：《首次发现的汉代农业闾里遗址——中国河南内黄三杨庄汉代聚落遗址初识》，《法国汉学》第 11 辑《考古发掘与历史复原》，北京：中华书局，2006 年。

映的汉代农业耕作技术等三个方面①。

2. 河北井陉南良都汉代遗址

南良都遗址，位于河北省井陉县金良河南岸的舒缓的黄土台地北坡，北与南良都村隔河相望，西北距井陉县城（微水）8 千米。1992 年，石太高速公路井陉南良都段施工时，在金良河大桥南台基坑发现了一罐汉代钱币。河北省文物研究所石太考古队 9 月进驻工地进行钻探发掘，至当年 12 月发掘工作结束。发掘有属于东汉晚期的房屋遗址 2 座，编号 F1、F2，窖藏 2 座，灰坑 5 个，道路一条，出土遗物有陶器、石器及钱币等。②

房屋遗址 F1（图 3.2.24），为地上建筑，保存较差，仅留部分墙基残迹和 6 个南北呈 3 排分布的柱洞。D2、D5 位于室内，D1 和 D6 位于墙外门道两侧。据柱洞的分布情况，判断 F1 平面为方形，单间面积长 3 米、宽 2.5 米，门道宽 0.85 米。室内中部发现有不规则的烧土，应是用火痕迹，在其附近还发现有陶碗；在 T2 西壁下即 D3 外侧 20 厘米处，发现了窖藏钱币（J2），因 J2 位于同 F1 四明柱之内的居住面相连的地面下，考古人员推测，F1 可能有着两间或两间以上的结构。

F2 位于 F1 的中部。保存状况很差，大部分被扰沟所破坏，仅在 T1 内扰沟西壁的外侧清理出南北长 1.8 米、东西宽 0.17 米的居住面 1 片，质地坚硬，有烧烤痕迹。发现的道路在坡地半腰文化层渐次消失的遗址西南部探出，长度近百米，东端接近遗址丰富区而消失，西南端至坡地西缘被取土破坏，道路呈东北—西南走向。根据地层关系，这条道路不晚于遗址的废弃，即约在东汉时期。

---

① 讨论三杨庄遗址反映的汉代农耕技术的论著有：韩同超：《汉代华北的耕作与环境：关于三杨庄遗址内农田垄作的探讨》，《中国历史地理论丛》2010 年第 1 期；刘兴林：《汉代铁犁安装和使用中的相关问题》，《考古与文物》2010 年第 4 期；刘兴林：《河南内黄三杨庄农田遗迹与两汉铁犁》，《北京师范大学学报》（社会科学版）2011 年第 5 期；符奎：《秦汉农业聚落的形态与耕作技术——以三杨庄遗址为中心的探讨》，郑州大学博士学位论文，2013 年。

② 河北省文物研究所石太考古队：《井陉南良都战国、汉代遗址及元明墓葬发掘报告》，河北省考古研究所编《河北省考古文集》，北京：东方出版社，1998 年，第 202~240 页。

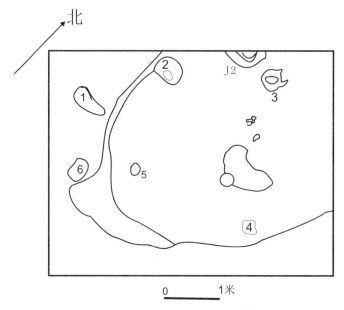

图 3.2.24　南良都 F1 平面图①

它的宽度相当于汉代的一丈二尺，即两轨之距。与当时平原地带一般驿路宽度 6 米及同为山岭地带的秦直道实际宽度 4 米而言，② 窄了些，但可以容得下一辆车通行是没问题的。揭露部分虽然比较小，但结构保存基本完整，路面平整，路基坚实，路段处于坡道，两侧均挖有一定宽度的路沟，排水通畅，又可以保护路基。从其规整的性质和延伸方向两方面考虑，推断为汉代井陉驿道的一条支路。

3. 辽阳三道壕西汉村落遗址

三道壕西汉村落遗址位于辽阳市北 3 千米的三道壕村，该村面积有 4 平方

①　图片改绘自河北省文物研究所石太考古队：《井陉南良都战国、汉代遗址及元明墓葬发掘报告》，河北省考古研究所编《河北省考古文集》，北京：东方出版社，1998 年，第 206 页。

②　史念海：《秦始皇直道遗迹的探索》，《文物》1975 年第 10 期；又载《陕西师大学报》（哲学社会科学版）1975 年第 3 期；收入《河山集》（第 4 集），西安：陕西师范大学出版社，1991 年，第 435~454 页；又收入《史念海全集》（第 4 卷），北京：人民出版社，2013 年，第 302~315 页。

千米，是由太子河冲积而成。1955 年 5—9 月进行发掘，发掘面积约有 10000 平方米，发现有农民居住址 6 处，水井 11 眼，砖窑 7 座，铺石道路 2 段，儿童瓮棺墓 368 座(图 3.2.25)。

有当时符合农业生产和生活安排需要的一个完整的系统的必要设备。初期建筑以木质结构为主，后期增加了砾石材料。每个住宅都向南或稍偏东、西开门，互不相连，无序排列。各宅院间的距离，远近不一，近的有 15 米，远的约有 30 米甚至更远。宅院大多具有房屋、炉灶、土窖、水井、厕所土沟、木栏畜圈、垃圾堆等。砖窑址和卵石路则分布在这些院址之间。

第 1 处居址东西宽约 20 米，南北长约 13 米。房基东端有圆形建筑遗址，保存了一些使用过的砖块。居住址内发现有炉灶 3 座。另有小土窖 1 座，深约 60 厘米，出有铁器、砖块和陶片。房基西面约 12 米处有陶管井 1 眼。在房址和下部灰层中还发现了大量的遗物，铜器有铜剑镡、带钩、铜簇、刀钱、小半两、五铢、大布黄千等。铁器主要有铁镆、锄、镰、残车棺、簇、铁刀、铁锥、铁锅片、残碎铁器片等。陶器有罐、盆、甑、豆、壶等残片及纺轮、"千秋万岁"和卷云纹瓦当，并有一小堆因烧而炭化了的高粱。

第 2 处居址东西宽约 38 米，南北长约 15 米。西部有土窖井 1 眼，东端有小型灶址 1 座。小灶址被压在一个中期居住址的畜栏粪坑下面，中期居址位置稍微偏东，在早期遗址上层。保留有房址的黄土台一段，此房推测是一种小房舍。房址西段有畜栏 1 座，畜栏后面有土窖井 1 眼。灰坑在东面稍远处，出土有王莽"大泉五十"，建筑时代约在西汉末。

第 3 处居址，东西宽 34 米，南北长约 18 米，是一处保存比较完整的居住址。房址西部坑洼中有方形畜圈，畜圈后不远处有土沟 1 道，推测应为厕所。畜圈右前方不远处有两个土窖。房址西方不远出有土窖井 2 口。

第 4 居住址东西宽约 30 米，南北长约 16 米。房址西端坑洼中有长 6 米上下的方形大畜圈，圈门在南部。畜圈后有一个小灰坑，终有几块大石，可能为厕所之用。房址前右方有小土窖 1 座。后左方有大土窖 1 座。居住址左前方约 20 米处有陶管井 1 眼。

第 5 居址东西宽约 30 米，南北长约 18 米，是一所保存较好、居住时间较

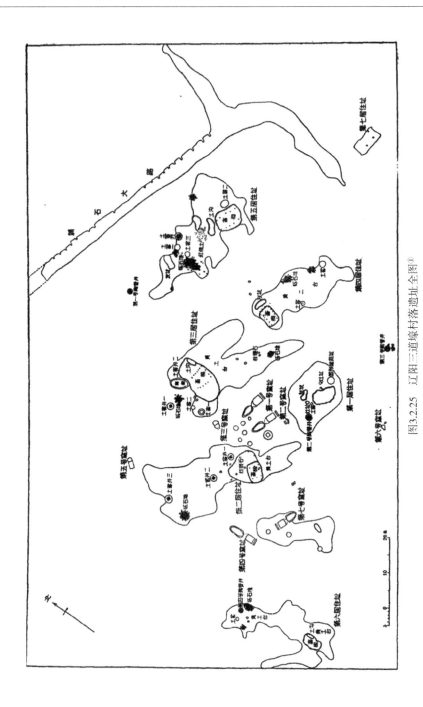

图3.2.25　辽阳三道壕村落遗址全图[①]

①　东北博物馆：《辽阳三道壕西汉村落遗址》，《考古学报》1957 年第 1 期。

长、遗物较多的遗址。房内东端有炉灶 1 座，已经崩塌。近西边有小土灶 1 座。房址西面有大垃圾堆两处。房址后方西部有土窖 1 座，东部有土窖井 1 眼。

第 6 居址东西宽约 22 米，南北全长有近 30 米，推测可能是属于 3 个不同建筑物的残址。

铺石大路位于居住址的北面。已发掘的大路可分为本线和支线两段。在路面上还发现有明显的车辙痕迹，多为两排并列的大车辙。对于当时的交通提供了资料。

上述 3 处遗址所处地理位置处于平原地区，或近山麓地势较为平坦。从居址的建筑方面来看，采光的要求是十分明显的，多为南北向的修建。在建筑材料上，这几处建筑遗址多使用砖木结构，具有地方特色。一些居址的内部结构清晰，功能明确，为内部空间的研究提供了直接的资料。窖藏、窖井和具有明显人工修筑的道路等遗物的发现体现了当地的资源状况和地理环境，使进一步了解当地的空间状况成为可能。

第三节　考古遗址所见的聚落空间结构特征

将前文所述 8 处聚落的建筑遗址，按照朝向、形制、面积、附近的河流、周边有无道路发现、有无水井等要素进行了汇总，如表 3.3.1 所示。

表 3.3.1　聚落建筑遗迹及附属物一览表

序号	遗址名称	建筑编号	朝向	形制	面积	河流	道路	水井	备注
1	云阳李家坝	F1	东南—西北	方形		彭溪河			
		99F1	坐北朝南	残长方形，南北长 4.1 米，东西长 2.7 米	11.07 平方米	彭溪河			
		99F5	东北—西南	圆角方形	2.8 平方米	彭溪河			

续表

序号	遗址名称	建筑编号	朝向	形制	面积	河流	道路	水井	备注
2	巫山张家湾	F1	坐南朝北	长方形		大宁河			
		F2				大宁河			F2 与 F1 相距 4 米
		F3		近 1/4 圆形		大宁河			F3 与 F2 相距不远
		F4				大宁河			东与 F2 相距约 3 米，与 F3 相距约 2 米
		F5	坐北朝南	长方形，长 7.2 米，宽 5.4 米		大宁河			与 F4 相距约 1.8 米
3	巴东楠木园	F4		长方形，东西长 7.1 米，南北长 4.5 米	32 平方米	长江			有散水沟
		F5					发掘有石路 19 米		
4	巴东罗坪	F5	坐南朝北	长方形，长 4.2 米，宽 3.4 米		沿渡河			
		F7	南北			沿渡河			仅余护坡，南北长 5.8 米东西长 3.8 米
5	秭归土地湾	F1	南北	不规则方形，南北 7.5 米，东西 5.8 米		香溪河			
		F2	南北	不规则方形长 7.8 米，宽 6.82 米		香溪河			残存北墙和散水
		F3	东南—西北	长方形		香溪河			

续表

序号	遗址名称	建筑编号	朝向	形制	面积	河流	道路	水井	备注
6	内黄三杨庄	F1	坐西向东	长方形		黄河	道路共计4条		
		F2	坐北朝南	长方形		黄河		水井	
		F3	坐北朝南	长方形		黄河		水井	与F1相距100米
		F4	坐北朝南	长方形		黄河		水井	与F3相距25米
7	辽阳三道壕	F1	大致朝南	长方形，南北13米，东西20米				窖井	畜圈
		F2	大致朝南	长方形，南北15米，东西38米				窖井	畜圈
		F3	大致朝南	长方形，南北18米，东西34米				窖井	畜圈
		F4	大致朝南	长方形，南北16米，东西30米				窖井	畜圈
		F5	大致朝南	长方形，南北18米，东西30米				窖井	畜圈
		F6	大致朝南	长方形，南北30米，东西22米					或为几处建筑残址
8	井陉南良都	F1	南北	方形，长3米，宽2.5米		金良河	发掘有百米左右道路		
		F2		方形，南北1.8米，东西残留0.17米		金良河			

就表3.3.1中的8处遗址来说，云阳李家坝、巫山张家湾、巴东楠木园、巴东罗坪、秭归土地湾5处遗址位于今天的西南地区，同时也是秦汉时期的西南夷人所居之地。秦汉帝国向来对这些地区实行优待政策，在赋敛征收等方面

异于内地郡县，这5处聚落的特征或能够代表这一地区的主流形态。内黄三杨庄遗址位于中原腹地，经济繁荣，交通发达，能够成为这一地区较强的辐射源。河北井陉南良都及辽宁辽阳三道壕遗址位于帝国的北方和东北地区，其聚落特征也具有区域标本的价值。

根据表3.3.1试述这几个区域建筑遗迹的异同。从建筑物的朝向来看，除了内黄三杨庄F1的朝向是坐西向东外，其余的房屋遗址或稍有倾斜，但大多是向着南方，即向阳而筑。这不仅仅是风俗习惯，而应该是很实用的生存技巧，敦煌写本有《诸杂推五姓阴阳等宅图经》说"南入门为阳宅"。坐北朝南，这应该是最普遍的生活习俗，因此可以看到几个遗址的房屋朝向几乎是一致。

关于建筑物的形制，从这几处遗址发掘的情况来看，长方形为居址建筑的主流形制，尽管有发现半圆形的房屋遗迹，但仅一两处，所占比例小，房屋的居住面积大小则不一而足，或与房屋主人的经济基础有关。从出土的汉代明器房屋来看，方形和长方形结构依然是主流。如广州出土的汉代陶屋，形制都为方形或长方形，如图3.3.1。

图3.3.1 广州出土汉代明器陶屋①

① 图片采自广州市文物管理委员会编：《广州出土汉代陶屋》，北京：文物出版社，1958年。

同样在四川出土的画像砖上的房屋形象也是方形。只是在院落中由墙壁隔开，形成一个平面呈田字形的院落见图3.3.2。

图3.3.2　四川出土田字形宅院画像砖①

这些画像石和画像砖或陶楼出土数量很多，大多属于明器。应为汉代的随葬习俗。在汉代，社会上比较流行的观念是"以生事死"，《论衡》卷24《讥日篇》载："若非死人之精，人未尝见鬼之饮食也。推生事死，推人事鬼，见生人有饮食，死为鬼，当能复饮食，感物思亲，故祭祀也。及他神百鬼之祠，虽非死人，其事之礼，亦与死人同。盖以不见其形，但以生人之礼准况之也。"②汉代人们相信死后的生活会与生时一样，为了让其死后的生活好一些，社会上就逐渐出现模仿人生前所用的日常用品而制作的明器。而这种居室明器，就是模仿死者生前所居住的房屋，但也不完全为死者生前所居住的房屋样式，表达

①　重庆市博物馆编：《重庆市博物馆藏四川汉画像砖选集》，北京：文物出版社，1957年，第18页。

②　王充：《论衡》，上海：上海人民出版社，1974年，第366页。

125

更多的是一种愿望，即死者生前并未居住过这样的房屋，死后家人以明器随之，希望他在冥间会住上这种较好的居室，过上比现世更好的生活。

云阳李家坝、巫山张家湾、巴东楠木园、巴东罗坪、秭归土地湾这几处遗址的房基多为石块砌成，周围有很多散落的石头，这是其他遗址所少见的现象，具有明显的地方特色，也与其所在的地理环境密切相关。以石头为建筑材料做房屋，文献早有记载。《后汉书》卷86《南蛮西南夷列传》载："冉駹夷者，武帝所开。元鼎六年，以为汶山郡。至地节三年，夷人以立郡赋重，宣帝乃省并蜀郡为北部都尉。其山有六夷七羌九氐，各有部落。其王侯颇知文书，而法严重。贵妇人，党母族。死则烧其尸。土气多寒，在盛夏冰犹不释。故夷人冬则避寒，入蜀为佣，夏则违暑，反其众聚邑。皆依山居止，累石为室。高者至十余丈，为邛笼。"①此处峡江地区的石块房屋基址的发现也证明了文献所载不误。

水源是聚落的生活必需资料，据表3.3.1可知，云阳李家坝遗址靠近彭溪河、巫山张家湾遗址在大宁河畔、巴东楠木园遗址濒临长江、巴东罗坪遗址由沿渡河环绕、香溪河流经秭归土地湾遗址，内黄三杨庄临近黄河，但三杨庄的饮水似不是来自黄河，在三杨庄发掘的四处庭院遗址有3处发现有水井，这表明三杨庄的饮用水是靠自家的水井达到自给自足。辽阳三道壕遗址则位于太子河西岸，那么三道壕的居民是否饮用太子河的水还是可以讨论的，因为在发掘的6处房屋遗址附近有5处发现有窖井。《说文》卷7《穴部》："窖"，"地藏也"。段玉裁注曰："入地隋曰窦。方曰窖。"②则在地上挖洞设窖来储藏物品。窖井是用来储藏物品还是饮用水，发掘者并没有说明，既然为井，则用于储水的可能性就比较大。宋代苏轼《楼观》诗曰："门前古碣卧斜阳，阅世如流事可伤。长有幽人悲晋惠，强修遗庙学秦皇。丹砂久窖井水赤，白术谁烧厨灶香。闻道神仙亦相过，只疑田叟是庚桑。""丹砂久窖井水赤"，王文诰辑注引《抱朴子》曰："临沅县有廖氏，家世世寿考，后徙去，子孙转夭折。他人居其故宅，复如旧。后累世寿考。疑其井水殊赤，乃试掘井左右，得古人埋丹砂数十斛，

① 范晔：《后汉书》，北京：中华书局，1965年，第2857~2858页。
② 段玉裁：《说文解字注》，上海：上海古籍出版社，1988年，第345页。

丹汁因泉渐入井，是以饮其水而得寿。"①由此可知，窖井应是当地居民储水所用，也许因为这个聚落距离太子河较远，经常去河里打水不太方便，于是烧制窖井以储藏饮用水。在房屋遗迹旁发现的陶窑遗址或可说明这个问题。

道路交通是一个聚落与外界进行资源、信息交流的通道，在这 8 处遗址中，发现有道路的遗迹的有 3 处，一是巴东楠木园遗址，发现一个用石头铺成的石路，仅发掘了 19 米，全长自然超过这个数据；一个是内黄三杨庄，发现东西走向的主干道路 3 条，南北走向的主干道路 1 条，宅院与主干道之间有独家小道 3 条，宅院小路与主干道连通，组成一个以宅院为基础的四通八达的交通网络。一个是井陉南良都遗址，发掘了 100 多米的道路，发掘者认为这条路非同寻常，应是驿道，即秦汉时期用文书传达行政命令所用的专属道路，乡里之间的行政事务是否会使用这种道路，下文再详细论述。

在这几处聚落遗址中，建筑物周围见有散水或护坡的遗址有巴东楠木园、巴东罗坪、秭归土地湾 3 处，这种保护内部主体房屋免受损害的建筑设施或与这 3 处遗址所在地的自然环境有关。这 3 处遗址都位于峡江地区，背靠高山，于河流谷地平滩处修建房屋，建立这种保护设置既可以用来预防河流涨潮和一定程度的山洪，也可以对山体滑坡或泥石流有一定的阻挡作用，而且对一些野兽的入侵也有一定的防护作用。这种对房屋有防护作用的建筑也不一定就是这一地区的专利，也可能是为了保护家庭内部安全和隐私而普遍采取的一种措施。《睡虎地秦墓竹简》有一则案例，其建筑形制或与上述遗址的有相似之处。现移录如下：

穴盗

爰书：某里士五(伍)乙告曰："自宵臧(藏)乙复(复)结衣一乙房内中，闭其户，乙独与妻丙晦卧堂上。今旦起启户取衣，人已穴房内，彻内中，结衣不得，不智(知)穴盗者可(何)人、人数，毋(无)它亡殴(也)，来告。"即令令史某往诊，求其盗。令史某爰书：与乡□□隶臣某即乙、

① 苏轼撰，王文诰辑注，孔凡礼点校：《苏轼诗集》(第 1 册)，北京：中华书局，1982 年，第 132 页。

典丁诊乙房内。房内在其大内东，比大内，南乡(向)有户。内后有小堂，内中央有新穴，穴彻内中。穴下齐小堂，上高二尺三寸，下广二尺五寸，上如猪窦状。其所以椒者类旁凿，迹广□寸大半寸。其穴壤在小堂上，直穴播壤，被(破)入内中。内中及穴中外壤上有剤(膝)、手迹，剤(膝)、手各六所。外壤秦萎履迹四所，袤尺二寸。其前稠萎袤四寸，其中央稀者五寸，其踵稠者三寸。其履迹类故履。内北有垣，垣高七尺，垣北即巷殴(也)。垣北去小堂北唇丈，垣东去内五步，其上有新小坏，坏直中外，类足距之之迹，皆不可为广袤。小堂下及垣外地坚，不可迹。不智(知)盗人数及之所。内中有竹招，招在内东北，东、北去廧各四尺，高一尺。乙曰："□结衣招中央。"讯乙、丙，皆言曰："乙以乃二月为此衣，五十尺，帛里，丝絮五斤装，缪缯五尺缘及殴(纯)。不智(知)盗者可(何)人及蚤(早)莫(暮)，毋(无)意殴(也)。"讯丁、乙伍人士五(伍)□，曰："见乙有结复(复)衣，缪缘及殴(纯)，新殴(也)。不智(知)其里□可(何)物及亡状。"以此直(值)衣贾(价)。①

这则案例讲的是盗贼翻墙、挖洞入室盗窃，根据简文中被盗人的描述，可大致了解他的建筑情况，现据上引文中加着重号部分的内容制成平面图(图3.3.3)。

这样的建筑格局不见于三杨庄、三道壕、南良都等聚落遗址内，或具有地方特色。此种格局的院落或许就是《封诊式·封守》中所说的"士伍"这一阶层拥有的房屋布局，即"一宇二内，各有户"。② 晁错对这种房屋的结构也有说明。《汉书》卷19《晁错传》载："先为筑室，家有一堂二内，门户之闭，置器物焉。"颜师古注引张晏曰："二内，二房也。"③ 王鸣盛《十七史商榷》卷24《汉书》"一堂二内"条曰："郑康成谓古者天子、诸侯有左右房，大夫、士则但有

① 陈伟主编：《秦简牍合集(一)》，武汉：武汉大学出版社，2014年，第311~312页。

② 陈伟主编：《秦简牍合集(一)》，武汉：武汉大学出版社，2014年，第288页。

③ 班固：《汉书》，北京：中华书局，1962年，第2288页。

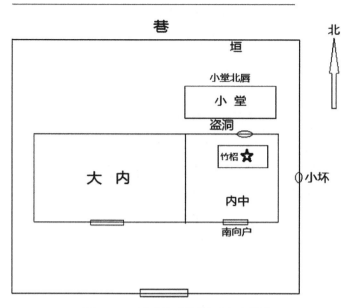

图 3.3.3　睡虎地秦简《穴盗》示意图

东一房西一房，无左右房。房者，旁也，在室两旁也。其制与室不同之处尚未能详析，而大约总以郑说为可据。今此论徙民似指庶民居多，而容或亦有大夫、士。盖前为堂后为室，而室之东旁为一房，此大夫至庶人皆同者。"①从上述可知"一宇二内"的房屋结构形式在汉代或较为普遍。

　　畜圈遗迹只在三道壕遗址发现，这也会对这个聚落的空间布局产生影响，在建筑居址时会考虑牲畜蓄养的位置。其他遗址没有发现畜圈很可能与其蓄养的方式有关，但家禽牲畜的饲养应该是一般农村聚落所共有的一种副业方式。

　　考察这 8 处遗址，房屋遗址的数量从 1 处到 6 处不等。那么当时这些地方是否仅仅有这些居址及住户呢，从遗址来看没有确切答案。但房屋的空间位置是确定的。这些遗址的房址遗迹在排列方式上没有规律可言，其原因可能是建造这些房屋的人是依据当地的地形地势来进行选址建造的，而不是依照一定的制度而为之。张家山汉简《二年律令·户律》载西汉初年的户律，从法律层面的规定了大夫以下阶层的居住秩序，简 305 载"自五大夫以下比地为伍，以辨

---

① 王鸣盛：《十七史商榷》，上海：上海古籍出版社，2013 年，第 265 页。

券 为信，居处相察，出入相司。有为盗贼及亡者，辄谒吏、典"。① 前文表
3.3.1 表示这些房屋的间距最近的是 1.8 米，最远的达到百米，在这样的空间
距离中想要"居处相察，出入相司"还是有一定困难的。然而这些地区难道就
敢公然违背汉律么？一般来说汉律所作的制度性设定，真正严格执行的或许存
在于城市内的居民里。如汉代长安城中的里的排列布局，《三辅黄图》卷2《长
安城中闾里》载："长安闾里一百六十，室居栉比，门巷修直。"②而远在郊野
的乡村闾里或就地形、地势因地制宜便宜行事。乡里聚落居址这种"无序"排
列，不仅从考古发掘的聚落遗址可以看到，从汉代出土的画像石刻画的部分内
容得到证实，如在成都曾家包汉墓出土的这块画像石就清晰地展现了乡村聚落
的居址与农田的分布情况(图 3.3.4)。这种房屋与农田的位置关系，无

图 3.3.4　成都管家包画像石③

① 彭浩等：《二年律令与奏谳书：张家山二四七号汉墓出土法律文献释读》，上海：
上海古籍出版社，2007 年，第 305 页。
② 陈直：《三辅黄图校证》，西安：山西人民出版社，1980 年，第 32 页。
③ 中国画像石全集编辑委员会编：《中国画像石全集》(第 7 卷)，郑州：河南美术出
版社、济南：山东美术出版社，2000 年，第 40 页。

疑对农业生产是很便利的。"位于田地中央的孤立居住的形式，是一种很优越的居住方法，它给农民以自由，它使他靠近田地，它使他免除集体的束缚。"①

这8处遗址所见的房屋布局和排列的方式，比较生动形象地印证了一些史料所描述的乡里聚落屋宇布局。《汉书》中有描述：

> 在壄曰庐，在邑曰里。五家为邻，五邻为里，四里为族，五族为党，五党为州，五州为乡。乡，万二千五百户也。邻长位下士，自此以上，稍登一级，至乡而为卿也。于[是]里有序而乡有庠。序以明教，庠则行礼而视化焉。春令民毕出在壄，冬则毕入于邑。其《诗》曰："四之日举止，同我妇子，馌彼南亩。"又曰："十月蟋蟀，入我床下，嗟我妇子，聿为改岁，入此室处。"所以顺阴阳，备寇贼，习礼文也。春，（秋）[将]出民，里胥平旦坐于右塾，邻长坐于（右）[左]塾，毕出然后归，夕亦如之。入者必持薪樵，轻重相分，班白不提挈。冬，民既入，妇人同巷，相从夜绩。②

据《春秋公羊传·宣公十五年》，何休在解释父老时说：

> 在田曰庐，在邑曰里，一里八十户，八家共一巷，中里为校室，选其耆老有高德者名曰父老。其有辩护伉健者为里正，皆受倍田，得乘马。父老比三老孝悌官属，里正比庶人在官吏。民春夏出田，秋冬入保城郭。田作之时，春，父老及里正旦开门坐塾上，晏出后时者不得出，莫不持樵者不得入。五谷毕入，民皆居宅，里正趋缉绩，男女同巷，相从夜绩，至于夜中。③

---

① 陈春声、肖文评：《聚落形态与社会转型：明清之际韩江流域地方动乱之历史影响》，《史学月刊》2011年第2期。
② 班固：《汉书》，北京：中华书局，1962年，第1121页。
③ 何休：《春秋公羊传注疏》，上海：上海古籍出版社，2014年，第678~679页。

张家山汉简《二年律令·户律》也有类似叙述，如简 305-306：

> 自五大夫以下，比地为伍，以辨 券 为信，居处相察，出入相司。有
> 为盗贼及亡者，辄谒吏、典。田、典更挟里门，以时开，伏闭门，止行及
> 田作者，其献酒及乘置乘传，以节使，救水火，追盗贼，皆得行，不从
> 律，罚金二两。①

上述三则材料所叙述的聚落情况可以分为两种，一是在"田"或"野"中
的聚落，被称为"庐"；二是在"邑"中的聚落。两种状态下的聚落内部结构
居室整齐划一，排列有序，有专门对聚落中的门进行控制以管理居住其中的
居民，展现了这种聚落内的空间秩序、统一、整齐。王爱清考察了秦汉的里
制后认为："秦汉时期的里虽然规模大小不一，也不管是城中之里还是乡村
之里，其建制并非任其自然，而经过严格的规划。里的建制就在于强化对编
户齐民的人身控制，因而体现了国家的行政权力。这一点通过墙院道路系统
的严整性、住宅面积的法定标准性和里民居住的严格分域性集中体现出来。"
后来他又修改了这种看法，说："从聚落自然发展的角度来看，特别是就乡
野聚落而言，某一聚落百姓人口的增长和分户等所致户数的增加完全可能导
致其固有的封闭性结构发生变化，这种自然性的趋势可能导致原来里落的百
姓由封闭发展成相对开放的居住状况。"②苏卫国根据出土的秦汉法律文献的
内容认为："一般律文往往具有普遍约束力，既然文字中没有其他附加的说
明，我们可以推断，其规定应当普遍适用于城邑和乡野。"③在乡野间的聚落
的布局可能在注重居民的生产生活需要的同时，会考虑聚落的结构与分布的
秩序化。

---

① 彭浩等：《二年律令与奏谳书：张家山二四七号汉墓出土法律文献释读》，上海：
上海古籍出版社，2007 年，第 305 页。
② 王爱清：《秦汉乡里控制研究》，济南：山东大学出版社，2010 年，第 36 页。
③ 苏卫国：《秦汉乡亭制度研究——以乡亭格局的重释为中心》，哈尔滨：黑龙江人
民出版社，2010 年，第 46 页。

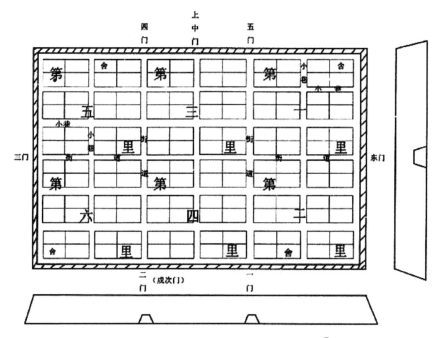

图 3.3.5 汉简所见里的平、剖面示意图①

在以上文献的描述中，里内布局是栉次鳞比、整齐有序的。很多学者根据文献和一些出土简牍材料中关于里的布局的描述，对里内建筑布局进行了研究。② 何

① 示意图参见何双全：《汉简〈乡里志〉及其研究》，甘肃文物考古所编《秦汉简牍论文集》，兰州：甘肃人民出版社，1989 年，第 186 页；收入《双玉兰堂文集（下）》，台北：兰台出版社，2002 年，第 768 页；本图见符奎：《秦汉农业聚落的形态与耕作技术》，郑州大学博士学位论文，2013 年，第 104 页。

② ［日］宫崎市定：《关于中国聚落形体的变迁》，《大谷史学》1957 年第 6 号，刘俊文主编《日本学者研究中国史论著选译》第 3 卷《上古秦汉》，北京：中华书局，1993 年，第 1~29 页；收入《宫崎市定全集》第 3 卷，东京：岩波书店，1993 年，第 136~163 页；张春树：《汉代边地上乡和里的结构——居延汉简集论之二》，《大陆杂志》第 33 卷第 3 期，收入《大陆杂志史学丛书》第 3 辑第 2 册《秦汉中古史研究论集》，台北：大陆杂志社，1970 年，第 51~55 页；又收入《汉代边疆史论集》，台北：食货出版社有限公司，1977 年，第 131~142 页；何双全：《汉简〈乡里志〉及其研究》，甘肃文物考古所编《秦汉简牍论文集》，兰州：甘肃人民出版社，1989 年，第 179~180 页，收入《双玉兰堂文集（下）》，台北：兰台出版社，2002 年，第 657~769 页；周长山：《汉代城市研究》，北京：人民出版社，2001 年，第 142~149 页。

双全根据西北汉简中关于里的内部结构的描述，绘制了西北地区里的平面图，符奎据这幅图进行了改绘(图 3.3.5)。① 观察该图，这应是在边地新建的里，屋舍比较整齐。整个里有 7 个门(一门、二门、三门、四门、五门、上中门、东门)之多，这会给管理造成不便，而且也会需要更多的里的管理者。街道纵横交错，舍与舍之间都有小巷隔开，不便于"居处相察"。

为便于讨论，将《居延汉简》《居延新简》中能够据以认识里的结构的简文摘录于下：

(1)惊虏燧卒，东郡临邑吕里王广，字次君，贳卖八稯布一匹，直二百九十，觻得安定里方子惠所，舍上中门第二里三门东入。任者阎少季、薛少卿。(居延汉简 287·13)

(2)居延西道里不更许宗，年卅十五，长七尺二寸，自有舍，入里一门。(居延汉简 37·23)

(3)终古燧卒，东郡临邑高平里召胜，字游翁，贳卖九稯曲布三匹，匹三百卅三，凡直千，觻得富里张公子所，舍在里中二门东入。任者，同里徐广君。(居延汉简 282·5)

(4)戍卒，东郡聊成昌国里繺何齐，贳卖七稯布三匹，直千五十。屋兰定里石平所，舍在郭东道南。任者，屋兰力田亲功。(居延新简 E. P. T56：10)

(5)戍卒东郡聊成孔里孔定，贳卖剑一，直八百。觻得长杜里郭稺君所舍里中东家南入，任者同里杜长完。(居延新简 E. P. T51：84)②

根据上引简文，在图 3.3.5 中的平面图中查找里内居住人员的具体住址，有很多情况有无法解释。简文的"里三门""里一门""里中二门""里五门"应是

---

① 符奎：《秦汉农业聚落的形态与耕作技术——以三杨庄遗址为中心的探讨》，郑州大学博士学位论文，2013 年，第 104 页。

② 马怡、张荣强主编：《居延新简释校》，天津：天津古籍出版社，2013 年，第 482、278 页。

一个里中的"门"，可以理解为里中的一户人家的家门。而在图3.3.5中可能误认为是城门，而里则无门可言。根据传世文献记载在城邑中一个封闭的里中，应该是有一两个门的。如上引何休所说："春，父老及里正旦开门坐塾上，晏出后时者不得出，莫不持樵者不得入。"《二年律令·户律》规定："田、典更挟里门，以时开，伏闭门。"里中田典、里典员额定数应各为一人，这应该是一般的通例。按规定，在让里民春天出来下田干活时，这两个里的最高负责人需要掌管钥匙，监察里民行为及出入情况。如果一个普通里无门或有很多门的话，那么里门钥匙的分配和掌管就会有很多矛盾。所以一个城中的普通的居民里，应该仅有一个里门或不超过两个。上引简文中多次提到"里中"，可见这些"方向+数字+门"的门应该指的是庭院的门。简文中常提到的"东入""南入"，也是指户的朝向。如果门户朝西开，想进入户内就需要向东进入，即"东入"。"南入"说明该户的大门朝北开。仔细分析简文描述可以绘出里的内部结构平面图（图3.3.6）。而且这种布局也利于达到"居处相察，出入相司"

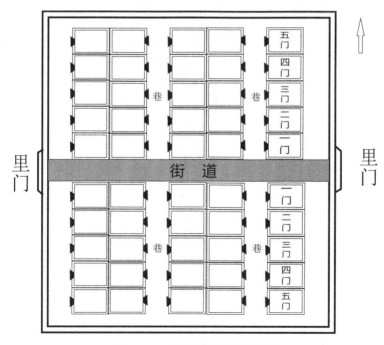

图3.3.6　汉简里内结构平面图

的要求，而且能够与《居延汉简》《居延新简》中描述的"三门东入""入里一门"
"舍二门东入""五门东入舍"等指示的里门的方向相合。

汉简中这种整齐划一的里的形式也符合班固、何休及秦汉法律所规定的里
形式。这种里的整齐划一的布局与汉代的市井类似（如图3.3.7）。

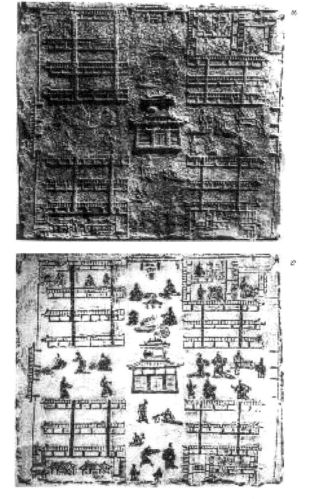

图 3.3.7　四川新黔出土汉市井画像石①

① 龚廷万、龚玉、戴嘉陵编著：《巴蜀汉代画像集》，北京：文物出版社，1998 年，
第 26、27 幅。

西北地区的里的形制布局，根据晁错的叙述，这种里应该属于政府统一规划的结果，在西北原本荒凉辽阔的地方，按照里的制度性规定的形制进行建设，其结果必然符合制度要求。然而考虑到在整个秦汉社会绝大多数的乡里聚落并没有进行重新建设。所以西北汉简中所描绘的里的形制，或许仅仅代表某一地区新建设的里的形制，并不具备普遍性。

综上所述，考古资料中的 8 处聚落遗址的房屋形状与布局，依其所在的地势地貌因地制宜修建，建筑材料也是就地取材，以生活的便利为指归，这种看似散乱零落的聚落遗址所表现出来的形制，需要对秦汉时期乡野中的聚落形态进行讨论，这些遗址的分布从长江流域到黄河流域再到东北地区所展现的形态几乎是一致的，能够反映出秦汉时期乡里聚落的总体的形态，而这种聚落形态也反映了形成这种聚落形态的人们的空间概念。

本书探讨的乡村聚落形态，按照现代地理学的定义，主要涉及乡村聚落的空间布局，即包括民宅、仓库、圈棚、晒场、道路、水渠、宅旁绿地以及商业服务设施和文教设施等各种要素在平面上的分布模式。乡村聚落形态通常可划分为集聚型（集村）和散漫型（散村）。集聚型村落以住宅紧密集结为特征，规模差异显著，涵盖从数千人的大村庄到仅有一二十人的小村庄。与之相对，散漫型村落则表现为住宅的零星分散，其间隔距离因地理位置而异。[1]

关于秦汉时期的乡村聚落形态，学术界存在不同看法。日本学者宫崎市定认为，汉代的聚落无论在行政上是亭、乡还是县，均被城郭环绕，形成人口密集的聚居地，大部分农民居住在其中，只有从事特定职业如烧炭和捕鱼的人才居住在城外。[2] 然而，这一"城郭社会"观点受到了其他学者的质疑，他们通过实例提出了反驳意见。[3] 池田雄一则主张汉代乡村聚落呈现分散布局，周围并

---

[1] 左大康主编：《现代地理学辞典》，北京：商务印书馆，1990 年，第 699 页。

[2] ［日］宫崎市定：《中国村制的成立——中国古代帝国崩坏的一面》，中国科学院历史研究所翻译组编译《宫崎市定论文集》上卷，北京：商务印书馆，1963 年，第 34 页，收入《宫崎市定全集》第 3 卷，东京：岩波书店，1993 年，第 136~163 页。

[3] 王彦辉：《早期国家理论与秦汉聚落形态研究——兼议宫崎市定的"中国都市国家论"》，《中国社会科学》2014 年第 6 期。

无土垣围绕，构成小规模的自然村落。① 鲁西奇对汉代长江中游地区的乡村聚落进行考察后，认为当时的聚落应是"散就田业"，即居民居住相对分散以便农耕，且文献中提到的乡、聚、亭并不必然设有城垣。② 他认为，传统中国的乡村聚落主要以小规模的散村为主导形态，而北方地区集聚型村落的面貌是在清朝中期以后才逐渐形成的。南方地区由散村向集村的转变只是局部现象，不具备普遍性。③ 因此，散村可被视为中国传统乡村聚落的原生形态，而集村则是长期发展或演变的结果。学者们对于乡村聚落形态的分析主要基于聚落点在一定空间范围内的分布形式及其背后的社会经济结构。未来的研究应进一步关注聚落地点选择、土地利用模式、经济活动类型与乡村聚落形态之间的相互作用，以及这些因素如何随着时间的推移而演变。此外，结合考古发掘、历史文献和田野调查等多种研究方法，将有助于更全面地理解中国古代乡村聚落的历史发展和区域差异性。

这与本书第二章《空间寻迹：古地图所见聚落的分布》中天水放马滩木板地图与马王堆帛地图分析的聚落分布是一致的。然而聚落是集聚还是分散，仅仅分析聚落点分布情况似稍嫌片面。就上述 8 处聚落遗址分布来看，表面上看似无序，实际上却秩序井然，就所见房屋的间距而言，距离最近的是 1.8 米，最远的达到百米。这样的房屋间距，这样分散的居住，必然会给居民在心理上产生一定的影响。法国地理学家阿·德芒戈认为：

> 每一居住形式，都为社会生活提供一个不同的背景。村庄就是靠近、接触，使思想感情一致；散居则"一切都谈的是分离，一切都标志着分开

① ［日］池田雄一：《论汉代的里和自然村》，《东方学》1969 年第 38 期，收入《中国古代的聚落与地方行政》，东京：汲古书院，2002 年，第 65～177 页。

② 鲁西奇：《散居与聚居：汉宋间长江中游地区的乡村聚落形态及其演变》，《历史地理》第 23 辑，上海：上海人民出版社，2008 年，第 128～151 页，收入《人群·聚落·地域社会：中古南方史地初探》，厦门：厦门大学出版社，2012 年，第 66 页。

③ 鲁西奇：《散村与集村：传统中国的乡村聚落形态及其演变》，《华中师范大学学报》（人文社会科学版）2013 年第 4 期，第 113～130 页，收入《中国历史的空间结构》，桂林：广西师范大学出版社，2014 年，第 374～425 页。

住"。因此就产生了维达尔·德·拉·布拉什所精辟指出的村民和散居农民的差异："在聚居的教堂钟楼周围的农村人口中，发展成一种特有的生活，即具有古老法国的力量和组织的村庄生活。虽然村庄的天地很局限，从外面进来的声音很微弱，它却组成一个能接受普遍影响的小小社会。它的人口不是分散成分子，而是结合成一个核心；而且这种初步的组织就足以把握住它。"因此，从散居人口到聚居人口，有时存在着精神状态和心理状态上的深刻差异。①

这种精神状态和心理上的差异很大可能来自距离。距离是指某一点与另一点之间的关系。这个概念对物体之间的关系同样适用。而聚落中住居的位置是通过与其他住居之间的位置关系表现出来的，体现了人们对距离的感知。王昀认为聚落在建造住居时，住居物理位置的确立主要参照了与之相关联的另一个住居的位置，而住居之间的相互距离反映了住居建造者的主观的距离意识。这距离大小有赖于个人的距离感。这种对距离的感知随着民族的不同而不同的。在聚落中住居与住居之间的距离本身就是居民意识中的距离感的物象化。这种物象化的东西反映在聚落中就形成了领域和边界。而聚落中所呈现出的"集村"或"散村"的现象，从根本上就是由于建造聚落的人们所形成的集团空间概念中的距离感的不同造成。在同一个聚落的集团的空间概念中，因为拥有共同的距离感，所以根据这个空间概念，便产生了"集村"和"散村"的形态（图3.3.8）。

这种对距离的感知概念，使聚落的聚居和散居有了不同的理解。一是按照聚落点在一个地区的分布状况来界定散居还是聚居，聚落点集中地称为聚居，而聚落点散乱分布的就称为散居。以这样的标准来讨论聚落的分布状态有时会给人错觉。二是按照聚落中居址，即房屋或庭院之间的距离来划分散居和聚居。按一定秩序和排列方式居住于城中的里，因其住居之间的距离狭小都可称为聚居。而从考察的聚落遗址中住居之间的距离来看，这些聚落也都可以称

---

① ［法］阿·德芒戎：《人文地理学问题》，葛以德译，北京：商务印书馆，2009年，第192页。

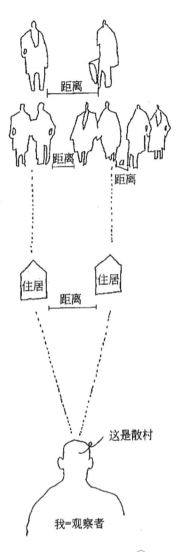

图 3.3.8 距离的感知①

为散居。在这一时期，至少从考古所见的聚落中住居之间的空间距离看来，分布在乡野之里应该多为散居状态。即鲁西奇所说的散居是传统中国乡村聚落形

---

① 王昀：《传统聚落结构中的空间概念》，北京：中国建筑工业出版社，2009 年，第 39~40 页，本图采自第 40 页。

态的一种原生方式，或者说是一种原始的倾向。① 但这一种状态也不是一成不变的，散居或聚集都会随着社会的发展而发生变化。一些乡野间散居的里可能变为城镇，而一些大城镇也会因为一些不可抗力的因素在短时间内又沦为丘墟（参见本书附录一）。

经过对考古发掘所揭示的乡野聚落居住建筑遗迹的形制及分布特征进行深入考察，我们可以得出结论，这一时期各地乡野聚落的分布格局普遍呈现为一种分散居住的状态，这一现象不仅体现在整体布局上，也反映在居址间的距离安排上。这种散居形态似乎代表了秦汉时期乡村社会的一般居住模式，并且不论南北地域，抑或地形因素的影响，均未能显著改变这一居住特点。

进一步分析聚落内的住宅建筑，我们注意到它们大多遵循着向阳建造的传统习俗，这一原则在许多现代建筑设计中仍得以体现。建筑规模方面，其空间大小并不一致，推测可能与居民的经济条件以及当地的地理环境紧密相关。此外，尽管不同地区的建筑内部设施存在一定的区域差异，如长江流域的住居多见火塘遗迹，而北方地区则多现炉灶遗迹，但这些设施的核心功能却表现出一致性。建材选择方面，则鲜明地体现了地方特色，例如峡江地带的建筑主要采用木石结构，而北方地区则普遍以砖瓦为主要建材。同时，聚落遗址周边常发现灰坑，凸显出浓厚的乡野生活痕迹。

从聚落所处的外部环境来看，无论是依山傍水的选址策略，邻近水源与耕地的便利性，还是良好的交通环境条件，各处遗址都呈现出高度的相似性。这种"不谋而合"的住居形制，有力地印证了秦汉时期乡里居民在构建聚落空间观念上的普遍趋同现象。

此外，在诸多聚落遗址中发现的道路遗存，无论是石头铺设的小径，还是具有一定规制的"驿路"，很可能是构成秦汉帝国文书行政道路网络的基础部分。由此，秦汉帝国能够有效地将行政指令传播至乡里各个角落，从而实现帝

---

① 鲁西奇：《散村与集村：传统中国的乡村聚落形态及其演变》，《华中师范大学学报》（人文社会科学版）2013 年第 4 期，第 123 页，收入《中国历史的空间结构》，桂林：广西师范大学出版社，2014 年，第 374~425 页。

国行政体系在乡间的有效运作。因此，秦汉时期文书行政在乡里的传递模式，成为后续学术探讨的重要议题。

表 3.3.2 峡江地图战国至东汉聚落居址统计数据

序号	时代	行政区	居址名	经纬度	数据来源
1	战国、西汉、东汉	涪陵	八卦	107° 45′ E，29°83′N	重庆市文物考古所、重庆市文物局、重庆市涪陵区博物馆：《涪陵八卦遗址发掘简报》，重庆市文物局、重庆市移民局编《重庆库区考古报告集（2000卷）》，北京：科学出版社，2007年，第1112~1138页。
2	西汉、东汉	涪陵	点易	107° 40′ E，29°7′N	山东大学历史文化学院：《重庆涪陵点易墓地汉墓发掘简报》，《文物》2014年第10期；周勇、李大地：《涪陵区易村新石器时代商周及汉晋明清遗址》，中国考古学会编《中国考古学年鉴（2011）》，北京：文物出版社，2012年，第398~399页。
3	战国	涪陵	槽沟洞	107° 07′ E，29°53′N	重庆师范大学、重庆市文化遗产研究院、涪陵区博物馆：《重庆涪陵槽沟洞战国巴人洞穴居址调查简报》，《江汉考古》2013年第3期。
4	战国	涪陵	陈家嘴	107° 04′ E，29°38′N	李大地：《涪陵区陈家嘴东周遗址》，中国考古学会编《中国考古学年鉴（2006）》，北京：文物出版社，2007年，第341页；方刚：《涪陵区小田溪东周时期墓群》，中国考古学会编《中国考古学年鉴（2008）》，北京：文物出版社，2009年，第354-355页。
5	西汉、东汉	涪陵	龙头山	107° 23′ E，29°68′N	邹后曦、代玉彪：《涪陵区龙头山北角下新石器时代至宋代遗址》，中国考古学会编《中国考古学年鉴（2012）》，北京：文物出版社，2013年，第356页。

续表

序号	时代	行政区	居址名	经纬度	数据来源
6	西汉、东汉	丰都	玉溪坪	107°86′E，30°03′N	四川省文物考古研究所：《丰都县三峡工程淹没区调查报告》，四川省文物考古研究所编《四川考古报告集》，北京：文物出版社，1998年，第281～349页；国家文物局三峡工程文物保护领导小组湖北工作站编：《三峡考古之发现（二）》，武汉：湖北科学技术出版社，2000年，第3～57页；杨华、袁东山：《丰都县玉溪坪新石器时代至清代遗址》，中国考古学会编《中国考古学年鉴（2002）》，北京：文物出版社，2003年，第319～320页；袁东山、白九江：《丰都县玉溪坪新石器时代至汉唐及明清时期遗址》，中国考古学会编《中国考古学年鉴（2003）》，北京：文物出版社，2004年，第281～282页；白九江：《丰都县玉溪坪新石器时代至唐代遗址》，中国考古学会编《中国考古学年鉴（2005）》，北京：文物出版社，2006年，第312～313页。
7	战国	丰都	观石滩	107°73′E，29°90′N	四川省文物考古研究所：《丰都县三峡工程淹没区调查报告》，四川省文物考古研究所编《四川考古报告集》，北京：文物出版社，1998年，第281～349页。又国家文物局三峡工程文物保护领导小组湖北工作站编《三峡考古之发现（二）》，武汉：湖北科学技术出版社，2000年，第3～57页；宁夏文物考古研究所、丰都县文物管理所：《丰都镇江镇观石滩遗址发掘报告》，重庆市文物局、重庆市移民局编《重庆库区考古报告集（2002卷）》，北京：科学出版社，2010年，第1086～1122页。

续表

序号	时代	行政区	居址名	经纬度	数据来源
8	西汉、东汉	丰都	袁家岩	106°92′E，30°03′N	四川省文物考古研究所：《丰都县三峡工程淹没区调查报告》，四川省文物考古研究所编《四川考古报告集》，北京：文物出版社，1998年，第281~349页。又国家文物局三峡工程文物保护领导小组湖北工作站编《三峡考古之发现（二）》，武汉：湖北科学技术出版社，2000年，第3~57页；李大地：《丰都袁家岩遗址发掘的初步收获》，《重庆历史与文化》，2003年第2期；重庆市文化遗产研究院、丰都县文物管理所：《重庆丰都炼锌遗址群：2004—2005年发掘报告》，《江汉考古》2013年第3期。
9	战国、西汉、东汉	丰都	秦家院子	108°07′E，29°80′N	四川省文物考古研究所：《丰都县三峡工程淹没区调查报告》，四川省文物考古研究所编《四川考古报告集》，北京：文物出版社，1998年，第281~349页；国家文物局三峡工程文物保护领导小组湖北工作站编：《三峡考古之发现（二）》，武汉：湖北科学技术出版社，2000年，第3~57页；重庆市文物考古所、丰都县文物管理所：《丰都秦家院子发掘报告》，重庆市文物局、重庆市移民局编《重庆库区考古报告集（2002卷）》，北京：科学出版社，2010年，第1239~1282页。
10	战国、西汉、东汉	丰都	石地坝	107°83′E，29°95′N	四川省文物考古研究所：《丰都县三峡工程淹没区调查报告》，四川省文物考古研究所编《四川考古报告集》，北京：文物出版社，1998年，第281~349页；国家文物局三峡工程文物保护领导小组湖北工作站编：《三峡考古之发现（二）》，武汉：湖北科学技术出版社，2000年，

续表

序号	时代	行政区	居址名	经纬度	数据来源
10	战国、西汉、东汉	丰都	石地坝	107°83′E，29°95′N	第3~57页；重庆市文物考古所、丰都县文物管理所：《丰都石地坝遗址商周时期遗存发掘报告》，重庆市文物局、重庆市移民局编《重庆库区考古报告集（1999卷）》，北京：科学出版社，2006年，第702~737页；袁东山：《丰都县石地坝商周遗址》，中国考古学会编《中国考古学年鉴（2000）》，北京：文物出版社，2002年，第236页；重庆市文物考古所、重庆市文物局、丰都县文物管理所：《丰都石地坝遗址发掘简报》，重庆市文物局、重庆市移民局编《重庆库区考古报告集（2001卷）》，北京：科学出版社，2007年，第1613~1626页；重庆市文物考古所、丰都县文物管理所：《丰都石地坝遗址第四次发掘报告》，重庆市文物局、重庆市移民局编《重庆库区考古报告集（2002年卷）》，北京：科学出版社，2010年，第1201~1224页。
11	战国、西汉、东汉	丰都	玉溪	107°85′E，30°04′N	四川省文物考古研究所：《丰都县三峡工程淹没区调查报告》，四川省文物考古研究所编《四川考古报告集》，北京：文物出版社，1998年，第281~349页；国家文物局三峡工程文物保护领导小组湖北工作站编：《三峡考古之发现（二）》，武汉：湖北科学技术出版社，2000年，第3~57页；重庆市文物考古所：《丰都玉溪遗址勘探、早期遗存发掘简报》，重庆市文物局、重庆市移民局编《重庆库区考古报告集（1998卷）》，北京：科学出版社，2003年，第745~765页。重庆市文物考古所：《丰都玉

续表

序号	时代	行政区	居址名	经纬度	数据来源
11	战国、西汉、东汉	丰都	玉溪	107°85′E，30°04′N	溪遗址发掘简报》，重庆市文物局、重庆市移民局编《重庆库区考古报告集（1999卷）》，北京：科学出版社，2006年，第655~680页；白九江、蒋晓春：《丰都县玉溪新石器时代至唐代遗址》，中国考古学会编《中国考古学年鉴（2000）》，北京：文物出版社，2002年，第232~233页；《重庆历史与文化》2000年第1期；白九江：《丰都县玉溪新石器时代至明代遗址》，中国考古学会编《中国考古学年鉴（2005）》，北京：文物出版社，2006年，第313~314页。
12	战国、西汉、东汉	丰都	信号台（金刚背）	107°86′E，30°04′N	白九江：《丰都县信号台新石器时代至明清遗址》，中国考古学会编《中国考古学年鉴（2007）》，北京：文物出版社，2008年，第397页。
13	战国、西汉、东汉	丰都	铺子河	107°95′E，29°87′N	山西省考古研究所、重庆市文物局：《丰都铺子河遗址考古发掘报告》，重庆市文物局、重庆市移民局编《重庆库区考古报告集（2001卷）》，北京：科学出版社，2007年，第1705~1770页；石金鸣、谢尧亭、王金平：《丰都县铺子河东周、汉、宋、明时期遗址》，中国考古学会编《中国考古学年鉴（2002）》，北京：文物出版社，2003年，第332~333页。
14	东汉	丰都	黄柳嘴	106°16′E，30°28′N	四川省文物考古研究所：《丰都县三峡工程淹没区调查报告》，四川省文物考古研究所编《四川考古报告集》，北京：文物出版社，1998年，第281~349页；国家文物局三峡工程文物保护领导小组湖北工作站编：《三峡考古之发现(二)》，

序号	时代	行政区	居址名	经纬度	数据来源
14	东汉	丰都	黄柳嘴	106° 16′ E, 30°28′N	武汉湖北科学技术出版社，2000 年，第 3~57 页；湖北省文物研究所、重庆市文物局、丰都县文物管理所：《丰都黄柳嘴遗址发掘报告》，重庆市文物局、重庆市移民局编《重庆库区考古报告集（2001 卷）》，北京：科学出版社，2007 年，第 1627~1648 页。
15	西汉、东汉	丰都	棺山坡	107° 61′ E, 29°94′N	四川省文物考古研究所：《丰都县三峡工程淹没区调查报告》，四川省文物考古研究所编《四川考古报告集》，北京：文物出版社，1998 年，第 281~349 页；国家文物局三峡工程文物保护领导小组湖北工作站编：《三峡考古之发现（二）》，武汉：湖北科学技术出版社，2000 年，第 3~57 页；宁夏文物考古研究所、重庆市文物局、丰都县文物管理所：《丰都棺山坡遗址发掘简报》，重庆市文物局、重庆市移民局编《重庆库区考古报告集（2001 卷）》，北京：科学出版社，2007 年，第 1877~1890 页。
16	西汉、东汉	丰都	黄燕嘴	107° 92′ E, 29°70′N	四川省文物考古研究所：《丰都县三峡工程淹没区调查报告》，四川省文物考古研究所编《四川考古报告集》，北京：文物出版社，1998 年，第 281~349 页；国家文物局三峡工程文物保护领导小组湖北工作站编：《三峡考古之发现（二）》，武汉：湖北科学技术出版社，2000 年，第 3~57 页；宁夏文物考古研究所、重庆市文物局、丰都县文物管理所：《丰都黄燕嘴遗址发掘简报》，重庆市文物局、重庆市移民局编《重庆库区考古报告集（2001 卷）》，北京：科学出版社，2007 年，第 1649~1661 页。

序号	时代	行政区	居址名	经纬度	数据来源
17	西汉、东汉	忠县	邓家沱	108°09′E，30°46′N	李锋、许俊平：《忠县邓家沱新石器时代至清代遗址》，中国考古学会编《中国考古学年鉴·2002》，北京：文物出版社，2003年，第324页；李锋：《重庆忠县邓家沱石阙的初步认识》，《文物》2007年第1期；孙华：《重庆忠县邓家沱阙的几个问题》，《文物》2008年第4期。
18	战国	忠县	周家院子	108°07′E，30°42′N	杨华、刘琼、艾涛：《三峡库区忠县石匣子、洞天堡、周家院子墓地考古发掘收获》，《重庆历史与文化》2006年第2期，第11~17页；杨华、刘琼、艾涛：《三峡库区忠县石匣子、洞天堡、周家院子墓地考古发掘考察》，《重庆师范大学学报(哲学社会科学版)》2007年第1期，第88~93页；杨华：《忠县石匣子战国两汉墓群》，中国考古学会编《中国考古学年鉴·2008》，北京：文物出版社，2009年，第356~358页；杨华、黄建华、张庆久、郭亮：《三峡库区忠县石匣子古墓群的考古发掘与研究》，《重庆师范大学学报》(哲学社会科学版)2009年第2期。又《重庆历史与文化》2009年第1期；重庆师范大学历史与社会学院、北京大学考古文博学院、重庆市文化遗产研究院：《重庆忠县两汉墓葬》，《考古》2014年第6期；成都市文物考古研究所编：《成都考古发现(2001)》，北京：科学出版社，2003年，第384~420页。

续表

序号	时代	行政区	居址名	经纬度	数据来源
19	战国、西汉、东汉	忠县	哨棚嘴	108°04′E，30°30′N	李水城：《忠县哨棚嘴新石器时代及商周汉代遗址》，中国考古学会编《中国考古学年鉴（1995）》，北京：文物出版社，1997年，第218~219页；北京大学考古学研究中心、北京大学考古文博学院三峡考古队、重庆市忠县文物管理所：《忠县哨棚嘴遗址发掘报告》，重庆市文物局、重庆市移民局编《重庆库区考古报告集（1999卷）》，北京：科学出版社，2006年，第530~643页；北京大学考古文博学院、成都文物考古研究所、重庆市文物局：《忠县哨棚嘴遗址2001年发掘报告》，重庆市文物局、重庆市移民局编《重庆库区考古报告集（2001卷）》，北京：科学出版社，2007年，第1530~1546页。
20	战国	忠县	瓦渣地	108°04′E，30°30′N	李水城：《忠县瓦渣地新石器时代商周至南朝遗址及明代墓葬》，中国考古学会编《中国考古学年鉴（1995）》，北京：文物出版社，1997年，第219页；孙华、赵化成：《忠县㽏井沟口遗址群发掘获重要成果》，《重庆历史与文化》1999年第1期；黄蕴平、朱萍：《忠县瓦渣地遗址T363动物遗骸初步观察》，重庆市文物局、重庆市移民局编《重庆·2001三峡文物保护学术研讨会论文集》，北京：科学出版社，2003年，第273~278页。
21	战国、西汉、东汉	忠县	中坝	108°08′E，30°39′N	中国社会科学院考古研究所四川工作队：《四川万县地区考古调查简报》，《考古》1990年第4期；国家文物局三峡工程文物保护领导小组湖北工作站编：《三峡考古之发现》，武汉：湖

续表

序号	时代	行政区	居址名	经纬度	数据来源
21	战国、西汉、东汉	忠县	中坝	108°08′E，30°39′N	北科学技术出版社，1998年，第40~47页；巴家云：《忠县中坝新石器时代晚期及商周遗址》，中国考古学会编《中国考古学年鉴（1991）》，北京：文物出版社，1992年，第272页；四川省文物考古研究所、忠县文物保护管理所：《忠县中坝遗址发掘报告》，重庆市文物局、重庆市移民局编《重庆库区考古报告集（1997卷）》，北京：科学出版社，2001年，第559~609页；四川省文物考古研究所、重庆市文物局三峡办、忠县文物保护管理所：《忠县中坝遗址Ⅱ区发掘简报》，重庆市文物局、重庆市移民局编《重庆库区考古报告集（1998卷）》，北京：科学出版社，2003年，第607~648页；四川省文物考古研究所、北京大学考古文博学院、美国UCLA大学、重庆市文物局、忠县文物保护管理所：《忠县中坝遗址1999年度发掘简报》，重庆市文物局、重庆市移民局编《重庆库区考古报告集（2000卷）》，北京：科学出版社，2007年，第964~1042页；四川省文物考古研究院、忠县文物保护管理所：《忠县中坝遗址2000年度发掘简报》，重庆市文物局、重庆市移民局编《重庆库区考古报告集（2002卷）》，北京：科学出版社，2010年，第1556~1616页；孙智彬：《忠县中坝西周至清代遗址》，中国考古学会编：《中国考古学年鉴·2002》，北京：文物出版社，2003年，第327~329页。

序号	时代	行政区	居址名	经纬度	数据来源
22	西汉、东汉	忠县	新田湾	108°15′E, 29°99′N	王永彪：《忠县新田湾汉及唐宋墓群》，中国考古学会编《中国考古学年鉴（2004）》，北京：文物出版社，2005年，第336~337页。
23	战国、西汉、东汉	忠县	李园	108°12′E, 30°43′N	孙华：《忠县李园战国及汉代遗址》，中国考古学会编《中国考古学年鉴（1995）》，北京：文物出版社，1997年，第229页。
24	东汉	忠县	上油坊	108°20′E, 29°99′N	全洪、覃杰：《忠县上油坊西周遗存和汉代窑址》，中国考古学会编《中国考古学年鉴（2002）》，北京：文物出版社，2003年，第329~330页；全洪、覃杰：《忠县上油坊遗址发掘西周遗存和汉代窑址》，《中国文物报》2002年2月1日第1版。
25	战国、西汉、东汉	忠县	王家堡	107°89′E, 30°55′N	方刚：《忠县王家堡商周至汉代遗址》，中国考古学会编《中国考古学年鉴（2003）》，北京：文物出版社，2004年，第283~284页；方刚：《忠县王家堡商周时期遗址及战国秦汉墓群》，中国考古学会编《中国考古学年鉴（2005）》，北京：文物出版社，2006年，第315~316页。
26	战国、西汉、东汉	忠县	老鸹冲	108°12′E, 30°38′N	重庆市文物考古所、重庆市文物局：《忠县老鸹冲遗址（居址部分）发掘简报》，重庆市文物局、重庆市移民局编《重庆库区考古报告集（2000卷）》，北京：科学出版社，2007年，第870~888页；蒋晓春、方刚：《忠县老鸹冲商周遗址及秦、汉墓群》，中国考古学会编《中国考古学年鉴（2002）》，北京：文物出版社，2003年，第325~326页；重庆市文物考古所：《2000年度忠县老鸹冲遗址发掘的重要收获》，《重庆历史与文化》2001年第2期，第9~10页；

续表

序号	时代	行政区	居址名	经纬度	数据来源
26	战国、西汉、东汉	忠县	老鸹冲	108°12′E，30°38′N	方刚：《忠县老鸹冲商周时期遗址及战国秦汉墓群》，中国考古学会编《中国考古学年鉴（2005）》，北京：文物出版社，2006年，第314~315页；方刚：《忠县老鸹冲战国秦汉墓群》，中国考古学会编《中国考古学年鉴（2008）》，北京：文物出版社，2009年，第355~356页。
27	西汉、东汉	万州	塘房坪	108°37′E，30°86′N	陕西省考古研究所、万州区文物管理所：《万州塘房坪遗址发掘报告》，重庆市文物局、重庆市移民局编《重庆库区考古报告集（1997）》，北京：科学出版社，2001年，第469~500页；重庆市文化局、陕西省考古研究所：《重庆市万州区塘房坪遗1998年发掘简报》，《考古与文物》2003年第1期；陕西省考古研究所三峡考古队、重庆市文物局、重庆市万州区博物馆：《万州塘房坪遗址2001年考古发掘报告》，重庆市文物局、重庆市移民局编《重庆库区考古报告集（2001卷）》，北京：科学出版社，2007年，第1079~1113页。
28	战国、西汉、东汉	万州	中坝子	108°26′E，30°79′N	西北大学考古队、万州区文物管理所：《万州中坝子遗址发掘报告》，重庆市文物局、重庆市移民局编《重庆库区考古报告集（1997卷）》，北京：科学出版社，2001年，第347~380页；张宏彦：《万县中坝子商周时期遗址》，中国考古学会编《中国考古学年鉴（1999）》，北京：文物出版社，2001年，第273~274页；西北大学文博学院：《万州中坝子遗址第三次发掘简报》，重庆市文物局、重庆市移民局编《重庆库区考古报告集（1999卷）》，北京：科学出版社，2006年，第235~252页；西北大学文博学院：《重庆市万州区中坝子遗址第三次发掘简报》，《考古与文物》2002年第3期。

序号	时代	行政区	居址名	经纬度	数据来源
29	西汉	万州	大周溪	108°50′E, 30°88′N	山东大学考古系、重庆市文化局、重庆市万州区文管所:《万州大周溪遗址发掘报告》,重庆市文物局、重庆市移民局编《重庆库区考古报告集(1999卷)》,北京:科学出版社,2006年,第253~327页;陈淑卿:《万州区大周溪商周至南朝遗址及墓葬》,中国考古学会编《中国考古学年鉴(2001)》,北京:文物出版社,2002年,第264页。
30	战国、东汉	万州	铺垭	108°49′E, 30°85′N	魏兴涛:《万州区铺垭东周、汉、唐、宋、明清时期遗址》,中国考古学会编《中国考古学年鉴(2004)》,北京:文物出版社,2005年,第328~329页;河南省文物考古研究所、重庆市文化局、重庆市万州区文物管理所:《重庆市万州铺垭遗址发掘报告》,《华夏考古》2008年第2期,第3~38页。
31	西汉、东汉	万州	钟嘴	108°83′E, 30°59′N	山东省博物馆、重庆市文物考古所、重庆市文物局、重庆市万州区文物管理所:《万州钟嘴墓群发掘简报》,重庆市文物局、重庆市移民局编《重庆库区考古报告集(2000卷)》,北京:科学出版社,2007年,第748~779页。
32	战国、西汉	万州	巴豆林	108°24′E, 30°69′N	重庆市文物考古所、重庆市文物局、重庆市万州区博物馆:《万州巴豆林遗址发掘报告》,重庆市文物局、重庆市移民局编《重庆库区考古报告集(2001卷)》,北京:科学出版社,2007年,第1409~1424页。

序号	时代	行政区	居址名	经纬度	数据来源
33	西汉、东汉	万州	黄柏溪	108°59′E，30°91′N	重庆市博物馆、益阳市文物管理处、重庆万州文物管理所：《万州黄柏溪遗址发掘报告》，重庆市文物局、重庆市移民局编《重庆库区考古报告集（1998卷）》，北京：科学出版社，2003年，第506～538页；邹后曦：《万州区黄柏溪新石器时代至唐宋遗址》，中国考古学会编《中国考古学年鉴（2000）》，北京：文物出版社，2002年，第233页；重庆市文化局、重庆市博物馆、益阳市文物考古队、万州区文物管理所：《万州黄柏溪遗址发掘报告》，重庆市文物局、重庆市移民局编《重庆库区考古报告集（1999卷）》，北京：科学出版社，2006年，第402～432页。
34	西汉、东汉	万州	关木溪	108°57′E，30°90′N	重庆市文物考古所、重庆市文物局、万州区博物馆：《万州关木溪遗址发掘简报》，重庆市文物局、重庆市移民局编《重庆库区考古报告集（2001卷）》，北京：科学出版社，2007年，第854～864页。
35	西汉、东汉	万州	苏和坪	108°54′E，30°90′N	邹后曦：《万州区苏和坪新石器时代至明清时期遗址》，中国考古学会编《中国考古学年鉴（2000）》，北京：文物出版社，2002年，第234页；邹后曦：《万州区苏和坪遗址》，《重庆历史与文化》2000年第1期，第93页；重庆市博物馆、万州区文管所：《万州苏和坪遗址发掘报告》，重庆市文物局、重庆市移民局编《重庆库区考古报告集（1999卷）》，北京：科学出版社，2006年，第433～450页；重庆市文物考古所、重庆市文物局、重庆万州区博物馆：《万州苏和坪遗址第二次发掘报告》，重庆市文物局、重庆市移民局编《重庆库区考古报告集（2000卷）》，北京：科学出版社，2007年，第689～708页。

续表

序号	时代	行政区	居址名	经纬度	数据来源
36	西汉、东汉	万州	杨家碑	108°53′E，30°83′N	广东省文物考古研究所、重庆市文物局、重庆市万州区文物管理所：《万州杨家碑遗址发掘报告》，重庆市文物局、重庆市移民局编《重庆库区考古报告集（2001卷）》，北京：科学出版社，2007年，第839~849页；邓宏文：《万州区杨家碑汉至明清时期遗址》，中国考古学会编《中国考古学年鉴（2002）》，北京：文物出版社，2003年，第344~345页。
37	西汉、东汉	万州	银家嘴	108°42′E，30°81′N	杨群：《万州区银家嘴东汉、南朝和清代墓葬及汉代窑址》，中国考古学会编《中国考古学年鉴（2003）》，北京：文物出版社，2004年，第302页。
38	战国、西汉、东汉	万州	王家沱	108°18′E，30°53′N	重庆市博物馆、上海大学文物考古研究中心、重庆市文化局、万州区文物管理所：《万州王家沱遗址发掘报告》，重庆市文物局、重庆市移民局编《重庆库区考古报告集（1999卷）》，北京：科学出版社，2006年，第451~477页；杨群：《万州区王家沱商周至明清遗址及汉代墓葬》，中国考古学会编《中国考古学年鉴（2001）》，北京：文物出版社，2002年，第264~265页；杨群：《万州区王家沱新石器时代至明清遗址》，中国考古学会编《中国考古学年鉴（2002）》，北京：文物出版社，2003年，第317~318页。
39	西汉	万州	涪滩	108°39′E，30°68′N	南京市博物馆、南京市文物研究所：《万州涪滩遗址发掘报告》，重庆市文物局、重庆市移民局编《重庆库区考古报告集（2001卷）》，北京：科学出版社，2007年，第825~838页。

序号	时代	行政区	居址名	经纬度	数据来源
40	东汉	万州	谭绍溪	108° 43′ E，30°71′N	冯小妮、孙林、高蒙河：《万州区谭绍溪先秦至明清时期遗址》，中国考古学会编《中国考古学年鉴（2004）》，北京：文物出版社，2005 年，第 327~328 页。
41	战国、西汉、东汉	万州	天丘	108° 11′ E，30°62′N	益阳市文物管理处、重庆市文物局、重庆市文物考古所、重庆市万州区文物管理所：《万州天丘遗址（墓群）发掘报告》，重庆市文物局、重庆市移民局编《重庆库区考古报告集（2001卷）》，北京：科学出版社，2007 年，第 1280~1300 页。
42	战国、西汉、东汉	万州	麻柳沱	108° 27′ E，30°52′N	吴春明：《万县市麻柳沱商代及汉唐遗址》，中国考古学会编《中国考古学年鉴（1995）》，北京：文物出版社，1997 年，第 221~222 页；上海大学文物考古研究中心、万州区文物管理所：《万州麻柳沱遗址发掘报告》，重庆市文物局、重庆市移民局编《重庆库区考古报告集（1997 卷）》，北京：科学出版社，2001 年，第 381~421 页；杨群、高蒙河：《万县麻柳沱东周、汉唐及明清遗址》，中国考古学会编《中国考古学年鉴（1999）》，北京：文物出版社，2001 年，第 278~279 页；上海大学文学院文物考古研究中心：《三峡麻柳沱遗址考古发掘的主要收获》，《上海大学学报》（社会科学版）1999 年第 1 期；重庆市博物馆、万州区文管所、复旦大学文博系：《万州麻柳沱遗址发掘报告》，重庆市文物局、重庆市移民局编《重庆库区考古报告集（1998 卷）》，北京：科学出版社，2003 年，第 539~559 页；邹后曦：《万州区麻柳沱商周至明清时期遗址》，中国考古学会编《中国考古学年鉴（2000）》，北京：文物出

续表

序号	时代	行政区	居址名	经纬度	数据来源
42	战国、西汉、东汉	万州	麻柳沱	108°27′E，30°52′N	版社，2002年，第239~240页；高蒙河、彭学斌：《万州区武陵麻柳沱遗址》，中国考古学会编《中国考古学年鉴（2001）》，北京：文物出版社，2002年，第261~263页；潘碧华：《万州区武陵麻柳沱汉及明清墓地》，中国考古学会编《中国考古学年鉴（2002）》，北京：文物出版社，2003年，第346~347页。
43	西汉、东汉	万州	中嘴	108°83′E，30°59′N	广西壮族自治区文物工作队、柳州市博物馆、重庆市文物局、重庆市万州区文物管理所：《万州中嘴遗址发掘简报》，重庆市文物局、重庆市移民局编《重庆库区考古报告集（2001卷）》，北京：科学出版社，2007年，第1174~1181页；广西壮族自治区文物工作队、柳州市博物馆、三峡文物办公室、万州区文物管理所：《万州中嘴遗址发掘报告》，重庆市文物局、重庆市移民局编《重庆库区考古报告集（2002卷）》，北京：科学出版社，2010年，第779~791页；云南省文物考古研究所、重庆市三峡文物保护领导小组办公室：《重庆市万州区武陵中嘴遗址发掘报告》，《华夏考古》2006年第2期。
44	战国、西汉、东汉	万州	黄陵嘴	108°22′E，30°53′N	吴春明：《万县市黄陵嘴商周及汉代遗址》，中国考古学会编《中国考古学年鉴（1995）》，北京：文物出版社，1997年，第222页；广西壮族自治区文物工作队、重庆市文物局、重庆市万州区文物管理所：《万州黄陵嘴遗址发掘报告》，重庆市文物局、重庆市移民局编《重庆库区考古报告集（2001卷）》，北京：科学出版社，2007年，第1132~1173页。

续表

序号	时代	行政区	居址名	经纬度	数据来源
45	西汉、东汉	万州	大地嘴	108°25′E，30°73′N	青海省考古研究所、南京师大文博系、万州市文管会：《万州大地嘴墓地发掘报告》，重庆市文物局、重庆市移民局编《重庆库区考古报告集（1999卷）》，北京：科学出版社，2006年，第328~401页；石磊：《万州区包汉汉代墓葬和安全汉代及明清遗址》，中国考古学会编《中国考古学年鉴（2003）》，北京：文物出版社，2004年，第298页。
46	西汉、东汉	万州	聚鱼沱	108°41′E，30°83′N	马明志：《万州区聚鱼沱新石器时代、汉代及六朝遗址》，中国考古学会编《中国考古学年鉴（2004）》，北京：文物出版社，2005年，第323~324页。
47	战国、西汉、东汉	云阳	丝栗包	108°71′E，30°92′N	罗二虎：《云阳县丝栗包新石器时代至唐代遗址》，中国考古学会编《中国考古学年鉴（2005）》，北京：文物出版社，2006年，第310~312页。
48	战国、西汉、东汉	云阳	旧县坪	108°79′E，30°93′N	四川联合大学历史系考古专业：《四川省云阳县旧县坪遗址试掘简报》，国家文物局三峡工程文物保护领导小组湖北工作站编《三峡考古之发现（二）》，武汉：湖北科学技术出版社，2000年，第215~227页；黑龙江省文物考古研究所：《云阳县旧县坪遗址发掘报告》，重庆市文物局、重庆市移民局编《重庆库区考古报告集（1998卷）》，北京：科学出版社，2003年，第416~453页；吉林省文物考古研究所三峡工作队：《云阳旧县坪遗址1999年发掘报告》，重庆市文物局、重庆市移民局编《重庆库区考古报告集（2002卷）》，北京：科学出版社，2010年，第1377~1412页；吉林省文物考古研

序号	时代	行政区	居址名	经纬度	数据来源
48	战国、西汉、东汉	云阳	旧县坪	108°79′E，30°93′N	究所、重庆市文物局、云阳县文物保护管理所：《云阳旧县坪遗址发掘报告》，重庆市文物局、重庆市移民局编《重庆库区考古报告集（2000卷）》，北京：科学出版社，2007年，第647~670页；吉林省文物考古研究所三峡队、重庆云阳县文物保护管理所：《云阳旧县坪遗址发掘简报》，重庆市文物局、重庆市移民局编《重庆库区考古报告集（2002卷）》，北京：科学出版社，2010年，第256~285页；吉林省文物考古研究所、云阳县文物管理所：《重庆云阳旧县坪台基建筑发掘简报》，《文物》2008年第1期。
49	战国、西汉、东汉	云阳	东洋子	109°00′E，30°93′N	四川大学历史文化学院考古系、云阳县文物管理所：《云阳东洋子遗址考古勘探发掘报告》，重庆市文物局、重庆市移民局编《重庆库区考古报告集（1997卷）》，北京：科学出版社，2001年，第187~208页；李永宪：《云阳县东洋子商周时期及汉代遗址》，中国考古学会编《中国考古学年鉴（1998）》，北京：文物出版社，2000年，第217~218页。
50	战国、西汉、东汉	云阳	李家坝	108°81′E，31°04′N	黄家祥：《云阳县李家坝商周时期及汉代遗址》，中国考古学会编《中国考古学年鉴（1994）》，北京：文物出版社，1997年，第262页；四川联合大学历史考古专业：《1994—1995年四川云阳李家坝遗址的发掘》，国家文物局三峡工程文物保护领导小组湖北工作站编《三峡考古之发现（二）》，武汉：湖北科学技术出版社，2000年，第75~121页；马继贤：《云

续表

序号	时代	行政区	居址名	经纬度	数据来源
50	战国、西汉、东汉	云阳	李家坝	108°81′E，31°04′N	阳县李家坝商周及汉代遗址》，中国考古学会编《中国考古学年鉴（1996）》，北京：文物出版社，1998年，第227~228页；四川大学历史文化学院考古系、云阳县文物管理所：《云阳李家坝遗址发掘报告》，重庆市文物局、重庆市移民局编《重庆库区考古报告集（1997卷）》，北京：科学出版社，2001年，第209~243页；四川大学历史文化学院考古系、重庆市文化局、云阳县文管所：《重庆云阳县李家坝遗址1997年度发掘简报》，《考古》2004年第6期；四川大学历史文化学院考古系、云阳县文物管理所：《云阳李家坝遗址发掘报告》，重庆市文物局、重庆市移民局编《重庆库区考古报告集（1998）》，北京：科学出版社，2003年，第299~347页；四川大学历史文化学院考古系、云阳县文物管理所：《云阳李家坝巴人墓地发掘报告》，重庆市文物局、重庆市移民局编《重庆库区考古报告集（1998卷）》，北京：科学出版社，2003年，第348~388页；四川大学考古学系、重庆市云阳县文物管理所：《重庆云阳李家坝遗址1999年度发掘简报》，四川大学博物馆、四川大学考古学系、成都文物考古研究所编《南方民族考古（第七辑）》，北京：科学出版社，2011年，第369~426页；李映福：《云阳县李家坝商周秦汉及唐宋遗址》，中国考古学会编《中国考古学年鉴（2000）》，北京：文物出版社，2002年，第236~238页。

续表

序号	时代	行政区	居址名	经纬度	数据来源
51	东汉	云阳	晒经	108°62′E，30°95′N	重庆市文物局、重庆市移民局编，张钟云主编：《云阳晒经》，北京：科学出版社，2008年。
52	西汉、东汉	奉节	安坪	109°31′E，30°95′N	吉林大学边疆考古研究中心、重庆市文化局、奉节县白帝城文物管理所：《奉节安坪遗址发掘报告》，重庆市文物局、重庆市移民局编《重庆库区考古报告集（2002卷）》，北京：科学出版社，2010年，第167~173页。
53	西汉、东汉	奉节	白杨沟	109°23′E，31°14′N	陕西省考古研究所、西安半坡博物馆、重庆市文物局、奉节县白帝城文物管理所：《奉节白杨沟墓群2001年发掘简报》，重庆市文物局、重庆市移民局编《重庆库区考古报告集（2001卷）》，北京：科学出版社，2007年，第386~396页。
54	战国、东汉	奉节	毛狗堆	109°34′E，31°44′N	中国文物研究所、重庆市文化局、奉节县文物管理所：《奉节毛狗堆遗址第一次发掘简报》，重庆市文物局、重庆市移民局编《重庆库区考古报告集（1999卷）》，北京：科学出版社，2006年，第180~188页；中国文物研究所、重庆市文物管理所、奉节县文物管理所：《奉节毛狗堆遗址第二次发掘简报》，重庆市文物局、重庆市移民局编《重庆库区考古报告集（2000卷）》，北京：科学出版社，2007年，第496~502页。
55	战国、西汉、东汉	奉节	新铺	109°14′E，31°13′N	吉林大学考古学系：《四川奉节县新浦遗址发掘报告》，《考古》1999年第1期；国家文物局三峡工程文物保护领导小组湖北工作站编：《三峡考古之发现（二）》，武汉：湖北科学技术

序号	时代	行政区	居址名	经纬度	数据来源
55	战国、西汉、东汉	奉节	新铺	109°14′E，31°13′N	出版社，2000年，第142~154页；吉林大学考古系、奉节县白帝城文物管理所：《奉节新铺遗址发掘报告》，重庆市文物局、重庆市移民局编《重庆库区考古报告集（1997卷）》，北京：科学出版社，2001年，第160~178页；吉林大学考古系、奉节县白帝城文物管理所：《奉节新浦遗址发掘简报》，重庆市文物局、重庆市移民局编《重庆库区考古报告集（1998卷）》，北京：科学出版社，2003年，第239~255页；吉林大学考古学系、奉节县白帝城文管所：《奉节新浦遗址发掘简报》，重庆市文物局、重庆市移民局编《重庆库区考古报告集（1999卷）》，北京：科学出版社，2006年，第168~179页；吉林大学边疆考古研究中心、重庆市文物局：《奉节新浦遗址发掘简报》，重庆市文物局、重庆市移民局编《重庆库区考古报告集（2000卷）》，北京：科学出版社，2007年，第632~646页；吉林大学边疆考古研究中心、重庆市文物局、奉节县白帝城文物管理所：《奉节新浦遗址2001年发掘报告》，重庆市文物局、重庆市移民局编《重庆库区考古报告集（2001卷）》，北京：科学出版社，2007年，第310~321页；陈国庆：《奉节新浦与老油坊》，北京：科学出版社，2010年。
56	东汉	奉节	和尚坪	109°46′E，31°01′N	吉林大学边疆考古研究中心、奉节县白帝城文物管理所：《奉节和尚坪遗址发掘报告》，重庆市文物局、重庆市移民局编《重庆库区考古报告集（2002卷）》，北京：科学出版社，2010年，第174~178页。

续表

序号	时代	行政区	居址名	经纬度	数据来源
57	西汉、东汉	奉节	窑坪	109°48′E，31°24′N	四川省凉山州博物馆、重庆市文物局、奉节县白帝城文物管理所：《奉节窑坪遗址发掘报告》，重庆市文物局、重庆市移民局编《重庆库区考古报告集（2001 卷）》，北京：科学出版社，2007 年，第 337~353 页。
58	东汉	奉节	刘家院坝		吉林大学边疆考古研究中心、奉节县白帝城文物管理所：《奉节刘家院坝遗址发掘报告》，重庆市文物局、重庆市移民局编《重庆库区考古报告集（2002 卷）》，北京：科学出版社，2010 年，第 154~166 页；吉林大学边疆考古研究中心、奉节县白帝城文物管理所：《奉节县刘家院坝遗址 2002 发掘报告》，《江汉考古》2007 年第 3 期。
59	战国、东汉	奉节	老关庙	109°31′E，30°94′N	吉林大学考古学系：《四川奉节老关庙遗址第一、二次发掘》，《江汉考古》1999 年第 3 期；吉林大学考古学系、四川省文物考古研究所：《奉节县老关庙遗址第三次发掘》，四川省文物考古研究所编《四川考古报告集》，北京：文物出版社，1998 年，第 11~40 页。
60	战国、西汉	奉节	老油坊	109°37′E，30°98′N	吉林大学考古学系：《四川奉节老油坊遗址试掘报告》，《江汉考古》1999 年第 3 期；吉林大学考古学系、重庆市文化局、白帝城博物馆：《奉节老油坊遗址考古发掘报告》，重庆市文物局、重庆市移民局编《重庆库区考古报告集（1998 卷）》，北京：科学出版社，2003 年，第 256~275 页；吉林大学边疆考古研究中心、重庆市文物局、奉节县白帝城文物管理所：《奉节老油坊遗址 2001 年发掘报告》，重庆市文物局、重庆市移民局编《重庆库区考古报告集（2001 卷）》，北京：科学出版社，2007 年，第 322~336 页；重庆市文物局、重庆市移民局编，陈国庆主编：《奉节新浦与老油坊》，北京：科学出版社，2010 年。

续表

序号	时代	行政区	居址名	经纬度	数据来源
61	战国、西汉、东汉	奉节	王家包	109°46′E，31°03′N	成都市文物考古工作队、成都市文物考古研究所、奉节县白帝城文官所：《奉节王家包遗址发掘简报》，重庆市文物局、重庆市移民局编《重庆库区考古报告集（1999卷）》，北京：科学出版社，2006年，第189~201页。
62	战国、西汉、东汉	奉节	陈家坪	109°29′E，31°30′N	洛阳市文物工作队、重庆市文物局、奉节县白帝城文物管理所：《奉节陈家坪遗址发掘简报》，重庆市文物局、重庆市移民局编《重庆库区考古报告集（2000卷）》，北京：科学出版社，2007年，第565~581页；吉林大学边疆考古研究中心、重庆市文化局、奉节县白帝城文物管理所：《奉节陈家坪遗址发掘报告》，重庆市文物局、重庆市移民局编《重庆库区考古报告集（2002卷）》，北京：科学出版社，2010年，第235~255页。
63	西汉、东汉	奉节	千秋坊	109°41′E，30°98′N	吉林大学边疆考古研究中心、重庆市文物局、奉节县白帝城文物管理所：《奉节千秋坊遗址考古试掘报告》，重庆市文物局重庆市移民局编《重庆库区考古报告集（2001卷）》，北京：科学出版社，2007年，第381~382页。
64	战国	巫山	冬瓜包	109°75′E，31°03′N	南京博物院考古研究所、重庆市文物局、巫山县文物管理所：《巫山冬瓜包遗址发掘报告》，重庆市文物局、重庆市移民局编《重庆库区考古报告集（2001卷）》，北京：科学出版社，2007年，第48~70页。
65	西汉、东汉	巫山	四龙嘴	109°68′E，30°98′N	成都市文物考古研究所、成都市文物考古工作队：《巫山四龙嘴遗址调查与试掘》，重庆市文物局、重庆市移民局编《重庆库区考古报告集（1998卷）》，北京：科学出版社，2003年，第19~26页。

续表

序号	时代	行政区	居址名	经纬度	数据来源
66	战国、西汉、东汉	巫山	枣园坪	109°62′E，30°99′N	重庆市文物考古所、重庆市文物局：《巫山枣园坪遗址发掘简报》，重庆市文物局、重庆市移民局编《重庆库区考古报告集（2001卷）》，北京：科学出版社，2007年，第34~39页。
67	西汉、东汉	巫山	下猫儿坪	109°89′E，31°29′N	重庆市考古研究所、湖北省宜昌博物馆、巫山县文物管理所：《巫山下猫儿坪遗址发掘简报》，重庆市文物局、重庆市移民局《重庆库区考古报告集（2002卷）》，北京：科学出版社，2010年，第8~11页。
68	战国、西汉、东汉	巫山	大溪	109°63′E，30°99′N	国家文物局三峡工程文物保护领导小组湖北工作站编《三峡考古之发现》，武汉：湖北科学技术出版社，1998年，第136~142页；四川省博物馆：《巫山大溪遗址第三次发掘》，《考古学报》1981年第4期；杨华、丁建华：《巫山大溪遗址的考古发现与研究》，《四川文物》2000年第1期。
69	西汉、东汉	巫山	土城坡	109°87′E，31°06′N	武汉市文物考古研究所、巫山县文物管理所：《重庆巫山土城坡墓地2004年发掘简报》，《江汉考古》2009年第2期；武汉市文物考古研究所、巫山县文物管理所：《重庆巫山土城坡墓地Ⅲ区东汉墓葬发掘报告》，《江汉考古》2008年第1期；武汉市考古研究所、巫山县文物管理所：《重庆巫山土城坡墓地2006年度发掘简报》，《四川文物》2008年第3期。
70	战国、西汉、东汉	巫山	琵琶洲	109°90′E，31°13′N	中国社会科学院考古研究所三峡考古队：《巫山琵琶洲遗址发掘报告》，重庆市文物局、重庆市移民局编《重庆库区考古报告集（1998卷）》，北京：科学出版社，2003年，第172~188页；贾笑冰：《巫山县琵琶洲汉唐时期遗址》，中国考古学会编《中国考古学年鉴（2001）》，北京：文物出版社，2002年，第273~274页。

续表

序号	时代	行政区	居址名	经纬度	数据来源
71	战国	巫山	跳石	109°93′E，31°06′N	南京博物院考古研究所、巫山县文物管理所：《巫山跳石遗址发掘报告》，重庆市文物局、重庆市移民局编《重庆库区考古报告集（1997卷）》，北京：科学出版社，2001年，第65~99页；南京博物院考古研究所、重庆市文化局、巫山县文物管理所：《巫山跳石遗址第二次发掘报告》，重庆市文物局、重庆市移民局编《重庆库区考古报告集（1998卷）》，北京：科学出版社，2003年，第27~57页。
72	西汉、东汉	巫山	下沱	109°90′E，31°06′N	南京大学历史系考古教研室、重庆市文物局、巫山县文物管理所：《巫山下沱遗址发掘报告》，重庆市文物局、重庆市移民局编《重庆库区考古报告集（2000卷）》，北京：科学出版社，2007年，第255~265页；张之恒：《巫山县下沱商周及魏晋时期遗址》，中国考古学会编《中国考古学年鉴（2001）》，北京：文物出版社，2002年，第110页。
73	战国	巫山	巫山古城	109°87′E，31°07′N	中国社会科学院考古研究所长江三峡工作队、巫山县文物管理所：《巫山古城遗址的勘探与发掘》，重庆市文物局、重庆市移民局编《重庆库区考古报告集（1997卷）》，北京：科学出版社，2001年，第139~143页；中国社会科学院考古研究所三峡工作队、重庆市文物局：《巫山古城遗址发掘报告》，重庆市文物局、重庆市移民局编《重庆库区考古报告集（2000卷）》，北京：科学出版社，2007年，第25~48页。

续表

序号	时代	行政区	居址名	经纬度	数据来源
74	战国、西汉	巫山	东坝	109°82′E，31°25′N	王宏、姚春：《巫山县东坝战国、西汉遗址》，中国考古学会编《中国考古学年鉴（2004）》，北京：文物出版社，2005年，第331页。
75	战国、西汉	巫山	涂家坝	109°70′E，31°21′N	中山大学人类学系、重庆市文物局、巫山县文物管理所：《巫山涂家坝遗址发掘报告》，重庆市文物局、重庆市移民局编《重庆库区考古报告集（2000卷）》，北京：科学出版社，2007年，第206~254页；中山大学人类学系、重庆市文化局、巫山县文物管理所：《巫山涂家坝遗址发掘报告》，重庆市文物局、重庆市移民局编《重庆库区考古报告集（2002卷）》，北京：科学出版社，2010年，第112~153页。
76	西汉、东汉	巫山	双堰塘（西坝）	109°68′E，31°22′N	中国社会科学院考古研究所长江三峡工作队、巫山县文物管理所：《巫山双堰塘遗址发掘报告》，重庆市文物局、重庆市移民局编《重庆库区考古报告集（1997卷）》，北京：科学出版社，2001年，第31~64页；中国社会科学院考古研究所长江三峡工作队、巫山县文物管理所：《巫山双堰塘遗址发掘报告》，重庆市文物局、重庆市移民局编《重庆库区考古报告集（1998卷）》，北京：科学出版社，2003年，第58~102页；中国社会科学院考古研究所长江三峡工作队、巫山县文物管理所：《巫山双堰塘遗址发掘报告》，重庆市文物局、重庆市移民局编《重庆库区考古报告集（1999卷）》，北京：科学出版社，2006年，第80~144页。

续表

序号	时代	行政区	居址名	经纬度	数据来源
77	战国	巫山	蓝家寨	109°77′E，30°99′N	重庆市博物馆、湖南益阳市文物工作队、重庆巫山县文物管理所：《巫山蓝家寨遗址发掘报告》，重庆市文物局、重庆市移民局编《重庆库区考古报告集（1998卷）》，北京：科学出版社，2003年，第103～118页；重庆市文化局、重庆市博物馆、湖南省益阳市文物考古队、重庆巫山县文物管理所：《巫山蓝家寨遗址发掘报告》，重庆市文物局、重庆市移民局编《重庆库区考古报告集（1999卷）》，北京：科学出版社，2006年，第1～25页；重庆市文物考古所、湖南益阳市文物考古队、重庆市文物局、巫山县文物管理所：《巫山蓝家寨遗址发掘报告》，重庆市文物局、重庆市移民局编《重庆库区考古报告集（2000卷）》，北京：科学出版社，2007年，第1～24页；董新林：《巫山县蓝家寨东周、魏晋及明清时期遗址》，中国考古学会编《中国考古学年鉴（2003）》，北京：文物出版社，2004年，第286～287页。
78	战国	巫山	上阳	110°09′E，31°00′N	重庆市文物考古所、益阳市文物考古队、重庆市文物局、巫山县文物管理所：《巫山上阳村遗址发掘报告》，重庆市文物局、重庆市移民局编《重庆库区考古报告集（2000卷）》，科学出版社，2007年，第109～124页。

第四章　权威表达：秦汉乡里的行政运作

东汉王充在《论衡》卷13《别通》中总结汉帝国的统治："汉所以能制九州者，文书之力也。以文书御天下。"①即汉帝国之所以能够统治九州，主要依赖于文书制度的力量。他强调了文书在治理国家中的核心作用，认为汉帝国是通过文书来驾驭天下的。随着秦汉时期的简牍文书被考古学家发掘，学者们对文书制度及其在行政管理中的应用进行了广泛而深入的研究。② 这些研究不仅涵

---

① 黄晖：《论衡校释》，北京：中华书局，1990年，第591页。

② 相关论著参见李并成：《居延汉简里程简地理调查与考释（一）》，《西北史地》1993年第1期；谢桂华：《尹湾汉墓简牍和西汉地方行政制度》，《文物》1997年第1期；周振鹤：《西汉地方行政制度的典型实例——读尹湾六号汉墓出土木牍》，《学术月刊》1997年第5期；卜宪群：《秦汉公文文书与官僚行政管理》，《历史研究》1997年第4期；汪桂海：《汉代官文书制度》，南宁：广西教育出版社，1999年；［德］纪安诺：《尹湾新出土行政文书的性质与汉代地方行政》，李学勤、谢桂华主编《简帛研究二〇〇一》，桂林：广西师范大学出版社，2001年，第786~811页；于振波：《里耶秦简中的"除邮人"简》，《湖南大学学报》（社会科学版）2003年第3期，收入《简牍与秦汉社会》，长沙：湖南大学出版社，2012年，第254~267页；李均明：《张家山汉简〈行书律〉考》，中国政法大学法律古籍整理研究所编《中国古代法律文献研究》，北京：中国政法大学出版社，2004年，第30~42页；廖伯源：《简牍与制度：尹湾汉墓简牍官文书考证》（增订版），桂林：广西师范大学出版社，2005年；［英］鲁惟一：《汉代行政记录》，于振波、车今花译，桂林：广西师范大学出版社，2005年；［日］宫宅洁：《悬泉置及周边——敦煌至安西间的历史地理》，李力译，《简帛研究二〇〇四》，桂林：广西师范大学出版社，2006年，第391~429页；［日］藤田胜久：《里耶秦简所见秦代郡县的文书传递》，中国社会科学院考古研究所等编《里耶古城·秦简与秦文化研究——中国里耶古城·秦简与秦文化国际学术研讨会论文集》，北京：科学出版社，2009年，又见《简帛》第8辑，上海：上海古籍出版社，2013年；陈伟：《秦与汉初的文书传递系统》，中国社会科学院考古研究所等编《里耶古城·秦简与秦文化研究——中国里耶古城·秦简与秦文化国际学术研讨会论文集》，北京：科学出版社，2009年，第150~156页，收入氏著《燕说集》，北京：商务印书馆，2011年，（转下页）

盖了秦汉时期的文书制度，还包括了文书的传递过程以及文书与地方行政管理之间的关系。此外，秦汉时期乡里基层行政组织的职能、基层行政人员的构成及其职责也成为了学术研究的焦点。随着简牍材料的不断公布，这方面的研究得到了进一步的深化。

本章旨在探讨秦汉时期地方行政模式，具体从以下几个方面进行论述：首先，分析乡里基层组织的职能，探讨其在地方治理中的作用；其次，考察行政模式，即地方官员如何通过文书来执行中央政策；再次，研究行书人的身份和角色，他们在文书传递和行政管理中扮演了怎样的关键角色；最后，结合交通地理因素，探讨这些因素如何影响地方行政的效率和效果。通过这些分析，旨在全面深入地揭示秦汉时期地方行政管理的复杂性和效率。

第一节　秦汉时期乡里的行政人员及其职能

秦汉时期乡里行政体制的确立与运作对于理解后续朝代的行政管理具有重要的参考价值。在中国秦汉时期的基层社会结构中，乡里制度扮演着至关重要的角色，它是连接中央与地方、皇权与民众的重要纽带。在这个体系中，乡里行政人员构成了国家权力在基层的执行者和维护者，他们在社会治理、赋税征收、法律实施以及民风教化等方面承担了具体而繁重的职责。秦汉时期的乡里行政架构主要由"乡啬夫""游徼"及"三老"等基层官吏组成。"乡啬夫"是乡一级的主要行政长官，他们负责掌管乡内的户口统计、土地分配、徭役征发以及日常纠纷的裁决等事务，可以说是国家政策在基层落地生根的关键人物；"游

（接上页）第 362~382 页；汪桂海：《从湘西里耶秦简看秦官文书制度》，《秦汉简牍探研》，台北：文津出版社，2009 年，第 1~16 页；刘再聪：《居延里程简所记高平媪围间线路的考古学论证》，张德芳主编《甘肃省第二届简牍学国际学术研讨会论文集》，上海：上海古籍出版社，2012 年，第 119~128 页；贾文丽：《汉代酒泉郡的交通及其军事战略地位》，《内蒙古社会科学（汉文版）》2012 年第 1 期；［日］冨谷至：《文书行政的汉帝国》，刘恒武、孔李波译，南京：江苏人民出版社，2013 年；郭涛：《岳麓书院藏秦"质日"简交通地理考》，中国地理学会历史地理专业委员会编《历史地理》第 30 辑，上海：上海人民出版社，2014 年 12 月，第 239~248 页。

徼”则主要负责治安管理和防止犯罪活动的发生，确保一方平安；“三老”则是德高望重的地方领袖，他们在民间拥有极高的威望，其职能侧重于引导民风民俗、道德教化以及协助官府进行地方治理，是政府与百姓之间重要的沟通桥梁。这一时期的乡里行政人员通过各自的职能分工，共同构建起了一套相对完善的基层治理体系，为秦汉帝国的强大与稳定奠定了坚实的社会基础。

一、秦汉时期乡的行政人员及其职能

《汉书》卷19《百官公卿表》：“乡有三老、有秩、啬夫、游徼。三老掌教化。啬夫职听讼，收赋税。游徼徼循禁贼盗。”[1]

《续汉书·百官志》：“乡置有秩、三老、游徼。”本注曰：“有秩，郡所署，秩百石，掌一乡人；其乡小者，县置啬夫一人。皆主知民善恶，为役先后，知民贫富，为赋多少，平其差品。三老掌教化。凡有孝子顺孙，贞女义妇，让财救患，及学士为民法式者，皆扁表其门，以兴善行。游徼掌徼循，禁司奸盗。又有乡佐，属乡，主民收赋税。”[2]

上述两则材料中“有秩”“啬夫”都是乡级行政组织的主要官吏，“有秩”，《汉官》曰：“乡户五千，则置有秩。”[3]即“有秩”的特殊之处在于上属郡直辖，应与县平级，是所辖人户数较多的大乡，而“啬夫”为县所管，为一般的乡。《汉书》卷76《张敞传》：“敞本以乡有秩补太守卒史。”颜师古注曰：“乡有秩者，啬夫之类也。”[4]可见张敞曾经是一位郡直辖乡的官吏。乡有秩啬夫又简称“乡有秩”，秦代史料虽并没有直接证据，但可作推论。睡虎地秦简《秦律十八种》：

> 　　□□□□□不备，令其故吏与新吏杂先索出之。其故吏弗欲，勿强。其毋(无)故吏者，令有秩之吏、令史主，与仓□杂出之，索而论不备。杂者勿更；更之而不备，令令、丞与赏(偿)不备。仓(简32)

---

① 班固：《汉书》，北京：中华书局，1962年，第742页。
② 范晔：《后汉书》，北京：中华书局，1965年，第3624页。
③ 范晔：《后汉书》，北京：中华书局，1965年，第3624页。
④ 班固：《汉书》，北京：中华书局，1962年，第3216页。

月食者已致稟而公使有传食，及告归尽月不来者，止其后朔食，而以其来日致其食；有秩吏不止。仓（简46）

都官有秩吏及离官啬夫，养各一人，其佐、史与共养；十人，车牛一两（辆），见牛者一人。金布律（简75）①

秦简仓律、金布律已有秩吏的称呼。另外《二年律令》亦有相关律文，简471、472：

县、道传马、候、厩有乘车者，秩各百六十石；毋乘车者，及仓、库、少内、校长、髳长、发弩、衞〈卫〉将军、衞〈卫〉尉士史，都市亭厨有秩者及毋乘车之乡部，秩各百廿石。李公主、申徒公主、荣公主、傅公【主】家丞，秩各三百石。②

尹湾汉墓竹简《东海郡下辖长吏名籍》：

即丘丞东郡东阿周喜故顿丘北乡有秩以功次迁。
东郡廪丘张循，故白马（亻囗）成乡有秩，以功次迁。③

江苏仪征西汉墓"先令券书"竹简：

其死故请县乡三老都乡有秩左。④

《肩水金关汉简》简73EJT31：20A：

---

① 陈伟主编：《秦简牍合集（一）》，武汉：武汉大学出版社，2014年，第65、74、93页。

② 彭浩等：《二年律令与奏谳书：张家山二四七号汉墓出土法律文献释读》，上海：上海古籍出版社，2007年，第293页。

③ 张显成、周群丽：《尹湾汉墓简牍校理》，天津：天津古籍出版社，2011年，第22、23页。

④ 扬州博物馆等：《江苏仪征胥浦101号西汉墓》，《文物》1987年第1期。

元康四年六月丁巳朔辛酉，都乡有秩贤、佐安汉敢告尉史宛囗。①

以上史料说明秦汉时期乡有秩的普遍存在，而且户数大于五千的乡的普遍性也可以得到证明。

乡啬夫，为县属乡行政长官。《风俗通》曰："啬者，省也。夫，赋也。言消息百姓，均其役赋。"②裘锡圭先生认为啬夫作为官名"首先应该用于乡啬夫一类的下层基层治民官吏"。③ 岳麓书院秦简简 1397 载有"乡啬夫及典老月辟其乡里之入谷"。④ 里耶秦简简 8-770 载："卅五年五月己丑朔庚子，迁陵守丞律告启陵乡啬夫：乡守恬有论事，以旦食遣自致，它有律令。"简 8-1254 载："囗【陵】乡啬夫除成里小男子。"⑤居延汉简也有乡啬夫的记载，简 47·3："始元三年三月丙申朔丁巳北乡啬夫定世感言之囗。"⑥可见乡啬夫在秦汉时期也是普遍存在的。他们跟乡有秩一样"主知民善恶，为役先后，知民贫富，为赋多少，平其差品"。秦汉时期乡有秩、啬夫负责一乡的行政事务，主要的工作内容有廪食徒隶、户口统计与证明、征收赋税、派发徭役、各种簿籍制作上报、司法协助维护治安等。⑦

---

① 甘肃简牍博物馆等：《肩水金关汉简（三）》，北京：中西书局，2013 年，第 126 页。

② 王利器：《风俗通义校注》，北京：中华书局，1981 年，第 617 页。

③ 裘锡圭：《啬夫初探》，中华书局编辑部编《云梦秦简研究》，北京：中华书局，1981 年，第 229 页，收入《裘锡圭学术文集》，上海：复旦大学出版社，2012 年。

④ 陈松长主编：《岳麓书院秦简（四）》，上海：上海辞书出版社，2015 年，第 241 页。

⑤ 陈伟主编：《里耶秦简牍校释（一）》，武汉：武汉大学出版社，2012 年，第 223、300 页。

⑥ 谢桂华等：《居延汉简释文合校》，北京：文物出版社，1987 年，第 82 页。

⑦ 乡里官吏的职能研究成果较多，参见卜宪群：《秦汉官僚制度》，北京：社会科学文献出版社，2002 年，第 324~325 页；《从简帛看秦汉乡里组织的经济职能问题》，《史学月刊》2008 年第 3 期；《简帛与秦汉地方行政制度史研究》，《国学学刊》2010 年第 4 期；马新：《两汉乡村社会史》，济南：齐鲁书社，1997 年，第 190~195 页；王爱清：《秦汉乡里控制研究》，济南：山东大学出版社，2010 年，第 37~45 页；邢义田：《汉代案比在县或在乡？》，《"中研院"史语所集刊》第 60 本第 2 分，第 187~221 页，收入《治国安邦：法制、行政与军事》，北京：中华书局，2011 年；张新超：《秦汉乡里问题研究——以新出考古资料为中心》，南开大学博士学位论文，2015 年，第 133~158 页。

游徼，"掌徼循，禁司奸盗"。睡虎地秦简《法律问答》简1："害盗别徼而盗，驾（加）罪之。"整理者注释"徼"为"游徼的省称"。①又同书《封诊式·群盗》载："爰书：某亭校长甲、求盗才（在）某里曰乙、丙缚诣男子丁，斩首一，具弩二、矢廿，告曰：'丁与此首人强攻群盗人，自昼甲将乙等徼循到某山，见丁与此首人而捕之。'"②《后汉书》卷18《臧宫传》载："臧宫字君翁，颍川郏人也。少为县亭长、游徼，后率宾客入下江兵中为校尉，因从光武征战，诸将多称其勇。"注引《续汉书》曰："每十里一亭，亭有长，以禁盗贼。每乡有游徼，掌循禁奸盗也。"③同书卷27《郑均传》："郑均字促仲虞，东平任城人也。少好黄老书。兄为县吏，颇受礼遗，均数谏止，不听。"注引《东观记》曰："兄仲，为县游徼。"④尹湾汉简东海郡有38个县邑侯国，170个乡，但仅有82个游徼，平均每县仅2个，每乡连0.5个都没有。由此知，每县设置游徼是可能的，达不到每个乡都设置。游徼与有秩啬夫的关系，"盖亦如郡尉之于郡守，县尉之于县令长。然乡游徼实即县职之分部于诸乡者，属功曹"。⑤

三老，⑥掌理风化教育。秦里中超过30户就设置里老一人。汉承秦制，亦当如此。《汉书》卷1《高帝纪》："举民年五十以上，有修行，能帅众为善，置以为三老，乡一人。择乡三老一人为县三老，与县令丞尉以事相教，复勿繇戍。"⑦三老为乡官，即"乡里民官率民参政者"。⑧除了乡三老，还有郡三老、

---

① 陈伟主编：《秦简牍合集（一）》，武汉：武汉大学出版社，2014年，第193页。

② 陈伟主编：《秦简牍合集（一）》，武汉：武汉大学出版社，2014年，第296页。

③ 范晔：《后汉书》，北京：中华书局，1965年，第692页。

④ 范晔：《后汉书》，北京：中华书局，1965年，第945~946页。

⑤ 严耕望：《中国地方行政制度史——秦汉地方行政制度》，上海：上海古籍出版社，2007年，第240页。

⑥ 三老的名称早在战国就有，但有学者认为三老进入统治体系，应是在汉代，如吉书时：《略论汉代的三老》，《北京师范大学学报》1983年第6期；陈明光：《汉代乡三老与乡族势力蠡测》，《中国社会经济史研究》2006年第4期；邹水杰：《三老与汉代基层政治格局之演变》，《史学月刊》2011年第6期，收入《国家与社会视角下的秦汉乡里秩序》，长沙：湖南师范大学出版社，2014年，第142页。

⑦ 班固：《汉书》，北京：中华书局，1962年，第33~34页。

⑧ 严耕望：《中国地方行政制度史——秦汉地方行政制度》，上海：上海古籍出版社，2007年，第245页。

国三老。《后汉书》卷 76《循吏列传》载王景"父闳，为郡三老"。① 同书卷 11《刘玄刘盆子列传》："悉拜置诸将，以族父良为国三老。"②卷 30《杨厚列传》："位至光禄大夫，为国三老。"③卷 66《陈王列传》：士孙瑞"后为国三老、光禄大夫"。④

自里老到国三老，其主要的社会导向职能应该是一致的，即"掌教化。凡有孝子顺孙，贞女义妇，让财救患，及学士为民法式者，皆扁表其门，以兴善行"⑤。

除此之外，史料所载乡行政人员还有乡佐、乡史、乡小史、乡干等佐贰之官。《续汉书·百官志》："又有乡佐，属乡，主民收赋税。"⑥文献史料就有很多有关乡佐的记录，如：《后汉书》卷 38《张宗传》载："张宗字诸君，南阳鲁阳人也。王莽时，为县阳泉乡佐。"⑦同书卷 41《第五伦传》载，第五伦"拜为宕渠令，宕渠，县，故城在今渠州流江县东北。显拔乡佐玄贺，贺后为九江、沛二郡守，以清洁称，所在化行，终于大司农"⑧。同书卷 67《党锢列传》载，杜密"见郑玄为乡佐，知其异器，即召署郡职，遂遣就学"⑨。同书卷 83《逸民传》载周党：初，乡佐尝众中辱党，党久怀之。后读《春秋》，闻复仇之义，便辍讲而还，与乡佐相闻，期克斗日。既交刃，而党为乡佐所伤，困顿。乡佐服其义，舆归养之，数日方苏，既悟而去。⑩

乡佐的数量，据《续汉书·百官志》注释引《汉官》曰："雒阳……乡有秩、狱史五十六人佐史、乡佐七十七人。"⑪洛阳县有佐史、乡佐 77 人，如果平均来算乡佐 38 左右。据尹湾汉简《东海郡吏员簿》记录的县的乡佐设置来看（表

---

① 范晔：《后汉书》，北京：中华书局，1965 年，第 2464 页。
② 范晔：《后汉书》，北京：中华书局，1965 年，第 469 页。
③ 范晔：《后汉书》，北京：中华书局，1965 年，第 1047 页。
④ 范晔：《后汉书》，北京：中华书局，1965 年，第 2178 页。
⑤ 范晔：《后汉书》，北京：中华书局，1965 年，第 3624 页。
⑥ 范晔：《后汉书》，北京：中华书局，1965 年，第 3624 页。
⑦ 范晔：《后汉书》，北京：中华书局，1965 年，第 1275 页。
⑧ 范晔：《后汉书》，北京：中华书局，1965 年，第 1397 页。
⑨ 范晔：《后汉书》，北京：中华书局，1965 年，第 2198 页。
⑩ 范晔：《后汉书》，北京：中华书局，1965 年，第 2761 页。
⑪ 范晔：《后汉书》，北京：中华书局，1965 年，第 3623~3624 页。

4.1.1），38 个县邑侯国，设置有乡佐 88 个，不是每个县都设置有乡佐，当然也就不会是每个乡都有乡佐，很可能人户数比较多的乡会设置乡佐，但设置的具体标准并不清楚。

表 4.1.1　东海郡各县乡佐设置表

序号	县名	数量
1	海西	9
2	下邳	9
3	郯	7
4	兰陵	4
5	朐	6
6	襄贲	4
7	戚	5
8	费	4
9	即丘	4
10	厚丘	1
11	利成	5
12	况其	2
13	开阳	2
14	缯	2
15	司吾	0
16	平曲	2
17	临沂	2
18	曲阳	1
19	合乡	0
20	承	1
21	昌虑	1
22	兰旗	2
23	容丘	2

续表

序号	县名	数量
24	良成	3
25	南城	2
26	阴平	3
27	新阳	0
28	东安	0
29	平曲	0
30	建陵	0
31	山乡	0
32	武阳	0
33	都平	0
34	鄁乡	1
35	建乡	1
36	□□	1
37	建阳	2
38	都阳侯国	0

　　出土材料也有大量乡佐的记载。如岳麓秦简藏秦简 1200 载："卿（乡）唐佐更。"[1]"乡唐"为乡守名唐，"佐更"应是一名叫更的乡佐。里耶秦简简 8-300："乡守履赀十四甲☒乡佐就赀一甲☒乡佐□赀六甲。"简 8-580："贰春乡佐壬，今田官佐。"简 8-809"都乡佐襄死"等。[2] 另外简 8-1555："冗佐上造临汉都里曰援，库佐冗佐。为无阳众阳乡佐三月十二日。凡为官佐三月十二日。"[3]由此可

　　① 朱汉民、陈松长主编：《岳麓书院藏秦简（三）》，上海：上海辞书出版社，2013 年，第 159 页。
　　② 陈伟主编：《里耶秦简牍校释（第一卷）》，武汉：武汉大学出版社，2012 年，第 131、182、230 页。
　　③ 陈伟主编：《里耶秦简牍校释（第一卷）》，武汉：武汉大学出版社，2012 年，第 357 页。

知，乡佐、库佐等一类辅助行职位有一个统一性质的名称即官佐。

乡佐为助手类职员，除"主民收赋税"外，出土材料还可见其他职责。

里耶秦简中的乡佐。如：

(1)二月辛未，都乡守舍徒薄(簿)☑

受仓隶妾三人、司空城☑

凡六人。捕羽，宜、委、□☑

二月辛未旦，佐初□☑(简8-142)

(2)廿八年五月己亥朔甲寅，都乡守敬敢言之：☑

得虎，当复者六人，人一牒，署复□于☑

从事，敢言之。☑

五月甲寅旦，佐宣行廷。(简8-170)

(3)卅一年五月壬子朔丁巳，都乡□☑

受司空城旦一人、仓隶妾二人。☑

☑□☑

五月丁巳旦，佐初以来。/欣发。☑(简8-196+8-1521)

(4)卅二年六月乙巳朔壬申，都乡守武爰书：高里士五(伍)武自言以大奴幸、甘多，大婢言、言子益等，牝马一匹予子小男子产。　　典私占。　　初手。

六月壬申，都乡守武敢言：上。敢言之初手。

六月壬申日，佐初以来。欣发。　　初手。(简8-1443+8-1455)

(5)卅一年五月壬子朔壬戌，都乡守是徒薄(簿)。☑

受司空城旦一人、仓隶妾二人。☑

一人捕献。☑

二人病。☑

五月壬戌，都乡守是□□□☑

五月壬戌旦，佐初以来。气发。☑(简8-2011)

上述 5 则材料为乡守的徒簿或爰书，而文书中的佐应该就是该乡守的佐，即乡佐，他们所作的一部分工作是文书传递，但材料看不出乡佐参与文书的书写和制作。另有：

（1）粟米三石七斗少半斗。卅二年八月乙巳朔壬戌，贰春乡守福、佐敢、禀人枚出，以禀隶臣周十月、六月廿六日食。令史兼视平。敢手。（简 8-2247）

（2）粟米一石四斗半斗。卅一年正月甲寅朔壬午，启陵乡守尚、佐取、禀【人】☑令史气视平。☑（简 8-1241）

（3）粟米八升少半升。令史逐视平。☑

卅一年四月辛卯，贰春乡守氐夫、佐吾出食舂、白粲☑等。☑（简 8-1335）

（4）稻三石泰半斗。卅一年七月辛亥朔己卯，启陵乡守带、佐取、禀人小出禀佐蒲、就七月各廿三日食。令史气视平。　　取。（简 8-1550）

（5）粟米一石二斗六分升四。令史逐视平。

卅一年四月戊子，贰春乡守氐夫、佐吾、禀人蓝禀隶妾廉。（简 8-1557）①

这 5 则材料表明，在令史的监督下，乡守、乡佐与禀人一起进行的廪食工作。另外，里耶秦简中也有乡史的记录。简 8-269："资中令史阳里扣伐阅：十一年九月隃为史。为乡史九岁一日。"简 8-342："☑今贰春乡史☑。"②除了本职的工作，乡史有时也要参与文书的传递。如简 8-645 记录的内容就是乡史传递文书：

---

① 陈伟主编：《里耶秦简牍校释（第一卷）》，武汉：武汉大学出版社，2012 年，第 82、103、108、326、417、451、298、312、356、358 页。

② 陈伟主编：《里耶秦简牍校释（第一卷）》，武汉：武汉大学出版社，2012 年，第 125、135 页。

廿九年九月壬辰朔辛亥，贰春乡守根敢言之：牒书水火败亡课一牒上。敢言之。九月辛亥旦，史邛以来。感半。　　邛手。

二、秦汉时期里的行政人员及其职能

里是秦汉时期最基层的行政单位。里的长官为里正。《墨子》卷15《号令篇》载："里正与皆守宿里门。"①又《韩非子》卷14《外储说右下》："秦襄王病，百姓为之祷……王因使人问之，何里为之，訾其里正与伍老屯二甲。"②"里正"又作"里长"。而出土材料多称"里典"。如睡虎地秦简《秦律杂抄·傅律》：

匿敖童，及占癃不审，典、老赎耐。百姓不当老，至老时不用请，敢为酢(诈)伪者，赀二甲；典、老弗告，赀各一甲；伍人，户一盾，皆迁之。③

《法律答问》简20：

律曰"与盗同法"，又曰"与同罪"，此二物其同居、典、伍当坐之。④

简98：

贼入甲室，贼伤甲，甲号寇，其四邻、典、老皆出不存，不闻号寇，问当论不当？审不存，不当论；典、老虽不存，当论。⑤

简198：

① 孙诒让：《墨子间诂》，北京：中华书局，第591页。
② 王先慎：《韩非子集解》，北京：中华书局，1998年，第336页。
③ 陈伟主编：《秦简牍合集(一)》，武汉：武汉大学出版社，2014年，第183页。
④ 陈伟主编：《秦简牍合集(一)》，武汉：武汉大学出版社，2014年，第202页。
⑤ 陈伟主编：《秦简牍合集(一)》，武汉：武汉大学出版社，2014年，第234页。

可(何)谓"衞(率)敖"？"衞(率)敖"当里典谓殹(也)。①

《封诊式》简50：

某里典甲诣里人士五(伍)丙，告曰："疑厉(疠)，来诣。②

简64：

某里典甲曰："里人士五丙经死其室，不智(知)故，来告。"③

阜阳博物馆藏有一枚秦代铜官印，文曰"安石里典"(图4.1.1)。④ 李学勤认为里典即里正，因避秦始皇讳而改。⑤

图4.1.1　安石里典

汉代里正、里魁并用。《汉书》卷76《韩延寿传》载，韩延寿"治城郭，收

①　陈伟主编：《秦简牍合集(一)》，武汉：武汉大学出版社，2014年，第276页。
②　陈伟主编：《秦简牍合集(一)》，武汉：武汉大学出版社，2014年，第305页。
③　陈伟主编：《秦简牍合集(一)》，武汉：武汉大学出版社，2014年，第309页。
④　韩自强：《安徽阜阳博物馆藏印选介》，《文物》1988年第6期。
⑤　李学勤：《秦简与〈墨子〉城守各篇》，中华书局编辑部《云梦秦简研究》，北京：中华书局，1981年，第326页。

赋租，先明布告其日，以期会为大事，吏民敬畏趋向之。又置正、五长"。注引颜师古曰："正若今之乡正、里正也。"①同书卷 90《尹赏传》载，尹赏"乃部户曹掾史，与乡吏、亭长、里正、父老、伍人，杂举长安中轻薄少年恶子，无市籍商贩作务，而鲜衣凶服被铠扞持刀兵者，悉籍记之，得数百人"②。汉简中也有里正的记载，江陵凤凰山西汉简载："市阳二月百一十二算卅五钱三千九百廿正偃付西乡偃佐缠吏奉。"③简文中的"正偃"即是市阳里的里正，名叫偃。肩水金关汉简简 73EJT1：2 载："严教属县官令以下啬夫吏正父老杂验问乡里吏民。"④这枚简载"县官令"一下的官吏有啬夫吏、正、父老等，正即里正。啬夫吏与乡对应，正、父老与里对应。尹湾汉简载东海郡乡里及里正人数："乡百七十，[长]百六，里二千五百卅四，正二千五百卅二人。"⑤《续汉书·百官志》："里有里魁，民有什伍，善恶以告。本注曰：里魁掌一里百家。什主十家，伍主五家，以相检察。民有善事恶事，以告监官。"⑥

里典是里内最主要的行政官吏，除此之外还有很多辅助类的职位，例如里老、伍长、里监门、祭酒等，学界已有很深入的研究。⑦ 秦汉时期里的数量很多，且存在大量的自然里，是人们为了生产生活而在某一地域自发形成的聚落。行政里则是为了便于管理而设置的基层行政组织。日本学者池田雄一讨论了古代中国的自然村和行政村，其特征与此类似。⑧ 秦汉时期，并不是每个里都设置有行政长官——里典（里正）。前文讨论了设置里管理者的标准是户数，当某一里

① 班固：《汉书》，北京：中华书局，1962 年，第 3211~3212 页。
② 班固：《汉书》，北京：中华书局，1962 年，第 3672 页。
③ 荆州博物馆：《江陵凤凰山西汉简牍》，北京：中华书局，2012 年，第 98 页。
④ 甘肃简牍保护研究中心：《肩水金关汉简（一）》，上海：中西书局，2011 年，第 1 页。
⑤ 张显成、周群丽：《尹湾汉墓简牍校理》，天津：天津古籍出版社，2011 年，第 3 页。
⑥ 范晔：《后汉书》，北京：中华书局，1965 年，第 3624 页。
⑦ 参见张信通：《秦汉里治研究》，河南大学博士学位论文，2013 年，第 91~154 页；张新超：《秦汉乡里问题研究——以新出考古资料为中心》，南开大学博士学位论文，2015 年，第 59~72 页。
⑧ ［日］池田雄一：《中国古代的村落与地方行政》，郑威译，上海：复旦大学出版社，2017 年。

的户数达不到一定的标准是不设置里典的。岳麓书院秦简，简1373+1405：

> ·尉卒律曰：里自卅户以上置典、老各一人，不盈卅户以下，便利，令与其旁里共典、老，其不便者，予之典而勿予老。①

律文明确规定，里内30户才会设置一里典，如果某个里不足30户，就需要与其他相近的里共用，而不设置里典。说明一些人户比较少的里内是不设置管理者或仅有里典，没有里老，但里老的功能是不可缺少的。尹湾汉简所见东海郡有里2534个，而里正有2532人，其中两个里是没有里正的，也说明一些里是不设置行政管理者的，只在行政里内设置长官进行管理。

里的行政运作以里典为核心，另外还有里佐、田典、里监门、里父老等里内辅助行政人员，在他们的合作下发挥着里的政治和经济等职能，主要包括户籍统计与管理、赋税征收、劳役派发、经济管理、社会导向教育等。② 里的管理者主要执行乡下达的行政命令，是具体命令的执行者。秦汉帝国在基层乡里的行政运作就是在这些基层官吏即辅助人员的配合下共同完成的。

第二节　秦汉时期乡里的行政模式

地方行政系统的基本单位为里，县与里之间的"乡"以及县以上的"郡"是行政阶层单位，不是具体聚落，乡的公署必依附于里，郡府也必依附于县城。③ 里耶秦简的主要内容是秦洞庭郡迁陵县的文书档案，因此秦代的文书研究引起很多学者关注，研究所涉及的内容包括秦代行政文书的抄录、传送、收

---

① 陈松长主编：《岳麓书院秦简（四）》，上海：上海辞书出版社，2015年，第241页。

② 相关研究成果参见卜宪群：《从简帛看秦汉乡里组织的经济职能问题》，《史学月刊》2008年第3期；张信通：《秦汉里治研究》，河南大学博士学位论文，2013年，第155~250页；张新超：《秦汉乡里问题研究——以新出考古资料为中心》，南开大学博士学位论文，2015年，第46~76页。

③ 杜正胜：《"编户齐民论"的剖析》，王健文主编《政治与权力》，北京：中国大百科全书出版社，2005年，第30页。

发、拆封、管理、处理、日期签发、语言文字、书写艺术等。① 关于里耶秦简的文书，汪桂海讨论了文书的发送及发送记录、文书的收文及拆封和文书程序等问题；② 陈伟解释了文书传递方法，即以邮行和以次传，并把这些文书分为三类：迁陵县和洞庭郡的文书、迁陵县与西阳县的文书及迁陵县内的文书。③日本学者藤田胜久论述了文书传递和处理的三种模式，并讨论了洞庭郡到迁陵县的文书传递、检和封检所见的文书传递及邮书记录所见文书传递，认为在秦代的郡县制中，郡为文书传递的管辖单位，县则是文书的基本汇总单位。在文书的传递中，郡县之间有直接的传递方式也有接力的传递方式。④

　　通过对里耶秦简所载的文书传递记录和内容进行分类记录后，发现简牍所载的文书传递和内容以迁陵下辖乡里和各曹之间为多，其次是迁陵县与洞庭郡的文书传递以及迁陵县与其他县之间的文书传递记录的内容。本节根据里耶秦简所载文书的内容和书写形式讨论秦代迁陵县内县、乡、里各部门之间的行政模式，进而讨论内的行政模式及具体表现。我们把里耶秦简所载的文书根据文书内容、行书范围、行书时间记录、行书方式、行书人员进行汇总，简文内容采用比较完整能体现上述要素的为主，制作成《里耶秦简行书记录总表》（简称

① 这方面文章主要有陈治国：《从里耶秦简看秦的公文制度》，《中国历史文物》2007年第 1 期；高荣：《秦代的公文记录》，《鲁东大学学报》（哲学社会科学版）2006 年第 3 期；卜宪群：《从简帛看秦汉乡里的文书问题》，《文史哲》2007 年第 6 期；［日］藤田胜久：《里耶秦简与秦帝国的情报传达》，中国社会科学院考古研究所、中国社会科学院历史研究所、湖南省文物考古研究所编《里耶古城·秦简与秦文化研究》，北京：科学出版社，2009 年；易桂花、刘俊男：《从出土简牍看秦汉时期的行书制度》，《中国历史文物》2009 年第 4 期。

② 汪桂海：《从湘西里耶秦简看秦官文书制度》，中国社会科学院考古研究所等《里耶古城·秦简与秦文化研究》，北京：科学出版社，2009 年，收入《秦汉简牍探研》，台北：文津出版社，2009 年，第 1~16 页。

③ 陈伟：《秦と汉の初めの文书伝达システム》，［日］松原弘宣、藤田胜久编《古代东アジアの情报伝达》，东京：汲古书院，2008 年；又载中国社会科学院考古研究所等：《里耶古城·秦简与秦文化研究》，北京：科学出版社，2009 年，收入《燕说集》，北京：商务印书馆，2011 年。

④ ［日］藤田胜久：《里耶秦简与秦代政府之运作》，秦始皇兵马俑博物馆编《秦俑博物馆开馆三十周年秦俑学第七届年会国际学术研讨会论文集》，西安：三秦出版社，2010年；［日］藤田胜久：《里耶秦简所见秦代郡县的文书传递》，《简帛》第 8 辑，上海：上海古籍出版社，2013 年。

《总表》，表4.2.1）。以下从《总表》中的分类项目，即文书的"发送单位"与"收书单位"、"文书性质"与"行书范围"、文书的"发送时间"和"送达时间"及文书的"行书人身份"四个方面对秦代县域内的行政模式进行论述。

表 4.2.1　里耶秦简行书记录总表

序号	简号	送书单位	收书单位	行书范围	发送时间	送达时间	行书人身份	传递形式
1	5-1	零阳	迁陵	县县	七月癸亥	七月癸亥旦	士五(伍)臂以来	来复传
2	5-6		东曹	县郡			公士	以次传
3	5-22	狱东曹	无阳	县县		九月己亥水下三刻	□□以来	
4	5-23		太守府	县郡		九月己亥		
5	5-23		成固	县县				以邮行
6	5-34	酉阳	洞庭	县郡				
7	5-35	迁陵	洞庭	县郡				以邮行
8	6-2	迁陵	洞庭	县郡				以邮行
9	6-19	迁陵						以邮行
10	6-21						令佐恬行	
11	8-12	迁陵	洞庭	县郡				以邮行
12	8-32	迁陵	洞庭	县郡				以邮行
13	8-60+8-656+8-665+8-748	迁陵丞昌	少内主	县内	六月庚辰		守府快行少内	
14		少内主	迁陵丞昌	县郡		六月乙亥水十刻刻下二	佐同以来	
15	8-61+8-293+8-2012	巴守	洞庭守	郡郡				
16		洞庭守	迁陵				佐惜以来	
17	8-62	迁陵丞昌	太守府	县郡		三月丁丑水十一刻刻下二	都邮人□行	
18	8-63	旬阳丞	迁陵丞	县县	廿七年十月庚子			
19		迁陵守丞敬	司空主	县内			即走申行司空	

185

续表

序号	简号	送书单位	收书单位	行书范围	发送时间	送达时间	行书人身份	传递形式
20		司空	迁陵	县内		十月辛卯旦	士五壮以来	
21	8-66+8-208	门浅□丞	临沅丞主	县县	八月乙巳朔己未	十月丁卯水十一刻下九，	都邮士五(伍)纑以来	
22	8-67+8-652	尉守蜀	太守府	县郡	廿六年十二月癸丑朔辛巳	辛巳	走利以来	
23	8-69	尉主	县廷	县内		□□日入	隶妾规行(女)	
24	8-71	迁陵丞昌	尉曹	县郡	卅一年二月癸未朔丙戌	二月丙戌水十一刻刻下八	守府快行尉曹	
25		迁陵守丞膻	少内	县郡	廿八年十二月癸未	甲申水下七刻	高里士五(伍)□行	
26	8-75+8-166+8-485	迁陵少内	郄少内	县县	七月辛亥	□水下八刻	佐气以来	
27		迁陵守丞膻	郄丞	县县	七月壬子	□□水下□刻	□□以来	
28	8-78	迁陵					隶臣以来	
29	8-90	□迁陵	洞庭	县郡			以邮利足行洞庭，急	以邮行
30	8-115	迁陵	洞庭					以邮行
31	8-133	司空主	迁陵守丞陉	县内		八月癸巳水下四刻	走贤以来	
32	8-134	迁陵	洞庭					以邮行
33	8-135	迁陵守丞敦狐	司空守樛	县内	九月庚辰		即令走□行司空	
34		司空守樛	迁陵守丞敦狐	县内		□月戊寅	走己巳以来	
35	8-136+8-144	仓守	覆狱治所	县内	□□月己亥朔辛巳	□□□刻刻下六，	小史夷吾以来	
36	8-140	迁陵丞昌	尉主	县内	九月庚戌朔丁卯	九月戊辰旦	守府快行	

序号	简号	送书单位	收书单位	行书范围	发送时间	送达时间	行书人身份	传递形式
37	8-141+8-668	发弩守	县廷	县内	卅年十一月庚申朔丙子	十一月丙子旦食	守府定以来	
38	8-143			县内	十一月【壬】	十一月辛卯旦	史获以来	
39	8-152	少内守	县廷	县内		四月甲寅日中，	佐处以来	
40	8-154	迁陵守丞	守府	县郡	二月壬寅水十一刻刻下二		邮人得行	
41	8-155	迁陵守丞色	少内	县内	四月癸丑水十一刻刻下五		守府快行少内	
42	8-157	迁陵丞昌	启陵乡夫	县内	正月戊戌日中		守府快行	
43		启陵乡夫	迁陵丞昌	县内		正月丁酉旦食时	隶妾冉以来	
44	8-158	迁陵守丞色	西阳丞主	县县	四月丙辰旦		守府快行旁	
45	8-164	少内武	县廷	县内	▨九月丁亥水十一刻刻下三		佐欣行廷	
46	8-170	都乡守	县廷	县内	廿八年五月己亥朔甲寅	五月甲寅旦	佐宣行廷	
47	8-173	库武	县廷	县内		七月壬子日中	佐处以来	
48	8-178							以邮行
49	8-196	都乡□▨	司空	县内	卅一年五月壬子朔丁巳	五月丁巳旦	佐初以来	
50	8-197	迁陵守丞巸	太守府	县郡	旦		令佐信行	

序号	简号	送书单位	收书单位	行书范围	发送时间	送达时间	行书人身份	传递形式
51		迁陵守丞巸	县廷	县内	正月辛未旦		居赀枳寿陵左行	
52	8-198＋8-213＋8-2013	乡官	县廷	县内		旦	守府昌行廷	
53	8-199	畜官守丙	县廷	县内	卅年十二月乙卯	十二月乙卯水十一刻刻下一	佐贰以来	
54	8-221						佐敬以来	
55	8-228						以县次传	
56	8-249	迁陵	洞庭				故令人	
57	8-273	狱东曹	洞庭泰守府	县郡		廿八年二月甲午日入时	牢人伀以来	
58	8-289	迁陵						以邮行
59	8-311	迁陵						以邮行
60	8-320	迁陵						以邮行
61	8-321	迁陵						以邮行
62	8-362	迁陵	洞庭					以邮行
63	8-371	迁陵	洞庭					以邮行
64	8-413	迁陵	洞庭					以邮行
65	8-432	迁陵	洞庭					以邮行
66	8-375	司空曹书	零阳					
67	8-453	尉曹/令印	销、丹阳、□陵	县县		廿八年九月庚子水下二刻	走禄以来	
68	8-475＋8-610	迁陵承印	启陵	县内	卅五年六月甲子		隶妾孙行	
69	8-504＋8-563	迁陵	洞庭				以邮行	
70	8-555	迁陵	洞庭					以邮行
71	8-527	少内	洞庭	县郡			迁陵以邮利足行洞	
72	8-645	贰春乡守根	县廷	县内	廿九年九月壬辰朔辛亥	九月辛亥旦	史邛以来	

续表

序号	简号	送书单位	收书单位	行书范围	发送时间	送达时间	行书人身份	传递形式
73	8-647	酉阳守丞又	迁陵丞主	县县		☑刻	隶妾少以来	
74	8-651	启陵乡守	县廷	县内	卅三年正月壬申朔朔日	正月庚辰旦	隶妾咎以来	
75	8-657	洞庭守	诸县	县郡				
76		迁陵守丞膻之	尉官主	县内	八月甲戌	丙子旦食	走印行	
77		尉官主	迁陵守丞膻	县内	☑【月庚】午水下五刻	☑【月庚】午水下五刻	士五(伍)宕渠道平邑疵以来	
78	8-660	都乡守	少内	县内		九月丁亥日垂入	乡守蜀以来	
79	8-664+8-1053+8-2167	迁陵守丞都	太守府	县郡	九月甲戌旦食时		邮人辰行	
80	8-666+8-2006	司空守敞	县廷	县内	辛巳旦食时食时		隶臣殷行	传
81	8-672	田官守	太守府	县郡	卅年二月己丑朔壬寅	壬寅旦	史逐以来	
82	8-673+8-2002	贰【春】☑	迁陵守	县内		七月乙未日失(昳)【时】	东】成☑上造☑以来	
83	8-681			县内		☑=下一	佐居以来	
84	8-686+8-973	库守悍	县廷	县内	乙酉旦		隶臣负解行廷	
85	8-704+8-706	迁陵守丞齮	太守府	县郡		☑时	都邮人羽行	以邮行
86	8-728+8-1474	狱南曹/迁陵印	洞庭府/洞庭尉府	县郡		☑己亥餔时	牢人误以来	
87	8-731	贰春乡	县廷	县内			以邮行不求报	以邮行

续表

序号	简号	送书单位	收书单位	行书范围	发送时间	送达时间	行书人身份	传递形式
88	8-738						牢臣二以来	
89	8-742					水下二刻	走	
90	8-755+8-759	洞庭府	迁陵	县郡				
91	8-767	启陵乡赵	县廷	县内	廿八年七月戊戌朔辛酉	七月丙寅水下五刻	邮人敢以来	
92	8-768	太守府	迁陵守丞有	县郡	六月乙巳旦		守府即行	
93	8-769	启陵乡守狐	县廷	县内		八月□□□	邮人□以来	
94	8-904	迁陵丞	仓司空	县内				
95	8-1009						走申以来	
96	8-1056	迁陵						以邮行
97	8-959+8-1291	狱东曹/令印	太守府	县郡		九月戊戌，水下二刻	走佁以来	
98	8-1069+8-1434+8-1520	库武	县廷	县内	卅二年五月丙子朔庚子	五月庚子日中时	佐横以来	
99	8-1114	贰春乡	贰春亭/唐亭					传
100	8-1119		守府/成纪				走佁以来	
101	8-1147	贰春乡						以邮行
102	8-1155	狱东曹书一封，丞印	泰守府	县郡		廿八年九月己亥水下四刻	隶臣申以来	
103	8-1225	尉曹书二封，迁陵印	守付	县郡		九月辛丑水下二刻	走□以来	
104	8-1318	廷	户曹					
105	8-1349	迁陵	洞庭					传
106		迁陵	新武陵					传

续表

序号	简号	送书单位	收书单位	行书范围	发送时间	送达时间	行书人身份	传递形式
107	8-1443+8-1455	都乡守武	县廷	县内	六月壬申	六月壬申日	佐初以来	
108	8-1449+8-1484	迁陵守丞兹	泰守府	县内	十月己卯旦		令佐平行	
109	8-1452	仓守敬	县廷	县内	□申水十一刻刻下三		令走屈行	
110	8-1464	迁陵	洞庭					以邮行
111	8-1467	狱东曹	竟陵				人食以来	
112	8-1477	尉	襄城	县县			守府交以来	
113	8-1490+8-1518	仓武	县廷	县内		六月乙未，水下六刻	佐尚以来	
114	8-1510	迁陵守丞敦狐	司空主	县内	三月辛亥	三月己酉水下下九	佐赾以来	
115	8-1511	迁陵丞昌	守府	县郡	九月辛亥水下九刻		令史感行	
116	8-1514	库守	县廷	县内		四月壬午水下二刻	佐圂以来	
117	8-1515	贰春乡守绰	司空主	县内		十月辛丑旦	隶臣良朱以来	
118	8-1516	荆山道	迁陵	县县			启陵乘城卒士五行旁	
119	8-1517	仓	迁陵	县内				
120	8-1523	洞庭守	迁陵	县郡	八月癸巳朔癸卯	九月乙丑旦	日夜上，邮人曼以来	
121	8-1524	司空	县廷	县内			隶姜以来	
123	8-1525	廷	仓	县内			守府印行	
124		仓	廷	县内			□□以来	
125	8-1533	户曹	咸阳等	县郡			走茶以来	
126	8-1538	迁陵		县内			隶姜孙行	传书
127	8-1554	都乡	廷				沈以来	
128	8-1559	仓	廷				佐居以来	

续表

序号	简号	送书单位	收书单位	行书范围	发送时间	送达时间	行书人身份	传递形式
129	8-1829		守付	县郡		二月乙未，水下八刻	走佗以来	
130	8-1553	迁陵	洞庭					以邮行
131	8-1560	迁陵	仓				守府快行	
132	8-1562	启陵	廷？				□□以来	
133		尉	迁陵守					
134	8-1563	尉	仓				徐□如□	
135		仓	迁陵守				胸忍宜利奇以来	
136	8-1566	田官守					佐壬以来	
137	8-1685	迁陵	洞庭					以邮行
138	8-1714	迁陵	洞庭					以邮行
139	8-1823	狱南书	洞庭尉府					
140	8-1829		洞庭				走佗以来	
141	8-1837	迁陵	洞庭					以邮行
142	8-1840	迁陵	洞庭					以邮行
143	8-1847							来复传
144	8-1886	狱南曹/承印	西阳、零阳	县内		世年九月丙子旦食时	隶臣罗以来	
145	8-1951	尉						以邮行
146	8-2011						佐初以来	
147	8-2028	曹					昭行	
148	8-2033	内官						以邮行
149	8-2034	少内守敞	县廷	县内		后九月壬寅旦	佐□以来	
150	8-2072							以邮行
151	8-2118							传
152	8-2119	司空						传
153	8-2166							传
154	8-2441	启陵	县廷	县内		十月……	隶妾□以来	
155	8-2550	迁陵	洞庭					以邮行

续表

序号	简号	送书单位	收书单位	行书范围	发送时间	送达时间	行书人身份	传递形式
156	9-14	贰春乡兹	县廷	县内	三月丙辰	四月壬戌日入	戍卒寄以来	
157	9-712+9-758	洞庭叚守	各县及迁陵	县郡	六月壬午朔戊戌	七月己未水十一刻，刻下十	都邮人□以来	
158	9-981	田官守	廷	县内	卅年九月丙朔己巳	九月庚午旦	佐任以来	
159	9-984	迁陵	都乡啬夫	县内		八月壬辰	隶姜以来	
160	9-1112	迁陵守丞敦狐	尉、乡主	县内	二月辛巳	二月辛巳不更舆里	戍以来	
161	9-1594		诣洞庭泰守府	县郡		卅年五月壬戌，水十一刻刻下三	守府快以来	
162	9-1867	酉阳丞如	迁陵丞主	县县	九月戊戌朔壬申	后九月丙戌，水十一刻刻下尽	隶姜□以来	
163	9-1869	田官守顾	县廷	县内	元年八月庚午朔庚寅	八月庚寅日入	顾以来	
164	9-2350	田守武		县内	六月丁巳	六月丁巳，日水十一刻刻下四	(田)佐衔以来	
165	9-2352	丞膻之	启陵乡赵	县内	三月/	三月□□	□里士五(伍)敝以来	
166	12-849	迁陵丞欧	司空主	县内	丁亥日中佐颓行	丁亥水下三刻	佐颓以来	
167	12-1470	酉阳丞印	迁陵	县县			邮	
168	12-1784	洞庭假守	迁陵	县郡	二月壬寅甲子	三月丙戌朔甲子日中	邮人以来	
169	12-1798	酉阳	迁陵	县县	十月丙戌水十一刻刻下八	己丑水十一刻刻下一	邮行	

续表

序号	简号	送书单位	收书单位	行书范围	发送时间	送达时间	行书人身份	传递形式
170	12-1799	酉阳	迁陵	县县	廿八年二月癸酉水十一刻刻下五	二月丙子水下九刻	邮行	
171	16-9	迁陵守丞	都乡主	县内		甲辰水十一刻刻下者十刻	不更成里午以来	
172	16-5	迁陵丞欧	县相关单位	县内		丙辰水下四刻	隶臣尚行	
173		县相关单位	迁陵丞欧	县内		三月癸丑水下尽	巫阳陵士五以来	
174		县相关单位	迁陵丞欧	县内		四月癸卯水十一刻刻下九	求盗簪袅阳城辰以来	
175	16-6	迁陵丞欧	尉	县内		庚戌水下六刻	走袥行尉	
176		迁陵丞欧	太守府	县郡		三月己未旦	令史巴行	
177		尉	县廷	县内		□月戊申夕	走袥行尉	

一、县乡之间和乡里之间的文书传递形式

总表中的"发送单位"，在简牍中指的是发送文书的部门或主管官吏。因此在登记相关内容时，有时为主管官吏，有时为主管部门，因简文内容的完整、明确与否为之。"收书单位"，即文书要到达的目的地或主管人员。秦简的文书无论最终的目的地在哪里，大多需要经过县一级进行统一转发，其文书的发送模式为：乡、县辖各部门↔县↔郡。[①] 乡、县、郡的行政联系主要依靠

---

① 在同一郡内，县际的文书来往或不经过郡而直接进行，但文书的内容或有限制。见［日］藤田胜久：《里耶秦简所见秦代郡县的文书传递》，《简帛》第8辑，上海：上海古籍出版社，2013年。

文书，这与秦律相合，即"有事请殹(也)，必以书，毋口请，毋羁请"。① 在里耶秦简的文书统计过程中，没有发现乡和里之间的直接以文书形式联系例子。里人与县廷的联系方式或是通过乡部吏员间接以文书的形式进行联系。简文所见里中行政行为多由乡啬夫向县廷禀告，而县廷也是通过乡官将朝廷文书政令公布于里。兹举两例如下：

(1)卅二年正月戊寅朔甲午，启陵乡夫敢言之：成里典、启陵邮人缺。除士五(伍)成里匄、成，成为典，匄为邮人，谒令尉以从事。敢言之。(简 8-157)

(2)卅五年七月戊子朔己酉，都乡守沈爰书：高里士五(伍)广自言：谒以大奴良、完，小奴畴、饶，大婢阑、愿、多、□，禾稼、衣器、钱六万，尽以予子大女子阳里胡，凡十一物，同券齿。典弘占。(简 8-1554)

例(1)的内容为启陵乡啬夫打算补充成里的里典和启陵乡的邮人而向上级提出的申请文书。例(2)则是里内居民关于自己财物分割情况的司法文书。这两种情况都是由乡主管人员向县廷汇报得到回复才能具有法律效力的。那么里典或里民是通过何种形式与乡进行联系的呢？可能的方式是通过口头言语表达的形式与乡级官吏进行沟通，进而通过乡级官吏以文书的形式与县廷产生行政关联。此种情况举例如下：

(1)□成不更小黄亥自占，以廿五年三月丁未以城□☑(里耶简 6-10)

(2)卅三年十月甲辰朔乙巳，贰春乡守福爰书：东成大夫年自言以小奴处予子同里小上造辨。典朝占。福手。(里耶简 10-1157)②

(3)匿教童，及占癃不审，典、老赎耐，百姓不当老，至老时不用请，敢为酢(诈)伪者，赀二甲；典、老弗告，赀各一甲；伍人，户一盾，

---

① 陈伟主编：《秦简牍合集(一)》，武汉：武汉大学出版社，2014 年，第 146 页。

② 里耶秦简校释小组：《新出里耶秦简牍资料选校(一)》，《简帛》第 10 辑，上海：上海古籍出版社，2015 年，第 182 页。

皆迁之。(睡虎地秦简《秦律杂抄》简 32-33)

(4)乡某爰书：以某县丞某书……几讯典某某、甲伍公士某某："甲党(倘)有它当封守而某等脱弗占书，且有罪。"(睡虎地秦简《封诊式》简 10)

上述 4 例，在描述里人与乡官进行联系或通过乡官与县廷进行联系时用到的词汇，里耶秦简中里民向上级汇报情况多用"自言"，里典则使用"占"，睡虎地秦简法律文献多用"告""曰"等，这些词汇多为言语表述用词，此处语境所示与文字书写不同。因此，乡、里之间的行政联系可能是通过言语表达进行。

乡、里以视听的方式进行传达政令、政策。如睡虎地秦简《语书》中南郡守腾曰："故腾为是而修法律令、田令及为间私方而下之，令吏明布，令吏民皆明智(知)之，毋巨(距)于罪。"此处"明布"即明白公布之意，具体方式没有说明。《汉书》卷 12《平帝纪》载："自今以来，有司无得陈赦前事置奏上。有不如诏书为亏恩，以不道论。定著令，布告天下，使明知之。"①又同书卷 24《食货志》载："齐相卜式上书，愿父子死南粤。天子下诏褒扬，赐爵关内侯，黄金四十斤，田十顷。布告天下，天下莫应。"②同书卷 76《韩延寿传》载："治城郭，收赋租，先明布告其日，以期会为大事，吏民敬畏趋向之。"③"明布"与"布告"之意应该大致相同，即让大多数人明白知晓某件事情，这或许就是比较实用而直接的行政命令发布方式，而韩延寿整治城池，收缴租赋也要"布告"明白的对象应该就是乡里之人。

西北汉简中也有很多类似的信息传达方式的记载，略举数条如下：

(1)十一月丙戌，宣德将军、张掖太守苣、长史丞旗告督邮掾□□□□□□都尉官□写移书到，扁书乡亭市里显见处，令民尽知之商□起察有毋四时言，如治所书律令。(居延汉简 16.4A)④

---

①　班固：《汉书》，北京：中华书局，1962 年，第 384 页。

②　班固：《汉书》，北京：中华书局，1962 年，第 1173 页。

③　班固：《汉书》，北京：中华书局，1962 年，第 3211 页。

④　谢桂华等：《居延汉简释文合校》，北京：文物出版社，1987 年，第 25 页。

（2）知令重写令，移书到，各明白大扁书市里官所寺舍门亭隧墜中，令吏卒民尽讼知之，且遣鄣吏循行问吏卒，凡知令者案论。尉丞令丞以下，毋忽如律令，敢告卒人。（敦煌汉简1365）[1]

（3）十月壬戌，张掖太守融、守部司马横行长史事、守部司马焉行丞事下部都尉：承书从事，下当用者。书到，明白大扁书乡亭市里、门外、谒舍显见处，令百姓尽知之，如诏书，书到言。（额济纳汉简2000ES7S：4A）[2]

上述3例中的"扁书""大扁书"，[3] 多是上级下达的诏书或公告政令，要求下级将这些内容书写在乡亭市里显眼的地方，使信息在最大范围内得到有效传播。其中有的简文明确指出需要知道简文内容的对象，如例（1）"令民尽知之"、例（2）"令吏卒民尽讼知之"、例（3）"令百姓尽知之"等。可以看出这些命令的发布是有针对性的，目的是让指定人群都能够知晓其中内容和要做出的相应的反应。在乡里社会也可能是以这种方式传达行政命令，才能够达到有效、快速传播信息的作用。为使大多数人能够理解行政命令，或是以"讽诵"的方式进行表达。在乡里基层社会，在里中通过"自言""告"等诉说形式表达诉求，而乡里管理人员也会通过"扁书""讽诵"等方式传达行政要求和命令，这应该是乡里间基本的行政模式。

二、文书性质与行书范围

简牍文书涉及的内容十分广泛，有命书、传书、受书、推辟书、爰书等。

---

① 甘肃省文物考古研究所：《敦煌汉简》，北京：中华书局，1991年，第271页。

② 魏坚主编：《额济纳汉简》，桂林：广西师范大学出版社，2005年，第187页。

③ 关于"扁书""大扁书"有多为学者考述，参见［日］大庭修：《木简》，东京：学生社，1979年，第151页；初世宾：《汉边塞守御器备考略》，《汉简研究文集》，兰州：甘肃人民出版社，1984年，第214页；陈直：《居延汉简研究》，天津：天津古籍出版社，1986年，第134页；李均明：《简牍文书学》，桂林：广西教育出版社，1999年，第222页；马怡：《扁书试探》，《简帛》第1辑，上海：上海古籍出版社，2006年，第415~428页；胡平生：《"扁书"、"大扁书"考》，《胡平生简牍文物论稿》，上海：中西书局，2012年，第307~313页；徐燕斌：《汉简扁书辑考——兼论汉代法律传播的路径》，《华东政法大学学报》2013年第2期。

为便于区分、整理和研究，根据文书的传送方向，以上行（文书从下级向上一级部门发送）、平行（文书在同级部门之间传送）、下行（文书从上级部门向下级部门传达）的方式来区分。

行书范围是指简牍中记载的文书传送的行政范围，在本县之内的记作"县内"。需要送达郡府（这里是指文书最终目的地为太守府、尉府）的，或由郡府下达的，记作"县郡"。县域之间（包括同郡内的县际和异郡县际）传送的记作"县际"。

根据《总表》中计算各级行政单位文书传递的数量，制成迁陵县文书交往比率表，如表4.2.2所示，从中可见里耶秦简所载文书的收发单位大多数为县廷与下属部门之间的文书往来，占总行书的37%，这部分文书是本书重点要关注和讨论的对象。县内文书的传送收发形式以及县乡里之间的行政联络皆集中在这一部分，详述见下文。行书的目标单位为郡的占总行书的19%，而从郡府发来的文书仅有3例，如此之少或与简文残损、简牍未完全公布及文书记录有关。县际交往的文书占8%。就县际文书交往而言，县廷之间交往及县廷下属单位与外县交往的文书各占50%。这些文书的交往比率与内容或与当时政治、经济、军事等社会环境有关。可见郡县之间的行政往来主要是以文书的形式，从文书交往比率来看，县内各行政单位之间的文书来往相对较少，而基层乡里几乎不存在文书行政的方式，里内居民行政诉求的主要方式应该是口头表达。

表4.2.2　迁陵县文书交往比率表

郡↔县		县下属部门↔县			县↔县	
19%		37%			8%	
县→郡	郡→县	县→下辖部门	下辖部门→县	部门之间文书	郡内县际	郡内县与郡外县
57%	22%	28%	62%	9%	50%	50%

注：此表数据不包括发送单位不明确者。

三、文书的发送时间和送达时间

秦汉时期对行书的时效性要求严格，文书的传递要按照规定登记发送时间和送达时间。由于各简保存状况不一，简文所载时间多有残缺，有的只保留发送时间，有的仅存送达时间，根据《总表》的统计，选择记录的时间明确的，制成表格。时间形式则以简文所载形式出现。里耶秦简的文书传送时间，县外的文书或是因距离、交通、行书人等因素的不同，文书传送所需要的时间或长或短。县内的文书传送一般为"当日达"，也有非"当日达"的例子，原因不明确。但总的看来，县内的文书传送效率是相当高的。将县内发送和接受文书时间比较完整的简文书列成《迁陵县文书送达时间表》（表4.2.3）。在表4.2.3中共计有24例，可以判断行书时间的有22例，其中当日达8例，5日以上10例，2日的2例，4日的2例。从行书时间推断，当日达的文书可能是比较紧急或者距离县廷较近。需要时间较长的多在县廷之外的乡里，路途较远且文书不很重要，即使需要时间比较久还没有超过9天的记录，这或许是在迁陵县内的时间极限。

表 4.2.3 迁陵县文书送达时间表

序号	简号	送书单位	（目标）收书单位	文书性质	发出时间	送达时间	所需时间
1	5-1	迁陵守丞	仓啬夫	下行	七月癸亥	七月癸亥旦	1日
2	8-75+8-166+8-485	迁陵守丞膻	少内	下行	廿八年十二月癸未	甲申水下七刻	2日
3	8-136+8-144	仓守	覆狱治所	上行	☑□月己亥朔辛丑	☑□□刻刻下六	—
4	8-140	迁陵丞昌	尉主	下行	九月庚戌朔丁卯	九月戊辰旦	8日

续表

序号	简号	送书单位	(目标)收书单位	文书性质	发出时间	送达时间	所需时间
5	8-141+8-668	发弩守	县廷	上行	卅年十一月庚申朔丙子	十一月丙子旦食	6日
6	8-143			上行	十一月【壬】	十一月辛卯旦	9日
7	8-170	都乡守	县廷	上行	廿八年五月己亥朔甲寅	五月甲寅旦	5日
8	8-196	都乡□☑	司空	平行	卅一年五月壬子朔丁巳	五月丁巳旦	5日
9	8-199	畜官守丙	县廷	上行	卅年十二月乙卯	十二月乙卯水十一刻刻下一	1日
10	8-645	贰春乡守根	县廷	上行	廿九年九月壬辰朔辛亥	九月辛亥旦	9日
11	8-651	启陵乡守	县廷	上行	卅三年正月壬申朔朔日	正月庚辰旦	8日
12		迁陵守丞膞	尉官主	下行	八月甲戌	丙子旦食	2日
13	8-657	尉官主	迁陵守丞膞之	上行	☑【月庚】午水下五刻	☑【月庚】午水下五刻	1日
14	8-767	启陵乡赵	县廷	上行	廿八年七月戊戌朔辛酉	七月丙寅水下五刻	8日
15	8-1069 + 8-1434+8-1520	库武	县廷	上行	卅二年五月丙子朔庚子	五月庚子日中时	4日
16	8-1443 + 8-1455	都乡守武	县廷	上行	六月壬申	六月壬申日	1日
17	8-1510	迁陵守丞敦狐	司空主	下行	三月辛亥	三月己酉水下下九	8日

序号	简号	送书单位	（目标）收书单位	文书性质	发出时间	送达时间	所需时间
18	9-14	貳春乡兹	县廷	上行	三月丙辰	四月壬戌日入	6 日
19	9-981	田官守	廷？	下行	卅年九月丙朔己巳	九月庚午旦	4 日
20	9-1112	迁陵守丞敦狐	尉、乡主	下行	二月辛巳	二月辛巳不更輿里	1 日
21	9-1869	田官守顾	县廷	上行	元年八月庚午朔庚寅	八月庚寅日入	1 日
22	9-2350	田守武		上行	六月丁巳	六月丁巳，日水十一刻刻下四	1 日
23	9-2352	丞膻之	启陵乡赵	下行	三月／	三月囗囗	—
24	12-849	迁陵丞欧	司空主	下行	丁亥日中佐颓行	丁亥水下三刻	1 日

第三节　文书传递与行书人的身份

文书行政体系不仅构成了维系庞大帝国政体正常运作的神经网络，而且在文书与文书传递者之间形成了相辅相成且至关重要的互动关系。秦汉文书行政是通过发达的文书传递系统与交通网络实现的，并有"行书律"加以保障。文书传递者，在这一过程中扮演着不可或缺的角色。他们不仅是信息传播的中介，更是国家政策得以实施于基层的关键环节。这些专业或半专业的行政人员，确保了政令从中央朝廷直达边疆郡县，以及各级官僚机构间的信息流转无阻。他们的活动范围覆盖全国，穿越崇山峻岭、驰骋于广阔疆域，充分展现了秦汉帝国对于空间管理和时间效率的高度追求。学者对于这一时期的文书传递系统研究较为充分，关注的内容多集中在文书传递机构、文书传递方式及文书制度等方面。对于文书传递方式、文书传递者的身份及文书性质之间的关系等方面的内容几无讨论。里耶秦简中记录了大量的行书人（见表4.2.1），这些人包括邮人、官吏（令史、令佐等），以及走、牢人、隶臣姜等，既有专业行书人也有因公办事的行书人。本书以里耶秦简为中心，讨论行书人的身份与文书性质之间的关系。

一、邮人行书

邮人是专业的行书人从乡里基层选拔出来的，里耶秦简8-157除邮人简记录了这一过程，很多学者亦作了论述。关于邮人的规模，李学勤据里耶秦简认为迁陵县"启陵这样的乡只设一名邮人"①。于振波据张家山汉简《行书律》所载的"一邮十二室"，认为应该是"一邮十二户，户出一人"之意。② 据江苏连云港尹湾汉简载西汉东海郡邮34个，乡170个，有邮人408人。平均每邮12人，数字上与张家山汉简《行书律》的人数相合。陈伟认为《行书律》中称"室"，不称"人"或"户"，或许有其他含义。③ 邮人为职业化的行书人，所行之书一般认为是比较重要的"制书""急书"。并享有相应的待遇。张家山汉简《行书律》简265-266载：

> 令邮人行制书、急书，復，勿令为它事。

---

① 李学勤：《初读里耶秦简》，《文物》2003年第1期。

② 于振波：《里耶秦简中的"除邮人"简》，《湖南大学学报》（社会科学版）2003年第3期。

③ 陈伟：《秦与汉初的文书传递系统》，中国社会科学院考古研究所等编《里耶古城·秦简与秦文化研究——中国里耶古城·秦简与秦文化国际学术研讨会论文集》，北京：科学出版社，2009年，第150页，收入《燕说集》，北京：商务印书馆，2011年，第363页。

简 268 载：

> 復蜀、巴、汉中、下辨、故道及鸡劎中五邮，邮人勿令徭戍，毋事其
> 户，毋租其田一顷，勿令出租、刍稾。

以邮人为职业的户不再履行徭戍义务，既能够"复"即免徭役，还可以获
得一项田免租的优惠。相应的也有更多的义务，并且有相关法律约束。睡虎地
秦简《行书》简 183 规定：

> 行命书及书署急者，辄行之；不急者，日觽(毕)，勿敢留。留者以
> 律论之。①

岳麓书院秦简也有与行书相关律令如下：

> ·行书律曰：传行书，署急辄行，不辄行，赀二甲。不急者，日觽
> (毕)。留三日，赀一盾；四日上，赀一甲。二千石官书。(简 1250)
> 留弗行，盈五日，赀一盾，五日到十日，赀一甲，过十日到廿日，赀
> 二甲，后有盈十日，辄驾(加)一甲。(简 0792)
> ·令曰：书当以邮行，为检令高，可以旁见印章，坚约之，书检上瘿
> (应)署令□，负以疾走。不从令，赀一甲。·卒(简 1162)
> ·令曰：邮一行书留半日，赀一盾；一日，赀一甲；二日，赀二甲；
> 三日，赎耐；三日以上，耐。·卒令丙五。(简 1805)②

张家山汉简《行书律》：

> 发征及有传送，若诸有期会而失期，乏事，罚金二两。非乏事也，及

---

① 陈伟主编：《秦简牍合集(一)》，武汉：武汉大学出版社，2014 年，第 143 页。
② 陈松长：《岳麓书院藏秦简中的行书律令初论》，《中国史研究》2009 年第 3 期。

书已具，留弗行，行书而留过旬，皆盈一日罚金二两。（简 269-270）

□□□不以次，罚金各四两，更以次行之。（简 271）

书不急，擅以邮行，罚金二两。（简 272）

邮人行书，一日一夜行二百里。行不中程半日，笞五十；过半日至盈一日，笞百；过一日，罚金二两。邮吏居界过书，弗过而留之，半日以上，罚金一两。（简 273-274）①

岳麓书院和张家山汉简的材料反映了秦汉时期的邮人的职责和行书的效率与速度要求。邮人在拿到署有"急"的文书后应立即行动，不得留迟。如果所行之书没有按要求及时送出，留迟"过旬"每超过一天将要"罚金二两"。有的文书要求"以次行"，即按照文书上要求或规定的县次传递，如果打乱顺序会被"罚金各二两"。从轻重缓急角度看，紧急文书需要邮人及时发送，非紧急文书擅自使用"特快专递"也会按规定接受惩罚。邮人行书时的速度还有明确规定，按要求一日一夜要行走 200 里，不能按时完成任务拖延半天就会被鞭笞50 次，超过半天到一天的 100 次鞭打，超过一天的则要经济惩罚"罚金二两"。上述材料规定了邮人的行书的速度与效率，从律文看，行书律对邮人的要求相当严苛。而西北汉简所见的邮书课、邮书刺或过书刺，就是对邮人行书过程中时效性的记录。

建昭五年三月临木燧邮书课。（居延汉简 H145.34）

吞远部建昭五年二月过书刺。（居延汉简 H135.14）②

建始二年十二月甲寅朔甲寅，临木候长宪敢言之，谨移邮书课一编敢言之。（居延新简 E. P. T51：264）③

---

① 彭浩等：《二年律令与奏谳书：张家山二四七号汉墓出土法律文献释读》，上海：上海古籍出版社，2007 年，第 202～203 页。

② 谢桂华等：《居延汉简释文合校》，北京：文物出版社，1987 年，第 204、224 页。

③ 马怡、张荣强主编：《居延新简释校》，天津：天津古籍出版社，2013 年，第 303、317、362 页。

这种"邮书刺"或"邮书课"记录的是邮人行书的效率和速度等相关的内容，邮人在行书过程中"中程"与否，有无"留书"及"留书"的时间长短都有详细的记载。

　　临禾卒戎付诚务(敄)北燧卒则，界中八十里，定行九时，留迟一时，解何？(居延汉简 133·23)①

　　书一封，居延都尉章，诣大守府。三月癸卯鸡鸣时，当曲卒便受收降卒文；甲辰下餔时，临木卒得付卋井城敄北卒参。界中九十八里，定行十时，中程。(居延新简 E. P. W. 1)

　　官去府七十里，书一日一夜当行百六十里。书积二日少半日乃到，解何？书到，各推辟界中，必得事案到，如律令。言会月廿六日，会月廿四日。(居延新简 E. P. S4. T2：8A)②

以上是邮人行书的时效性要求及对邮人行书情况的记录，从简文内容看记录的十分详细，连延迟的时间长短都清楚记载。如居延新简 E. P. W. 1 详细记载了路程"界中九十八里"，指定时间"定行十时"，行书的结果是"中程"。而居延汉简 133·23 载一份文书传递的距离为 80 里，指定用时 9 时，但行书者延迟了 1 时，即用时 10 时，据相关规定免不了接受相应处罚。居延新简 E. P. S4. T2：8A 记载一份文书延迟了 2 天多才到指定目的地，被要求解释"留迟"的原因，即"解何？"并借此进一步要求各"界"行书要按时"如律令"。

里耶秦简中也有很多关于邮人行书的资料，为便于讨论现列表如表 4.3.1 所示。

表 4.3.1 中有 7 例为邮人行书，其中行书的范围有 6 例在郡与县之间进行，有 1 例为县与县之间。送达时间的记录有两例记录的是"旦""日中"，但大部分精确到了"水十一刻刻下××"，时间精度要求较高。行书的邮人被分

---

① 谢桂华等：《居延汉简释文合校》，北京：文物出版社，1987 年，第 97、221 页。

② 马怡、张荣强：《居延新简释校》，天津：天津古籍出版社，2013 年，第 848、864、878 页。

为"都乡邮人"和"邮人"，他们的区别或许在于所处的地点。这些邮人所行之书有名单，追书、传书、告书，并非要求严格的"制书""命书"或"急书"。这或许与两地之间的距离有关。张家山汉简《行书律》载："诸狱辟书五百里以上，及郡县官相付受财务当校计者书，皆以邮行。"①可见邮人并不是只负责传递重要的文书，还负责距离较远的文书的传递。

表 4.3.1　里耶秦简邮人行书表

序号	简号	发书单位	收书单位	发送时间	送达时间	行书人身份	文书内容
1	8-767	启陵乡			七月丙寅水下五刻	邮人	名单
2	8-1523	洞庭守	迁陵		九月乙丑旦	邮人	追书
3	8-2159	☐庭守			☐下九	邮人	告书
4	9-712	洞庭假守	属县		七月己未水十一刻刻下十	都邮人	传书
5	12-1527			卅二年☐子酉日中		都乡邮人	—
6	12-1784	洞庭假守	县啬夫		三月丙戌日中	邮人	告书
7	12-1798	酉阳丞	迁陵	十月丙戌，水十一刻刻下八	☐月己丑，水十一刻刻下一	以邮行	—

另外，秦简中还有一类行书人与邮人类似。他们的名称也表明其职业特征：

轻足。睡虎地秦简《秦律十八种·田律》简 3 载："近县令轻足行其书，远县令邮行之，尽八月☐☐之。""轻足"与"邮"对称，两类人的性质也不会相差

---

① 彭浩等：《二年律令与奏谳书：张家山二四七号汉墓出土法律文献释读》，上海：上海古籍出版社，2007 年，第 203 页。

太多，整理者认为"轻足"是走得快的人。①

利足。里耶秦简有3例"利足"行书的记载：

迁陵以邮利足行洞☑（简8-527）
☑迁陵以邮利足行洞庭，急。（简8-90）
☑□利足行☑（简8-117）

《里耶秦简牍校释(第一卷)》注释认为"利足"似是指邮人中行走尤快者。②从睡虎地秦简所言"近县"用"轻足"行，"远县"派"邮人"行书的情况而言，速度上应该不会超越"邮人"，"轻足""利足"和"邮人"之间的关系仅从材料中的记载来看并不明确，这三类人或可能是在等级和职责各有侧重。

二、官吏及其辅助人员行书

秦汉时期，能够行书的人员除了职业行书的邮人之外，里耶秦简中还记录了一些吏员也参与文书的传递，这些人主要有令佐、令史、佐、史、乡守、田官、守府、走、求盗等。

1. 令佐、令史、佐、史等行书

令佐、令史应该是比佐、史较高等级的吏员。里耶秦简中令佐与佐传递文书的例子如表4.3.2所示。

表4.3.2　里耶秦简令佐与佐行书表

序号	简号	发书者	收书者	发送时间	送达时间	行书人身份	文书内容
1	6-21			☑月乙亥朔壬□☑	☑□旦	令佐	簿书
2	8-197	迁陵守丞		旦		令佐	谒报

---

① 陈伟主编：《秦简牍合集(一)》，武汉：武汉大学出版社，2014年，第42页。

② 陈伟主编：《里耶秦简牍校释(第一卷)》，武汉：武汉大学出版社，2012年，第60页。

续表

序号	简号	发书者	收书者	发送时间	送达时间	行书人身份	文书内容
3	8-1449+8-1484	迁陵守丞	洞庭	十月己卯旦		令佐	更书
4	8-60+8-656+8-665+8-748	迁陵丞	少内主		六月乙亥水十一刻刻下二	佐	追书
5	8-71	少内守	郪司佐		□水下八刻	佐	计
6	8-152	少内守	县廷	卅二年四月丙午朔甲寅	四月甲寅日中	佐	廷书
7	8-164+8-1475	少内	迁陵将计丞		☑九月丁亥水十一刻刻下三	佐	狱校计
8	8-170	都乡	县廷	五月甲寅旦		佐	牒书
9	8-196+8-1521	都乡			五月丁巳旦	佐	簿书
10	8-199+8-688	畜官守			十二月乙卯水十一刻刻下一	佐	薄书
11	8-681				☑=下一	佐	薄书
12	8-890+8-1583	少内守		九月庚申日中时		佐	券书
13	8-1069+8-1434+8-1520	库			五月庚子日中时	佐	薄书
14	8-1443+8-1455	都乡守武爰书			六月壬申日	佐	爰书
15	8-1490+8-1518	仓			六月乙未，水下六刻	佐	谒报

续表

序号	简号	发书者	收书者	发送时间	送达时间	行书人身份	文书内容
16	8-1510	库	迁陵守丞		三月己酉水下下九	佐	谒报
17	8-1514	库			四月壬午水下二刻	佐	牒书
18	8-1559	叚（假）仓兹			五月辛巳旦	佐	薄书
19	8-1566	田官守敬			戊申，水下五刻	佐	牒书
20	8-2011	都乡守是			五月壬戌旦	佐	薄书
21	8-2034	少内守敞			后九月壬寅旦	佐	薄书
22	8-145＋9-2294	司空守圂			十月乙亥水十一刻刻下二	佐	簿书
23	12-849	贰春乡窜		丁亥日中	六月丁亥水下三刻	佐	谒报
24	8-75＋8-166＋8-485	迁陵守丞	郪丞	□水□		佐	

从表 4.3.2 看令佐或佐行书的范围主要是县廷及县下属单位。收书单位由于简文缺载或残损，记录不够明确，但从现有史料来看，主要是县郡之间和县际的文书来往。文书送达的时间要求也是相当精确。所行书的内容主要是簿书、计、牒书、谒报、追书、廷书等。另外令史、小史、田官、乡守也会传递文书，这种情形从简文材料来看多为"兼职"，或是因为要去县廷或某部门办公顺便传递文书，文书的内容也都与他们所在部门有密切关联。有材料表明有的文书发书和送书为同一人。如：

卅五年七月戊子朔己酉，都乡守沈爰书：高里士五（伍）广自言：谒以大奴良、完，小奴畴、饶，大婢阑、愿、多、□，禾稼、衣器、钱六万，尽以予子大女子阳里胡，凡十一物，同券齿。典弘占。

七月戊子朔己酉，都乡守沈敢言之：上。敢言之。□手。

【七】月己酉日入，沈以来。□□。沈手。（里耶简 8-1554）①

制作本文书的都乡守沈与传递文书的人沈同名，而且传递文书的"沈"名前没有任何定语加以区分，文中"沈"或是同一人。这一类官吏的行书的例子可见表4.3.3，行书的人员主要有史、令史、乡守、田官还有小史等。

表 4.3.3　里耶秦简乡吏行书表

序号	简号	发书者	收书者	发送时间	送达时间	行书人身份	文书内容
1	8-1511	迁陵丞昌		九月辛亥水下九刻		令史感行	课
2	8-143	畜□			十一月辛卯旦	史获以来	止行书徒更成
3	8-672	田官守	泰守府		壬寅旦	史逐以来	官田自食薄
4	8-1554	都乡守沈			七】月己酉日入	都乡守沈以来	爰书
5	8-660	都乡守			九月丁亥日垂入	乡守蜀以来	
6	9-1869	田官守瀷			八月庚寅日入	田官瀷以来	田课一牒
7	8-136 + 8-144	仓守	覆狱治所		☑□□刻刻下六	小史夷吾以来	名事文书（身份背景调查类）

---

① 陈伟主编：《里耶秦简牍校释（第一卷）》，武汉：武汉大学出版社，2012 年，第356~357 页。

2. 守府行书

十二月己卯，樊道邮敢告迁陵丞主，写☐

事，敢告主。冰手。六月庚辰，迁陵丞昌告少内主，以律令☐☐

手。六月庚辰水十一刻刻下六，守府快行少内。☐

六月乙亥水十一刻刻下二，佐同以来。元手。☐（里耶简 8-60+8-656+

8-665+8-748）

《里耶秦简牍校释（第一卷）》注释者认为，守府是看守县府者的人员，在
需要的时候也充当信使。① 从文例来看，是指代一类在守府工作的人员，传递
文书也应是工作的一部分。守府行书记录如表4.3.4所示。

表4.3.4　里耶秦简守府行书记录表

序号	简号	发书者	收书者	发送时间	送达时间	行书人身份	文书内容
1	8-60+8-656+8-665+8-748	都府守	迁陵丞	十二月戊寅	六月庚辰水十一刻刻下六	守府快行	追讨赀钱
2	8-71	迁陵丞	尉曹	二月丙戌水十一刻刻下八		守府快行	日备人员
3	8-141+8-668	发弩守	县廷		十一月丙子旦食	守府定以来	御史覆狱令
4	8-155	迁陵守丞	少内	四月癸丑水十一刻刻下五		守府快行少内	

① 陈伟主编：《里耶秦简牍校释（第一卷）》，武汉：武汉大学出版社，2012 年，第
46 页。

续表

序号	简号	发书者	收书者	发送时间	送达时间	行书人身份	文书内容
5	8-157	启陵乡夫	迁陵承	正月戊戌日中		守府快行	除邮人
6	8-158	迁陵守承	酉阳Ⅰ丞主	四月丙辰旦		守府快行旁	令史下络帬（裙）直书
7	8-198 + 8-213 + 8-2013	迁陵承	乡官	旦		守府昌行廷	各别军吏书
8	8-768	迁陵守承	守府		六月乙巳旦	守府即行	上守府牒书
9	8-1477	尉			三月丙戌旦	守府交以来	调报
10	8-1525	启陵乡守		七月乙亥旦	七月乙亥旦	守府印行	调报
11	8-1560	迁陵丞昌	仓啬夫	后九月辛巳旦		守府快行	告书
12	9-1594	金布书一封，承印	洞庭泰守府		卅年五月壬戌水十一刻刻下三	守府快以来	金布书
13	16-1	▨洞庭泰守府▨			▨时	守府快以来	

　　守府行书范围大多在县，也有县到郡一例记录如简 16-1，此例中的"守府"可能是来自"泰守府"。守府的行书时间要求也比较严格。其中一个名叫"快"的守府的行书记录比较多，可能工作的时间比较长抑或其职责是以行书为主或者是他服务的官员是主管文书工作的。守府行书的内容较为复杂，并不以某一类文件为主，亦可见"守府"很可能就是"府"内的工作人员能够有机会接触各种文书。

3. 走行书

里耶秦简有关"走"行书的记录较多，马怡认为"走"这一类人属于供官吏驱使奔走的仆夫差役。《文选》张平子《东京赋》："走虽不敏，庶斯达矣。"李善注："走，公子自称走使之人，如今言仆矣。"①王焕林认为走指腿脚轻便者。②《里耶秦简牍校释(第一卷)》注释认为"走+人名+以来"，或"某某以来"，出现在简尾或简背，里耶简常见。走与仆类似，供吏差遣。③ 由此看来，走的性质类似仆人，供官吏驱使。

> 廿八年六月己巳朔甲午，仓武敢言之：令史敝、彼死共走兴。今彼死次不当得走，令史畸当得未有走。今令畸袭彼死处，与敝共走。仓已定籍。敢言之。
>
> 六月乙未，水下六刻，佐尚以来。朝半。□尚手。(简 8-1490+8-1518)

简文内容涉及令史敝与彼死之间关于配置"走"的问题的处理。从简文可知有一定级别的官吏都会按规定配置"走"为其服务，供其指使，那么"走"的身份当与仆、养类似。

> 令曰：吏仆、养、走、工、组织、守府门、刖匠及它急事不可令田，六人予田徒四人。(简 8-756+8-757)

该简文中"仆""养""走"或为性质相同的一类人，都是为官吏服务以供驱使，似乎在无事的时候还要种田。从"走"的名称来看应该主要负责跑腿的工作，行书应该是他们职责的一部分。"令走"应与令佐、令史性质相同，专门供令驱使。从走的行书表(表4.3.5)来看，仓部门多为券书，尉曹为尉书，狱

---

① 马怡：《里耶秦简选校》，《中国社会科学院历史研究所学刊》第 4 集，北京：商务印书馆，2007 年。
② 王焕林：《里耶秦简校诂》，北京：中国文联出版社，2007 年，第 33 页。
③ 陈伟主编：《里耶秦简牍校释(第一卷)》，武汉：武汉大学出版社，2012 年，第 51 页。

曹为狱书，户曹为户书，具有明显的部门特征。"走"所属官吏所在的部门性质决定其行书的内容和性质。

表 4.3.5　里耶秦简走行书表

序号	简号	发书者	收书者	发送时间	送达时间	行书人身份	文书内容
1	8-1452	仓守		□ 申 水 十一 刻 刻下三		令走	券书
2	8-133	迁陵守丞	司空主		八月癸巳水下四刻	走	薄书
3	8-453	尉曹			廿八年九月庚子水下二刻	走	尉曹书
4	8-63	左公田	迁陵令	三月辛亥	廿七年十月庚子	走	责校券
5	8-657	迁陵守丞	尉官主	丙子旦食		走	以律令从事
6	8-742				……水下二刻	走	谒报
7	8-959 + 8-1291	狱东曹	洞庭守府		九月戊戌，水下二刻	走	狱书
8	8-1119	令印	守府、它县		九月庚寅，水下七刻	走	书
9	8-1225	尉曹迁陵印	太守府尉府		九月辛丑水下二刻	走	尉曹书
10	8-1533	户曹迁陵印	一咸阳、一高陵、一阴密、一竞陵		廿七年五月戊辰水下五刻	走	户曹书
11	16-3	尉曹书二封，丞印	一封诣零阳；一封诣昆阳邑		九月己亥水下八	走	尉书

4. 求盗行书

里耶秦简还可以看到由"求盗"担任的行书任务。

> 二月癸卯水十一刻刻下九，求盗簪袅（袅）阳成辰以来。羽半。如手。（简 16-5）①

求盗，古代亭长手下掌逐捕盗贼的亭卒。《史记》卷8《高祖本纪》："高祖为亭长，乃以竹皮为冠，令求盗之薛治之。"裴骃集解引应劭曰："求盗者，旧时亭有两卒，其一为亭父，掌开闭扫除；一为求盗，掌逐捕盗贼。"②求盗这种专业性极强的职业，也担负行书的任务，看似不可思议。但也在情理之中，可能的原因，或如上所述此地可以用来行书人太少，也可能此地近边远地区，邮驿系统不完备所致。《二年律令·行书律》："畏害及近边不可置邮者，令门亭卒、捕盗行之。"

三、隶臣妾、牢人行书

1. 隶臣妾行书

睡虎地秦简"行书律"明确规定隶臣妾行书的要求：

> 隶臣妾老弱及不可诚仁者勿令。③

岳麓书院秦简"行书律"规定了行书者的年龄应满14岁及对性别和年龄的要求：

---

① 湖南省文物考古研究所：《里耶发掘报告》，长沙：岳麓书社，2007年，第192页。

② 司马迁：《史记》，北京：中华书局，1959年，第346页。

③ 陈伟主编：《秦简牍合集（一）》，武汉：武汉大学出版社，2014年，第144页。

行书律曰：毋敢令年未盈十四岁者行县官恒书，不从令者，赀一甲。
（简 1377）

行书律曰：有令女子、小童行制书者，赀二甲。（简 1384）①

里耶秦简有 12 处记录了隶臣妾行书的情况，如表 4.3.6 所示。

表 4.3.6　里耶秦简隶臣妾行书表

序号	简号	发书者	收书者	发送时间	送达时间	身份
1	8-78	迁陵丞			☑□酉水下尽	隶臣
2	8-157	启陵乡夫	迁陵令尉		正月丁酉旦食时	隶妾
3	8-647	西阳守丞	迁陵丞主		☑刻	隶妾
4	8-651	启陵乡守			正月庚辰旦	隶妾
5	8-666+8-2006	司空守		辛巳旦食时		隶臣
6	8-686+8-973	库守		乙酉旦		隶臣
7	8-904+8-1343	迁陵守丞	仓司空主		五月丙子朔甲午	隶妾
8	8-1155	狱东曹	泰守府		廿八年九月己亥水下四刻	隶臣
9	8-1515	贰春乡守	司空主		十月辛丑旦	隶臣
10	8-1524	司空色			己卯水下六刻	隶妾
11	8-1538	迁陵守丞巸		丑日入		隶妾
12	8-1886	狱南曹	西阳、零阳		卅年九月丙子旦食时	隶臣

从表 4.3.6 可知，隶臣妾行书的范围比较广泛，有迁陵县送往洞庭郡的文书，如简 8-1155 所载迁陵县狱东曹送往太守府的狱书；有县际的文书传递，如简 8-647 所载内容为西阳与迁陵之间的文书往来；简 8-1886 记录了迁陵县狱与西阳、零阳之间的文书来往。其他简的内容则为迁陵县下属单位和所属乡之

① 陈松长：《岳麓书院藏秦简中的行书律令初论》，《中国史研究》2009 年第 3 期。

间及下属单位之间的文书往来，多不出县境。

从有明确记录的隶臣妾行书发送时间与送达时间来看，记录的行书时间较为精确。其中发送时间记录到较为准确的时间段，如"旦食时""旦"" 日入"等，而送达时间则记录的更为精确，从"旦食时"到水下几刻都明确记录。这种对行书时间的精确记录，可能说明文书内容的重要性。隶臣妾行书从简文内容来看，没有记录相关的交通方式，或以步行为主。这类行书范围多是在县境之内，因此，隶臣妾等行书徒应该是此类文书传递的主要力量，但他们不属于邮人的"职业行书人"身份，类似"行书徒"，是一种"徭役"，属于短暂性、临时性的"劳作"。

☑赎耐，今寄行书事已。（里耶简8-1734）

该简记录载了一个名叫寄的行书人行书工作的完成。因为行书工作的"徭役"性质，这些人一般都记录在"徒簿"上，以备考核时使用。

2. 牢人行书

里耶秦简中记载了牢人、牢臣和居赀的行书情况，例见表4.3.7。

表4.3.7 里耶秦简牢人等行书表

序号	简号	发书者	收书者	发送时间	送达时间	行书人身份
1	8-273+8-520	狱东曹	洞庭泰守府		廿八年二月甲午日入时	牢人
2	8-728+8-1474	☑狱南曹	泰守府		☑己亥餔时	牢人
3	8-738				☑刻刻下☐	牢臣
4	8-1971				卅三年十月壬申日入	牢人
5	8-1971				卅三年十月壬申日入	牢人
6	8-197	迁陵守		正月辛未旦		居赀

　　据表4.3.7可知，牢人、牢臣也可用来传递行书，从其行书的范围来看多在县与郡之间，时间上的要求也比较精确，这类人所行的书多为"狱书"，或与服役的处所有关。居赀行书仅见一例，见简8-197。里耶秦简中所反映的行书的身份范围还是比较广泛的，所行之书也大致与其所"服务"部门有紧密联系。

　　据《里耶秦简行书记录总表》(表4.2.1)统计，以"邮"或"邮人"所行的文书计有47例，占全部行书形式的26.5%。以邮行的文书所占比例不是很大，或与文书的内容、情况的缓急及法律规定有关。《二年律令·行书律》："书不急，擅以邮行，罚金二两。"使用"邮"的方式行书，除了文书缓急的因素，还有距离的规定，《二年律令·行书律》："诸狱辟书五百里以上，及郡县官相付受财务当校计者书，皆以邮行。"里耶秦简所记录的行书，大多为迁陵县境内的文书传递，其文书传送的距离多不可能超越五百里，而且从文书发送与到达的时间来推算看，迁陵境内的文书大多数为"当日达"，只要不是紧急文书很少以"邮"行。由此看来，"以邮行"这种官方性质的邮传方式可能较多的用于"县↔郡↔朝廷"之间的重要的文书传送，县域之内一般不以这种形式进行行政联络，除非有紧急或相当重要的行政需求。

　　在秦汉帝国的行政体系中，其依赖于一套制度化文书系统的力量，有效地对广阔领土实施统治。核心的文书传递机制主要包括"以邮行"的方式和"以次传"的形式，文书始于中央朝廷，通过郡府层级逐步下达到帝国行政系统的最末端——乡里层级。通过对里耶秦简中的记载进行深入研究，我们可以发现，虽然政令的书面形式通常终止于乡一级行政单位，但乡官们采取了灵活多样的方式来确保政令的本地化传播与执行，诸如视觉传播的"扁书"、听觉传播的"讽诵"，以及口头转述的"告""曰"等形式，使得最基层民众能够实时获取并回应朝廷信息，从而巩固了帝国统治的基础。

　　在秦代县域内部，行政命令的传输不仅存在于县与乡之间的层级流动，也在县内各行政部门间运用文书记录和传递的方式进行。县廷作为县域文书流转的核心节点，以其为中心向县内各个部门及广大乡里辐射。值得注意的是，县域内文书传送通常能达到"当日达"的高效标准，这对提升基层行政效能起到了关键保障作用。此外，参与文书传送人员的身份多元性，映射出当时的社会结构特征，有助于我们更全面地理解秦代基层行政运作模式和社会实况。

　　秦汉时期的文书传递对于整个帝国行政效率具有至关重要的影响。为了确保中央政令能够及时且有效地向下传达，并能快速反馈至中央层面，秦朝设立了"行书律"等法律保障措施，并强调了行书人的核心作用。其中，专职的职业文书传递者——邮人，负责传递相对更为重要且紧急的文书，成为这类文书传递的主要依托。与此同时，在边远地区或边界地带，亭卒、捕盗等角色有时也会承担邮人的职责，利用邮政设施完成文书传递，满足"以邮行"的文书传递需求。除了专门的邮人外，基层官吏在某些情况下也会兼行文书传递之职。然而，走、牢人、隶臣妾等群体实际上构成了帝国基层文书传递的主要力量，尽管他们所传递的文书可能在运行范围、内容和性质上与邮人有所差异，但从他们的使用规模看，正是他们承载了基层大量而繁重的文书传递任务。这一群体的存在不仅确保了基层文书传递的及时性和准确性，更是基层行政体系有效运作的重要支撑。

第四节　秦汉时期文书传递方式与交通地理

　　在秦汉时期，帝国中央行政命令的及时与高效传达，是维系国家治理的关键。这一过程依赖于当时发达的文书传递体系，包括"以邮行"的方式和"以次传"的形式。① 前者主要应用于紧急且重要的文书传递，后者是在日常行政常

---

　　① 秦汉时期文书传递制度、方式的研究论著较多，参见熊铁基：《秦代的邮传制度——读云梦秦简札记》，《学术研究》1979 年第 3 期；薛英群：《汉代官文书考略》，《汉简研究文集》，兰州：甘肃人民出版社，1984 年；高敏：《秦汉邮传制度考略》，《历史研究》1985 年第 3 期；李均明：《汉简所见"行书"文书述略》，甘肃省文物考古研究所编《秦汉简牍论文集》，兰州：甘肃人民出版社，1989 年；张玉强：《汉简文书传递制度述论》，《人文杂志》1994 年 5 期；谢桂华：《尹湾汉墓简牍和西汉地方行政制度》，《文物》1997 年第 1 期；马楚坚：《中国古代的邮驿》，北京：商务印书馆，1997 年；高荣：《秦汉邮书管理制度初探》，李学勤、谢桂华主编《简帛研究二〇〇二/二〇〇三》，桂林：广西师范大学出版社，2005 年，第 209~220 页；陈伟：《秦与汉初的文书传递系统》，中国社会科学院考古研究所等编《里耶古城·秦简与秦文化研究——中国里耶古城·秦简与秦文化国际学术研讨会论文集》，北京：科学出版社，2009 年，第 150~156 页，收入《燕说集》，北京：商务印书馆，2011 年，第 362~382 页；[日]藤田胜久：《里耶秦简所见秦代郡县的文书传递》，中国社会科学院考古研究所等编《里耶古城·秦简与秦文化研究——中国里耶古城·秦简与秦文化国际学术研讨会论文集》，北京：科学出版社，2009 年，又见武汉大学简帛研究中心主办《简帛》第 8 辑，上海：上海古籍出版社，2013 年。

见的文书传递形式。文书传递的效率不仅取决于传递方式，还与当时的交通基础设施密切相关。通过对出土秦汉简牍中关于道路里程的分析，我们可以窥见当时交通网络的发达程度，这些简牍为研究秦汉时期的交通地理状况提供了珍贵的第一手资料。本节将结合文书传递的方式，探讨秦汉时期交通地理的具体情况，以及这一基础设施如何支撑了帝国的行政效率。

一、"以邮行"及相关交通地理

1. 以邮行

邮的出现比较早，春秋战国时期已有邮，邮的最初含义为处于田野的庐舍。《礼记》卷25《郊特牲》载："飨农及邮表畷。"孙希旦集解曰："邮，田间庐舍也。"[1]这里的"邮"似是位于田间地带。《尔雅》卷2《释言》曰："邮，过也。"郭璞注："道路所经过。"[2]《孟子·公孙丑上》载孔子曰："德之流行，速于置邮而传命。"[3]《说文》卷6《邑部》曰："邮，竟(境)上行书舍也。从邑垂，垂，边也。"[4]《说文》中的邮又多存在于边境之处，这里的边境既可以是国境，也可指郡县乡里之境，功能主要是文书传递。《汉书》卷83《薛宣传》："桥梁邮亭不修。"颜师古注："邮，行书之舍。"[5]同书卷75《京房传》载："因邮上封事。"[6]张家山汉简《二年律令·行书律》载："邮各具席，设井磨。吏有县官事而无仆者，邮为炊；有仆者，叚(假)器，皆给水浆。"[7]由此看来，邮应为设置在交通要道上的具有传递文书功能的机构，并且还可以为有公事的吏员提供

① 孙希旦著，沈啸寰、王星贤点校：《礼记集解》，北京：中华书局，1989年，第695~696页。
② 郭璞：《尔雅》影印本，上海：商务印书馆，1937年，第17页。
③ 赵岐注，孙奭疏：《孟子注疏》，李学勤主编《十三经注疏：整理本》，北京：北京大学出版社，2000年，第84页。
④ 段玉裁：《说文解字注》，北京：中华书局，2013年，第132页。
⑤ 班固：《汉书》，北京：中华书局，1962年，第3397页。
⑥ 班固：《汉书》，北京：中华书局，1962年，第3164页。
⑦ 彭浩等：《二年律令与奏谳书：张家山二四七号汉墓出土法律文献释读》，上海：上海古籍出版社，2007年，第199页。

膳食等服务的机构，同时邮也具有住宿功能。周家台三十号秦墓竹简就有多处
"宿邮"的记载。① 岳麓书院藏秦简《卅五年私质日》记录了简文主人自江陵至
咸阳往返所经地名，其中住宿过的邮有"临沃邮""广邮""康口邮""商街邮"
"□□邮""日土邮"六个邮。②

　　邮一般设置在交通要道上。邮与邮之间的邮路，则可能分布在郡与郡之间
的干道上，而以京师为中枢。③ 从出土材料来看，郡、县、乡之间大都会有邮
路相通。地理环境恶劣或地近边疆之地，即使不便设置邮人，也会以"亭卒"
"捕盗"来代替。张家山汉简《行书律》对此有明确规定："畏害及近边不可置邮
者，令门亭卒、捕盗行之。……地险陕不可邮者，得进退就便处。"④尹湾汉墓
简牍《集簿》记载东海郡有"县、邑、侯国卅八……邮卅四"。⑤ 据《东海郡吏员
簿》设置"邮佐"的县有 6 个，共邮佐 10 人（表 4.4.1）。

表 4.4.1　东海郡邮佐数量

序号	属县	邮佐数量
1	下邳	2
2	郯	2
3	费	2
4	利成	1

① 湖北省荆州市周梁玉桥遗址博物馆编：《关沮秦汉墓简牍》，北京：中华书局，
2001 年，第 93 页。

② 朱汉民、陈松长主编：《岳麓书院藏秦简（一）》，上海：上海辞书出版社，2010
年。"广"原释文缺释，蒋文释为"广"，参见蒋文：《岳麓秦简（三十五年质日）地理初探》，
复旦大学出土文献与古文字中心网 2011 年 4 月 5 日。

③ 陈伟：《秦与汉初的文书传递系统》，中国社会科学院考古研究所等编《里耶古
城·秦简与秦文化研究——中国里耶古城·秦简与秦文化国际学术研讨会论文集》，北京：
科学出版社，2009 年，第 151 页，收入《燕说集》，北京：商务印书馆，2011 年，第 365
页。

④ 彭浩等：《二年律令与奏谳书：张家山二四七号汉墓出土法律文献释读》，上海：
上海古籍出版社，2007 年，第 199 页。

⑤ 张显成、周丽群：《尹湾汉墓简牍校理》，天津：天津古籍出版社，2011 年，第 3
页。

续表

序号	属县	邮佐数量
5	临沂	2
6	兰旗	1
总计	6	10

　　将这六个设置有邮佐的县标注在地图上，如图4.4.1，兰旗今地无考，暂缺。

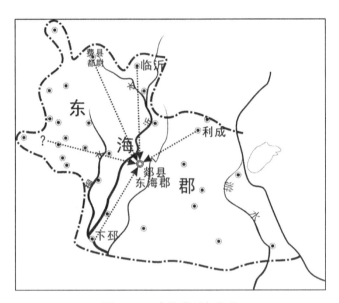

图4.4.1　东海郡置邮佐县

　　由图4.4.1可见，设置有邮佐的县，大致以东海郡治郯县为中心分布在东海郡界处。这几处设邮佐的县，应该会有邮路与东海郡相通。如此看来，郡之内，县之间也应当有邮路相连。兰旗县今地无考，应在交通和政区分布较为密集之地。若依此分布规律，则可能在东海郡西部，通往鲁国、楚国和沛郡的交通要道上。东海郡有38个县邑侯国，邮34个。没有设置邮的县邑，就依规定以亭代替。在这些地区，亭的功能与邮类似，而亭卒也就担负起邮人的职责，这与行书律中的规定也相符合。由此可知，"以邮行"在更广泛的意义上是指"以邮人行"，在没有设置邮的县邑邮人则不可或缺，"邮人"行书则可按规定使用"邮"所提供的服务。

2. "以邮行"所见交通地理

张家山汉简，简264载："十里置一邮。南郡江水以南，至索南水，廿里一邮。"简266-267载："北地、上、陇西，卅里一邮；地险陕不可邮者，得进退就便处。"[1]可知"邮"的设置会根据所在地区的地理环境而有所增减，而不能设置"邮"的地方，亦可以"就便处"。那么邮人行书所要使用的主要机构是"邮"，若是邮置不便亦当有其他机构可以借用。

岳麓书院藏秦简《卅五年私质日》记录了主人"旅行"路线，地点是从南郡的江陵到都城咸阳，行程大致是一个往返的过程，学界对这一路线上的地点有很多讨论。[2] 简文中主人住宿的邮有6处之多，二年律令行书律规定"擅以邮行，罚金二两"来看，简文主人很可能是位邮人或相关工作人员，他要做的工作可能是以邮行书。现将简文所载经过的地点及日期列于下：

> 己未宿当阳—庚申宿销—宿辛酉䈞乡—甲子宿邓—丙寅宿临沃邮—丁卯宿杏乡—戊辰宿丽—己巳宿□邮—庚午宿关—壬申宿博望乡—癸酉宿康口邮—甲戌宿高平乡—乙亥宿戏—丙子宿咸阳—乙酉归宿丽—丙戌宿戏—戊子宿郑—辛卯宿商街邮—癸巳宿□□邮—甲午宿□乡—乙未宿日土邮—

---

① 彭浩等：《二年律令与奏谳书：张家山二四七号汉墓出土法律文献释读》，上海：上海古籍出版社，2007年，第197~198页。

② 参见陈伟：《岳麓秦简〈三十五年质日〉地名小考》，《历史地理》第26辑，上海：上海人民出版社，2012年，第442~445页；陈伟：《秦简牍校读及所见制度考察》，武汉：武汉大学出版社，2017年，第216~222页；蒋文：《岳麓秦简〈三十五年质日〉地理初探》，简帛网，2011年4月5日；李都都：《岳麓秦简质日释地九则》，湖北省社会科学院组编《楚学论丛》第2辑，武汉：湖北人民出版社，2012年，第66~77页；郭涛：《岳麓书院藏秦"质日"简交通地理考》，《历史地理》第30辑，上海：上海人民出版社，2014年，第239~248页。

(丙申—戊戌)宿析—壬寅宿环望。①

简文记录的几处关键地点："关—博望乡—康口邮—高平乡—戏—咸阳—丽—戏—郑"，据此可知，简文主人来回应是同一路线，中间并未绕行他地，这有助于考证这些地名的相对位置。下面对这几处关键地名所在地逐一考述，以大致复原来回路线。

（1）当阳。

今湖北荆门市南。②

（2）销。

湖北省今钟祥市东桥镇谢家湾。③

（3）箬乡。

陈伟认为当在今钟祥市西北胡集镇丽阳村一带，④ 当是。

（4）邓。

今湖北襄阳市北邓城遗址。⑤

---

① 简文地点及日期参见朱汉民、陈松长：《岳麓书院藏秦简（一）》，上海：上海辞书出版社，2010 年，第 91~106 页。

② 谭其骧：《中国历史地图集》（第 2 册），北京：中国地图出版社，1982 年，第 22~23 页。

③ 有关"销"的地望，学界讨论较多，今采用流行说法。相关研究参见：周振鹤：《〈二年律令·秩律〉的历史地理意义》，《学术月刊》2003 年第 1 期；周振鹤：《〈二年律令·秩律〉的历史地理意义（修订）》，简帛网，2003 年 11 月 23 日，再次修订版收入《长水声闻》，上海：复旦大学出版社，2010 年，第 178~187 页；周振鹤：《秦代汉初的销县——里耶秦简小识之一》，简帛网，2003 年 12 月 1 日；王焕林：《里耶秦简释地》，《社会科学战线》2001 年第 3 期；晏昌贵：《张家山汉简释地六则》，《江汉考古》2005 年第 2 期；收入《简帛数术与历史地理论集》，北京：商务印书馆，2010 年；黄锡全：《湘西里耶地理木牍补议》，简帛网，2007 年 1 月 27 日，收入《古文字与古货币文集》，北京：文物出版社，2009 年；蒋文：《岳麓秦简〈三十五年质日〉地理初探》，复旦大学出土文献与古文字研究网，2011 年 4 月 5 日；王琢玺：《秦销县小考》，《中国历史地理论丛》2014 年第 3 期。

④ 陈伟：《秦简牍校读及所见制度考察》，武汉：武汉大学出版社，2017 年，第 218 页。

⑤ 国家文物局主编：《中国文物地图集·湖北分册》（上册），西安：西安地图出版社，2002 年，第 132 页。

（5）临沃邮。

郭涛认为地近临湍水，可能在唐代"临湍驿"附近。从简文来看，从邓到临沃邮，要2天行程，距离至少60多千米。据此推算可能在河南省邓州市构林镇乐成古城、高洼古城一带，① 这里秦汉遗迹较多，距离上看也与两日行程相合，当是。

（6）杏乡。

蒋文认为即是文献中的杏聚，在今鄂豫边界，桐柏山南麓附近。② 郭涛以为在今河南新野和内乡县之间。③ 据简文的一日行程推测，当在河南省邓州张村遗址一带，④ 地又近秦汉时冠军古城，秦汉遗迹遗物较多。

（7）丽。

整理者以为今河南南阳西北。陈伟认为应是南郦，在湍水沿岸，宛城之西，地近析县、武关。⑤ 郭涛认为在邓州新城县西北40里。⑥ 据简文时间和距离，我们认为，此处的丽当为今河南西峡县的北郦县故城，⑦ 其地距离前一地点和下一地点距离时间与行程相一致。

（8）关。

简文整理者（下简称整理者）疑是武关，蒋文疑为方关，⑧ 陈伟、郭涛等认为即秦置武关，为南阳盆地入关中的交通要隘，今陕西省丹凤县有武

---

① 国家文物局主编：《中国文物地图集·河南分册》，北京：中国地图出版社，2002年，第230页。

② 蒋文：《岳麓秦简〈三十五年质日〉地理初探》，简帛网，2011年4月5日。

③ 郭涛：《岳麓书院藏秦"质日"简交通地理考》，《历史地理》第30辑，上海：上海人民出版社，2014年，第239~248页。

④ 国家文物局主编：《中国文物地图集·河南分册》，北京：中国地图出版社，2002年，第230页。

⑤ 陈伟：《秦简牍校读及所见制度考察》，武汉：武汉大学出版社，2017年，第221页。

⑥ 郭涛：《岳麓书院藏秦"质日"简交通地理考》，《历史地理》第30辑，上海：上海人民出版社，2014年，第239~248页。

⑦ 国家文物局主编：《中国文物地图集·河南册》，北京：中国地图出版社，2002年，第226页。

⑧ 蒋文：《岳麓秦简〈三十五年质日〉地理初探》，简帛网，2011年4月5日。

关城遗址,① 简文所载的"关"当在此地。

（9）博望乡。

整理者认为地望不详,蒋文以为即汉南阳郡犨县博望乡。② 郭涛认为在今陕西商洛市附近,或在峣关附近。③ 根据简文主人来回为同一路线,以及回来时的"丽""戏""郑",三地应在同一条线上,来回都经过的地点"戏",这三地又都在骊山北麓,与蓝田县不在一线,可能是交通的原因,简文主人没有经今蓝田,过西安直达咸阳,应该是出武关,经武关道,过蓝田西北,到今渭南市,过西安,最后到达目的地咸阳,即从骊山东麓北上西转经骊山北麓。如此,下面的地点"博望乡""康口邮""高平乡"应在这一条线上,据该人每天行程和日期,可知大致每天行走 30 千米。去程因有公事,故在路上不会耽误,更需遵守行书律中的时效要求。由此推算博望乡或在今商州市黑龙口镇,今地有黑龙口栈道遗址,④ 或与此邮路有关,且今 G312 高速公路,S101 省道皆由此经过。沿 S101 省道,过武关道可达下一站"康口邮"。

（10）康口邮。

整理者未释其地。蒋文以为在今唐河下游。⑤ 而"康"字也可能是"唐"字。李都都认为在今西安市区附近。⑥ 郭涛认为当在今陕西蓝田县西,⑦ 近是。根据上考博望乡所在,康口邮应在蓝田县西北,具体或在今蓝田玉山镇、九间房一带。简文主人自博望乡出发,沿今流峪河西岸的武关道可达。

---

① 陈伟：《秦简牍校读及所见制度考察》,武汉：武汉大学出版社,2017 年,第 221 页；郭涛：《岳麓书院藏秦"质日"简交通地理考》,《历史地理》第 30 辑,上海：上海人民出版社,2014 年,第 239~248 页；国家文物局主编：《中国文物地图集·陕西分册》（上册）,西安：西安地图出版社,1998 年,第 355 页。

② 蒋文：《岳麓秦简〈三十五年质日〉地理初探》,简帛网,2011 年 4 月 5 日。

③ 郭涛：《岳麓书院藏秦"质日"简交通地理考》,《历史地理》第 30 辑,上海：上海人民出版社,2014 年,第 239~248 页。

④ 国家文物局主编：《中国文物地图集·陕西分册》（上册）,西安：西安地图出版社,1998 年,第 350 页。

⑤ 蒋文：《岳麓秦简〈三十五年质日〉地理初探》,简帛网,2011 年 4 月 5 日。

⑥ 李都都：《岳麓秦简质日释地九则》,湖北省社会科学院组编《楚学论丛》第 2 辑,武汉：湖北人民出版社,2012 年,第 66~77 页。

⑦ 郭涛：《岳麓书院藏秦"质日"简交通地理考》,《历史地理》第 30 辑,上海：上海人民出版社,2014 年,第 239~248 页。

（11）高平乡。

整理者未释，李都都认为在陕西西安市区，或为唐代"万年县高平乡"，①郭涛认为应在蓝田县西。② 从行程、道里、方向、时间来看，高平乡或在今渭南市境内。

（12）戏。

郭涛认为在今陕西潼关东北戏水西岸，但与简文所述不合且相去甚远，非秦时地。③ 当在今西安市临潼区戏河沟墓葬区附近，西边不远即是鸿门遗址。④

（13）咸阳。

简文主人目的地秦都城，在今咸阳市渭城区，有秦咸阳城遗址。⑤

综合上述，这条邮路自当阳起至南阳西转过武关，经商洛市西北行，路过蓝田东北，绕骊山东麓到渭南后西行，经骊山北麓达到咸阳。这条路上设有多处邮，那些没有加通名"邮"的地点很可能也是邮，抑或为"行书律"中的"便处"。

二、"以置行"所见交通地理

《二年律令·津关令》简 517 载曰："长沙地卑湿，不宜马，置缺不备一驷，未有传马，请得买马十，给置传，以为常。"《后汉书》卷 68《郭太传》："又识张孝仲刍牧之中，知范特祖邮置之役"，注引《说文》曰："邮，境上传书舍也。"《广雅》曰："邮，驿也。"置亦驿也。《风俗通》曰："汉改邮为置。置

---

①　李都都：《岳麓秦简质日释地九则》，湖北省社会科学院组编《楚学论丛》第 2 辑，武汉：湖北人民出版社，2012 年，第 66~77 页。

②　郭涛：《岳麓书院藏秦"质日"简交通地理考》，《历史地理》第 30 辑，上海：上海人民出版社，2014 年，第 239~248 页。

③　郭涛：《岳麓书院藏秦"质日"简交通地理考》，《历史地理》第 30 辑，上海：上海人民出版社，2014 年，第 239~248 页。

④　国家文物局主编：《中国文物地图集·陕西分册》（上册），西安：西安地图出版社，1998 年，第 146 页。

⑤　国家文物局主编：《中国文物地图集·陕西分册》（上册），西安：西安地图出版社，1998 年，第 195 页。

者，度其远近之间置之也。"① 则"置"为汉时邮书机构，还设置有"置丞"等官吏进行管理。② 西北汉简有大量"置"的记录，这些"置"的相关地点则构成了从都城长安到西域的交通地理。

1. 居延汉简里程简所见"置"的交通地理

1973—1974 年，甘肃居延考古队在内蒙古额济纳旗破城子遗址发掘出了一枚里程简，编号为 74E. P. T59.582，书写形式为自上而下分四栏竖写，每栏从右往左书写，该简右部残断佚失，每栏现存四行文字。从简文内容看，记录了从都城长安到河西走廊的一条驿置路线。释文如下：

> 长安至茂陵七十里
> 茂陵至茯置卅五里
> 茯置至好止七十五里
> 好止至义置七十五里
> ……（第一栏）③
> 月氏至乌氏五十里
> 乌氏至泾阳五十里
> 泾阳至平林置六十里
> 平林置至高平八十里
> ……（第二栏）
> 媪围至居延置九十里
> 居延置至觻里九十里
> 觻里至婼次九十里
> 婼次至小张掖六十里

---

① 应劭著，王利器校注：《风俗通义校注》，北京：中华书局，1981 年，第 578 页。
② 张俊民：《悬泉汉简"置丞"简与汉代邮传管理制度的演变》，《中国古中世史研究》第 20 辑，2008 年 8 月，收入《简牍学论稿：聚沙篇》，兰州：甘肃教育出版社，2014 年，第 440~456 页。
③ 这枚木牍左部残缺一部分，省略号为笔者所加，示简文佚失部分内容。

……（第三栏）

删丹至日勒八十里

日勒至钧著置五十里

钧著置至屋兰五十里

屋兰至氐池五十里

……（第四栏）①

学者们对这一路线上的地名地望研究较多，②综合各家观点，并主要依据简文内容为准则，对这一路线上的地名作一考述，以准确复原这一路线。

（1）长安。

西汉都城，治今西安市西北汉城。今存有汉长安城遗址。③

（2）茂陵。

今陕西兴平市东北。④有茂陵遗址。⑤

（3）获置。

① 马怡、张荣强主编：《居延新简释校》，天津：天津古籍出版社，2013年，第625页。

② 参见李并成：《河西走廊历史地理》，兰州：甘肃人民出版社，1995年；胡平生、张德芳：《敦煌悬泉汉简释粹》，上海：上海古籍出版社2001年，第56～59页；郝树声：《敦煌悬泉里程简地理考述》，《敦煌研究》2000年第3期；《敦煌悬泉里程简地理考述续》，《敦煌研究》2005年第6期；吴礽骧：《河西汉代驿道与沿线古城小考》，李学勤、谢桂华主编《简帛研究二〇〇一》，桂林：广西师范大学出版社，2001年，第336～357页；郝树声、张德芳：《悬泉汉简研究》，兰州：甘肃文化出版社，2008年，第106～133页；宁瑞栋：《汉敦煌郡渊泉县城新考》，《丝绸之路》2011年第18期；张俊民：《有关西汉渊泉县的几个问题》，杨振红、邬文玲主编《简帛研究二〇一五》，桂林：广西师范大学出版社，2015年，第127～141页；刘再聪：《居延里程简所记高平媪围间线路的考古学论证》，张德芳主编《甘肃省第二届简牍学国际学术研讨会论文集》，上海：上海古籍出版社，2012年，第119～128页。又见《居延里程简所记高平媪围间线路的考古学补证》，《吐鲁番研究》2014年第2期。文中如有引上述学者观点皆出其文，不再注明出处。

③ 国家文物局主编：《中国文物地图集·陕西分册》（上册），西安：西安地图出版社，1998年，第136页。

④ 周振鹤：《汉书地理志汇释》，合肥：安徽教育出版社，2006年，第55页。

⑤ 国家文物局主编：《中国文物地图集·陕西分册》（上册），西安：西安地图出版社，1998年，第215页。

吴礽骧认为西汉后期有条北驿道，走向自长安至茂陵(今陕西兴平县西北)，转而西北，沿泾水经好止(今陕西乾县东的好畤村)、漆县(今陕西彬县)、阴槃(今陕西长武县西北)、安定(今甘肃泾川县泾河北岸)，再沿颎河至泾阳，再转北萧关(今宁夏彭阳县)，沿硖石川向西北，至安定郡治高平县(今宁夏固原县)。① 则获置应在这一线，距茂陵卅五里，② 距好止七十五里。据此，该置可能在今兴平市店张镇，即 212 县道与 G312 交叉口处，这条路应是兴平市通往礼泉县的交通要道，且距离前后两处地点的距离相符，故获置在此较为合理。

(4)好止。

《汉书》卷 28《地理志》右扶风有"好畤"，王先谦补注曰："秦邑，嫪毐斩于此，见《吕不韦传》。雍东有好畤，故县得名。"③嘉庆《一统志》(下简称《一统志》)，故城今乾州东北七里。④ 引州志云，东十里有好畤村。今县东北有秦好畤故城。⑤ 据简文好止应是好畤。

(5)义置。

距离好止七十五里，且在北驿道一线。应在今永寿县北，具体或在蒿店烽燧遗址一带。⑥ 烽燧既可以示警亦可以用以邮传。从简文所述，地名排列方向大致为东南向西北，简文义置到月氏之间残缺，地点不可考。但据简文中两置之间的距离为 50~90 里，取平均数，大约每两个置之间的平均距离约 70 里(约 30 千米⑦)。今从义置(永寿县)沿永寿县 G70 公路到泾川县接 G22 公路到

① 吴礽骧：《河西汉代驿道与沿线古城小考》，李学勤、谢桂华主编《简帛研究二〇〇一》，桂林：广西师范大学出版社，2001 年，第 338 页。

② 《居延新简释校》改释为"卅五里"，据该简图版字形应为"卅五里"，参见甘肃省文物考古研究所等编：《居延新简》，北京：中华书局，1994 年，第 389 页。

③ 王先谦：《汉书补注》，上海：上海古籍出版社，2008 年，第 2210 页。

④ 穆彰阿、潘锡恩等：《大清一统志》，上海：上海古籍出版社，2008 年。

⑤ 国家文物局主编：《中国文物地图集·陕西分册》(上册)，西安：西安地图出版社，1998 年，第 217 页。

⑥ 国家文物局主编：《中国文物地图集·陕西分册》(上册)，西安：西安地图出版社，1998 年，第 200 页。

⑦ 简文中的 1 里约等于今 0.42 千米，换算比率据梁方仲：《中国历代度量衡变迁表》，《中国历代户口、田地、田赋统计》，北京：中华书局，2008 年，第 738 页；丘光明：《中国历代度量衡考》，北京：科学出版社，1992 年，第 10 页。

月氏(今凉市白水乡)，全长约150千米，这段路程应有3个置的距离，推测这3个置很可能位于这条路上泾川县、长武县、彬县境内。

(6)月氏。

流行说法认为在今固原市南隆德县西吉县交界处。① 然而与简文所述里程及位置不符合。张多勇通过考古资料及实地踏查，认为应该在今平凉市花所乡瘪家沟。② 1982年，崇信县黄寨乡何湾村庙家山出土一件"货泉"铜母范，在母范背面铸有铭文"月氏"，时代为新莽时期。③ 则月氏应在今甘肃省平凉市白水乡与崇信县黄寨乡一带，按简文里程，具体位置当靠近白水乡北。

(7)乌氏。

周振鹤认为在今固原市东南。④ 吴礽骧也持此看法。今固原市彭阳县古城镇有朝那古城。朝那古城时代为汉—宋，在城内出土有陶制下水管道、云纹半瓦当和铜鼎。鼎身铭文有"第廿九年朝那容二斗二升，重十二斤四两"，"今二斗一升乌氏"。⑤ 张多勇考证乌氏在今平凉市十里铺，⑥ 认为乌氏辖境曾经北扩，与简文相合，当是。

(8)泾阳。

汉代泾阳治今甘肃平凉市西北，安国镇丰乐堡有泾阳县古城遗址。⑦

(9)平林置。

在泾阳与高平之间的一段驿路上。据张多勇实地考察，泾阳至高平有两条路可走，其一条是"瓦亭道"，即沿今天平凉至固原的G312公路，依次经嵩店

---

① 谭其骧：《中国历史地图集》(第2册)，北京：地图出版社，1982年，第33~34页；史为乐：《中国历史地名大辞典》，北京：中国社会科学出版社，2005年，第1672页。

② 张多勇：《从居延汉简E. P. T59.582看汉代泾阳县、乌氏县、月氏道城址》，《敦煌研究》2008年第2期。

③ 周荣：《甘肃崇信出土"货泉"铜母范》，《文物》1989年第5期。

④ 周振鹤：《汉书地理志汇释》，合肥：安徽教育出版社，2006年，第368页。

⑤ 国家文物局主编：《中国文物地图集·宁夏回族自治区分册》，北京：文物出版社，2010年，第416页。

⑥ 张多勇：《从居延汉简E. P. T59.582看汉代泾阳县、乌氏县、月氏道城址》，《敦煌研究》2008年第2期。

⑦ 史为乐：《中国历史地名大辞典》，北京：中国社会科学出版社，2005年，第1677页。

乡、三关口、瓦亭、萧关、青石嘴、开城、至固原；另一条路为"泾阳—朝那道"，沿今安国乡"河北的火龙沟北上至洪河河谷的彭阳县新集乡，再翻越姚家原至古城镇(汉朝那县治所)，再沿茹河河谷至青石嘴、开城梁、开城至固原"。① 第二条路山多沟深，不宜行走且路途遥远。第一条路沿路多还带遗址，重要的有上蒿店遗址、三关口遗址、萧关、瓦亭故址、开城城址等。此路在明代也是一条重要的驿路。② 依据简文里程，平林置应该在今泾源县大湾乡附近应不会相差多远。

（10）高平。

《一统志》故城今固原州治。据简文里程，大致在今宁夏固原县清河镇。该枚里程简所载地名前后相接，但高平至媪围因简牍残损缺失，刘再聪利用考古资料结合里程简的内容，推测了从高平到媪围的路线及里程，即：固原——海原——西安州（盐池）——打拉池——法泉寺——缠州城、柳州城——黄湾、迭烈逊渡口——三角城——索桥。③ 这条线路从固原市出发，大致沿 G70 福银高速公路北走，在宁夏固原市黑城镇向西转入黑海高速，到海原县沿 S20 省道到海原县西安镇，走 X406 县道经古关寨到甘肃省靖远县盐池乡，转 S308 省道经白银市平川区的黄峤乡、红山寺到达白银市平川区，转 G6 京藏高速公路，在平川区王家山镇转 G109 国道，在靖远县北滩乡转 S308 省道到达甘肃景泰县。这条路线沿着现代交通路线及其附近的考古资料进行的推测，从现代交通意义上比较便捷，但比较绕远，对于文书传递的时效性来讲不太合适。从谭其骧主编《中国历史地图集》（第 2 册）秦汉部分来看，上述从高平到媪围的这条路线上，没有县级行政建置，几乎是一片无人区，在此地区进行邮驿设置似无必要。而从固原市向西，沿 G309 国道经宁夏西吉县，可到汉代的祖厉县（今

---

① 张多勇：《从居延汉简 E. P. T59.582 看汉代泾阳县、乌氏县、月氏道城址》，《敦煌研究》2008 年第 2 期。

② 杨正泰：《明代驿站考（增订本）》，上海：上海古籍出版社，2006 年，第 122 页。

③ 刘再聪：《居延里程简所记高平媪围间线路的考古学论证》，张德芳主编《甘肃省第二届简牍学国际学术研讨会论文集》，上海：上海古籍出版社，2012 年，第 119~128 页。又《居延里程简所记高平媪围间线路的考古学补证》，《吐鲁番研究》2014 年第 2 期，第 19~28 页。

会宁西北),《汉书》卷 6《武帝纪》载武帝"遂逾陇,登空同,西临祖厉河而还"。① 可知高平到祖厉应有一条路线,且西吉县境内这条路线附近的烽燧遗址、城址较多,如怀远寨址、夏寨烽燧遗址、城关遗址等。从会宁到靖远县,沿 S207 省道北上,一线有会宁县二十里铺汉墓群、甘沟驿镇、郭城驿镇、汉祖厉县遗址郭蛤蟆城等重要遗址。其中甘沟驿、郭城驿在明代仍是重要的驿站。② 而从靖远县过黄河就直接到达景泰县的中泉乡,汉代媪围遗址也在今景泰县。这条线路为简牍所缺失高平到媪围路线的可能性更大(见图 4.4.2)。

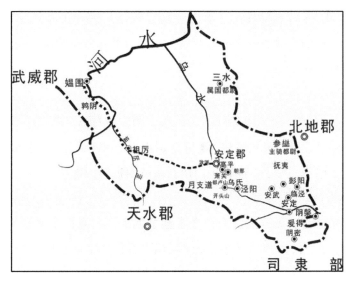

图 4.4.2　高平—媪围驿路

(本图据《中国历史地图集》改绘③)

(11)媪围。

周振鹤认为在皋兰县西北一带。④ 李并成、吴礽骧认为治今甘肃省景泰县

①　班固:《汉书》,北京:中华书局,1962 年,第 185 页。

②　杨正泰:《明代驿站考(增订本)》,上海:上海古籍出版社,2006 年,第 122 页。

③　谭其骧:《中国历史地图集》(第 2 册),北京:地图出版社,1982 年,第 33～34页。

④　周振鹤:《汉书地理志汇释》,合肥:安徽教育出版社,2006 年,第 357 页。

芦阳镇。① 根据简文内容所示的高平到媪围的路线走向，媪围应在芦阳镇吊沟村北城遗址。

（12）居延置。

吴礽骧考证在景泰县寺滩乡三道埫村，② 据简文里程，当是。

（13）鰈里。

吴礽骧认为鰈里非乡里名，应为驿置名，然简文中的置，皆署通名"置"，此独不署或非驿置。在今古浪县民权乡大景河东岸有一个名为"三角城"的遗址，或为汉朴䴗县遗址。鰈里在该遗址以北、大景河西岸、大景乡政府所在的东西驿道上。③ 据简文里程，这里据居延置较远，应该在大景乡东裴家营一带。居延置所在的寺滩乡有寺滩邮政所，这里有裴家营邮政所，今天邮政所治或是当时邮置所在。

（14）揟次。

《居延新简释校》释文作"婿次"，按此字图版为字，似应作"揟"。④ 周振鹤认为在古浪县北。⑤ 吴礽骧将"鰈里至婿次九十里"误作"六十里"计算，考证在古浪县土门镇一带，⑥ 应在土门镇新墩岭附近较为准确。

（15）小张掖。

武威郡张掖县，周振鹤认为在今古浪县西北。⑦ 吴礽骧考证在今武威市七里堡一带。然而将"揟次至小张掖六十里"看作"六十七里"，故有些偏差。

---

① 李并成：《河西走廊历史地理》，兰州：甘肃人民出版社，1995 年，第 49 页；吴礽骧：《河西汉代驿道与沿线古城小考》，李学勤、谢桂华主编《简帛研究二○○一》，桂林：广西师范大学出版社，2001 年，第，341 页。

② 吴礽骧：《河西汉代驿道与沿线古城小考》，李学勤、谢桂华主编《简帛研究二○○一》，桂林：广西师范大学出版社，2001 年，第 343 页。

③ 吴礽骧：《河西汉代驿道与沿线古城小考》，李学勤、谢桂华主编《简帛研究二○○一》，桂林：广西师范大学出版社，2001 年，第 341 页。

④ 甘肃省文物考古研究所等编：《居延新简》，北京：中华书局，1994 年，第 389 页。

⑤ 周振鹤：《汉书地理志汇释》，合肥：安徽教育出版社，2006 年，第 356 页。

⑥ 吴礽骧：《河西汉代驿道与沿线古城小考》，李学勤、谢桂华主编《简帛研究二○○一》，桂林：广西师范大学出版社，2001 年，第 341 页。

⑦ 周振鹤：《汉书地理志汇释》，合肥：安徽教育出版社，2006 年，第 355 页。

郝树声认为汉张掖县的具体位置在武威市南谢河乡的武家寨子。① 据简文意，当是。1984 年，甘肃省文物考古研究所在武威市韩佐乡五坝山 3 号汉墓中，发掘一枚释文为"张掖西乡定武里"的木牍。② 或能说明这里应是小张掖所在。

（16）删丹。

周振鹤认为治今甘肃山丹县。③ 吴礽骧考证在山丹县李桥乡一带。李并成认为在今山丹县霍城乡双湖村的双湖古城。④ 从里程上看，删丹至日勒八十七里，相当于今天的 36 千米左右。日勒在山丹县位奇镇，而霍城镇、李桥乡距离位奇镇都过于近。我们认为应在山丹县大马营乡新墩三磨盘一带，与位奇镇距离合适，且位于武威永昌县到山丹县 X520 县道上，这条路应是武威到张掖的较早的一条通道。

（17）日勒。

《一统志》故城今山丹县东南。吴礽骧考证在山丹县西南、山丹河西南岸。日勒城位于汉塞与弱水交汇处，城北对今龙首山红寺沟口。⑤ 李并成考证当在今山丹县位奇镇十里堡村的五里墩古城，⑥ 当是。

（18）钧著置。

李并成考证应在今山丹县东乐乡十里堡村一带。吴礽骧亦持此说，认为"钧著"或是《汉书》卷 55《霍去病传》中提到的"票骑将军涉钧耆，济居延"的"钧耆"，⑦ 为一水名的匈奴语音译。

（19）屋兰。

---

① 郝树声：《敦煌悬泉里程简地理考述》，《敦煌研究》2000 年第 3 期。
② 李均明、何双全：《散见简牍合辑》，北京：文物出版社，1990 年，第 25 页。
③ 周振鹤：《汉书地理志汇释》，合肥：安徽教育出版社，2006 年，第 355 页。
④ 李并成：《河西走廊历史地理》，兰州：甘肃人民出版社，1995 年，第 62 页；吴礽骧：《河西汉代驿道与沿线古城小考》，李学勤、谢桂华主编《简帛研究二○○一》，桂林：广西师范大学出版社，2001 年，第 341 页。
⑤ 吴礽骧：《河西汉代驿道与沿线古城小考》，李学勤、谢桂华主编《简帛研究二○○一》，桂林：广西师范大学出版社，2001 年，第 343 页。
⑥ 李并成：《河西走廊历史地理》，兰州：甘肃人民出版社，1995 年，第 67 页。
⑦ 班固：《汉书》，北京：中华书局，1962 年，第 2480 页。

周振鹤认为在今山丹县西北。① 李并成考证在今张掖城东碱滩乡古城村的东古城。吴礽骧亦同此说，② 认为屋兰县位于屋兰山南，应是以山名为县名。

（20）氐池。

周振鹤认为在今甘肃民乐县。③ 李并成认为在今民乐县李寨乡菊花地附近。吴礽骧认为在张掖河（羌谷水）以东、若水以南、今张掖市一带。郝树声考证当在张掖市东南郊梁家墩之地，与简文意合，④ 当是。

从小张掖到删丹简文缺失，然依路线而言，应有的置当在自武威经永昌县到删丹一线，两地相距170多千米，期间应有4个置。以上是居延汉简里程简所见的交通地理，这条路线虽有几处地名因简文残损而缺失，但简文叙述的路线及总体方向有一定原则，据此可以复原这一段交通路线的大体情况。

2. 敦煌悬泉里程简所见"置"的交通地理

1990年，甘肃省文物考古研究所在敦煌甜水井的汉代悬泉置遗址，发掘出一枚里程简，编号为 II 90DXT0214①：130，书写形式同居延新简的里程简，只是将居延简中的"至"改作"去"。释文如下：

……

仓松去鸾鸟六十五里

鸾鸟去小张掖六十里

小张掖去姑臧六十七里

姑臧去显美七十五里

---

① 周振鹤：《汉书地理志汇释》，合肥：安徽教育出版社，2006年，第359页。

② 李并成：《河西走廊历史地理》，兰州：甘肃人民出版社，1995年，第68页；吴礽骧：《河西汉代驿道与沿线古城小考》，李学勤、谢桂华主编《简帛研究二○○一》，桂林：广西师范大学出版社，2001年，第344页。

③ 周振鹤：《汉书地理志汇释》，合肥：安徽教育出版社，2006年，第359页。

④ 李并成：《河西走廊历史地理》，兰州：甘肃人民出版社，1995年，第70页；吴礽骧：《河西汉代驿道与沿线古城小考》，李学勤、谢桂华主编《简帛研究二○○一》，桂林：广西师范大学出版社，2001年，第344页。

……（第一栏）

……

垩池去觻得五十四里

觻得去昭武六十二里

府下昭武去祁连置六十一里

祁连置去表是七十里

……（第二栏）

……

玉门去沙头九十九里

沙头去乾齐八十五里

乾齐去渊泉五十八里

右酒泉郡县置十一

六百九十四里

……（第三栏）①

《敦煌悬泉汉简释粹》注释，这枚简下部和两侧残缺，正面分为三栏书写，每栏仅存 4 行字，每栏尚有缺文。全文应该是记载了武威、张掖、酒泉三郡的县置及道路里程。从简文"右酒泉郡县置十一"来看，简文仅存有酒泉郡县置 4 个，尚缺"玉门"到"表是"之间的 7 个地名。这 7 处地名若据《汉书·地理志》所载酒泉的郡县可推测其中的 5 个为禄福、绥弥、会水、乐涫、天陇，其余两个应为置一类地名。这些地名恰好与居延新简里程简上置的地名相连接，而且还提供了酒泉郡的驿路里程，两枚里程简相合组成了从长安通往河西走廊的几乎完整的置的里程路线。

（1）仓松。

《一统志》，故城今古浪县西，后汉改为昌松。周振鹤认为治今甘肃武威

---

① 胡平生、张德芳：《敦煌悬泉汉简释粹》，上海：上海古籍出版社 2001 年，第 56 页。

市东南。① 李并成考证在古浪县小桥堡村东南的堵城古城。吴礽骧认为在甘肃省古浪县黑松驿镇。郝树声认为在天祝藏族自治县安远镇，② 根据简文里程设置及地点的排列方向，当是。

（2）鸾鸟。

李并成认为在今永昌县水源乡北地村沙城子古城遗址，距离较远或非此地。吴礽骧、郝树声认为在古浪县小桥堡村一带，即堵城古城，③ 据简文里程或是。

（3）小张掖。

今武威市谢河镇。④

（4）姑臧。

李并成考证在今武威市金羊镇赵家磨村的锁阳城。《一统志》故城今武威县治。周振鹤、梁新民、吴礽骧、郝树声认为在今武威市。⑤据简文里程，应在武威市。

（5）显美。

李并成认为可能是武威市永丰乡朵浪村一带的朵浪城。与简文意不合。《一统志》，故城今永昌县东。治所当在今甘肃永昌县东。⑥ 吴礽骧、郝树声考证显美县城当在今武威西北之丰乐镇一带，⑦ 汉代显美城已不存，当是。

---

①　周振鹤：《汉书地理志汇释》，合肥：安徽教育出版社，2006 年，第 357 页。

②　李并成：《河西走廊历史地理》，兰州：甘肃人民出版社，1995 年，第 51 页；吴礽骧：《河西汉代驿道与沿线古城小考》，李学勤、谢桂华主编《简帛研究二〇〇一》，桂林：广西师范大学出版社，2001 年，第 340 页；郝树声：《敦煌悬泉里程简地理考述》，《敦煌研究》2000 年第 3 期。

③　李并成：《河西走廊历史地理》，兰州：甘肃人民出版社，1995 年，第 45 页；吴礽骧：《河西汉代驿道与沿线古城小考》，李学勤、谢桂华主编《简帛研究二〇〇一》，桂林：广西师范大学出版社，2001 年，第 340 页；郝树声：《敦煌悬泉里程简地理考述》，《敦煌研究》2000 年第 3 期。

④　吴礽骧：《河西汉代驿道与沿线古城小考》，李学勤、谢桂华主编《简帛研究二〇〇一》，桂林：广西师范大学出版社，2001 年，第 341~342 页。

⑤　周振鹤：《汉书地理志汇释》，合肥：安徽教育出版社，2006 年，第 355 页；梁新民：《姑臧故城位置初探》，《敦煌学辑刊》1987 年第 1 期。

⑥　周振鹤：《汉书地理志汇释》，合肥：安徽教育出版社，2006 年，第 360 页。

⑦　吴礽骧：《河西汉代驿道与沿线古城小考》，李学勤、谢桂华主编《简帛研究二〇〇一》，桂林：广西师范大学出版社，2001 年，第 342 页；郝树声：《敦煌悬泉里程简地理考述》，《敦煌研究》2000 年第 3 期。

（6）垕池。

张掖市东南郊梁家墩。①

（7）觻得。

《一统志》，故城今张掖县西北。李并成、吴礽骧、郝树声等认为在今张掖市西北黑水国遗址北城。② 据简文所载当是。

（8）昭武。

周振鹤认为治今甘肃临泽县东北。③ 李并成、吴礽骧、郝树声考证具体位置在临泽县东北方向的鸭暖乡昭武村处，④ 与简文里程及方向相合。

（9）祁连置。

据简文"昭武去祁连置六十一里"。吴礽骧、郝树声考证在今临泽县蓼泉乡西部的双泉堡一带，⑤ 当是。

（10）表是。

《一统志》，故城今高台县西。周振鹤亦认为治今甘肃高台县西。⑥ 郝树声考证汉之表是县城，光和三年（公元 180 年）地震前在高台县黑泉乡之定安村一带，光和三年地震后搬迁至高台县骆驼城乡。李并成考证在酒泉市屯升乡沙山村的新墩子城，地震后的表是县在今肃南裕固族自治县明海乡的草沟井城。

———————

① 吴礽骧：《河西汉代驿道与沿线古城小考》，李学勤、谢桂华主编《简帛研究二〇〇一》，桂林：广西师范大学出版社，2001 年，第 344 页。

② 李并成：《河西走廊历史地理》，兰州：甘肃人民出版社，1995 年，第 56 页；吴礽骧：《河西汉代驿道与沿线古城小考》，李学勤、谢桂华主编《简帛研究二〇〇一》，桂林：广西师范大学出版社，2001 年，第 344 页；郝树声：《敦煌悬泉里程简地理考述续》，《敦煌研究》2005 年第 6 期。

③ 周振鹤：《汉书地理志汇释》，合肥：安徽教育出版社，2006 年，第 358 页。

④ 李并成：《河西走廊历史地理》，兰州：甘肃人民出版社，1995 年，第 58 页；吴礽骧：《河西汉代驿道与沿线古城小考》，李学勤、谢桂华主编《简帛研究二〇〇一》，桂林：广西师范大学出版社，2001 年，第 345 页；郝树声：《敦煌悬泉里程简地理考述续》，《敦煌研究》2005 年第 6 期

⑤ 吴礽骧：《河西汉代驿道与沿线古城小考》，李学勤、谢桂华主编《简帛研究二〇〇一》，桂林：广西师范大学出版社，2001 年，第 345 页；郝树声：《敦煌悬泉里程简地理考述续》，《敦煌研究》2005 年第 6 期。

⑥ 周振鹤：《汉书地理志汇释》，合肥：安徽教育出版社，2006 年，第 361 页。

吴礽骧考证在今高台县宣化乡定平村一带。① 根据简文内容，汉之表是当在宣化镇一带。

自表是至玉门，简文内容不存，然此处唯有一条路线，则所缺地名当可处在这一线两侧。吴礽骧做了实地考察，可作为参考。②

（11）玉门。

《一统志》，故城今玉门县东。周振鹤治今甘肃玉门市西北。③ 玉门曾由敦煌以东地区西迁。④ 李并成、吴礽骧据敦煌汉简里程简及考古资料考证汉代玉门当在玉门市赤金镇一带，⑤ 论证理据充分，可从。

（12）沙头。

即《汉书·地理志》中的池头。《一统志》，故城今玉门县西南。周振鹤认为治今甘肃玉门市西北。⑥ 李并成考证在今玉门市的毕家滩古城。吴礽骧认为在玉门镇古城子一带，当是。⑦

（13）乾齐。

《一统志》故城今玉门县西南。周振鹤认为治所当在今甘肃玉门市西北。⑧ 李并成认为乾齐可能位于今玉门镇的回回城。吴礽骧考证在今玉门市黄闸湾乡

---

① 郝树声：《敦煌悬泉里程简地理考述续》，《敦煌研究》2005 年第 6 期；李并成：《河西走廊历史地理》，兰州：甘肃人民出版社，1995 年，第 89 页；吴礽骧：《河西汉代驿道与沿线古城小考》，李学勤、谢桂华主编《简帛研究二〇〇一》，桂林：广西师范大学出版社，2001 年，第 346 页。

② 吴礽骧：《河西汉代驿道与沿线古城小考》，李学勤、谢桂华主编《简帛研究二〇〇一》，桂林：广西师范大学出版社，2001 年，第 336~357 页。

③ 周振鹤：《汉书地理志汇释》，合肥：安徽教育出版社，2006 年，第 361 页。

④ 赵评春：《西汉玉门关、县及其长城建置时序考》，《中国历史地理论丛》1994 年第 2 期。

⑤ 李并成：《河西走廊历史地理》，兰州：甘肃人民出版社，1995 年，第 95 页；吴礽骧：《河西汉代驿道与沿线古城小考》，李学勤、谢桂华主编《简帛研究二〇〇一》，桂林：广西师范大学出版社，2001 年，第 349 页。

⑥ 周振鹤：《汉书地理志汇释》，合肥：安徽教育出版社，2006 年，第 361 页。

⑦ 李并成：《河西走廊历史地理》，兰州：甘肃人民出版社，1995 年，第 102 页；吴礽骧：《河西汉代驿道与沿线古城小考》，李学勤、谢桂华主编《简帛研究二〇〇一》，桂林：广西师范大学出版社，2001 年，第 349 页。

⑧ 周振鹤：《汉书地理志汇释》，合肥：安徽教育出版社，2006 年，第 362 页。

境内，或在西黄花营河口的八家庄一带，① 根据简文对地点的排列方位，笔者倾向于吴氏的看法。

（14）渊泉。

《汉书》卷 28《地理志》敦煌郡"渊泉"条，颜师古注："阚骃云地多泉水，故以为名。"王先谦补注引宋祁曰："渊泉，一本作拼泉。"先谦曰："后汉因。"《续志》作拼泉。②《后汉书》卷 65《张奂列传》："张奂字然明，敦煌渊泉人也。"李贤注："渊泉，县名，地多泉水，故城在今瓜州晋昌县东北也。"③《一统志》，故城今渊泉县东。周振鹤认为在今甘肃安西县东。④ 李并成考证在今酒泉市瓜州县布隆吉、四道沟一带。⑤ 宁瑞栋考证在今瓜州县旱湖脑槽子一带，⑥ 理据充实，与简文意合，当更准确，可从。

上述对居延汉简与敦煌汉简里程简所记载的郡县置的地名考察，县与"置"并提，这些"置"应是文书传递中相对重要的节点，体现了汉代"以置行"文书的特征。尽管简文有一些地名缺失，从简文所述的路线和方向，可以判断出那些缺失地名的大致方向和位置。这条路线展示了一条从汉帝国都城长安直达西域的交通路线，这条路线承载了域内外经济、信息、资源的交流，同时汉帝国的行政命令亦可以从这条路线传达到帝国的边疆郡县乡里。这条路线是汉帝国"以文书御天下"的交通基础，也是其行政命令畅通乡里的基本保障。

三、"以次行"所见交通地理

1. 以次行

相对于比较紧急和重要的"以邮行"或"以置行"的文书传递方式，"以次

---

①　李并成：《河西走廊历史地理》，兰州：甘肃人民出版社，1995 年，第 105 页；吴礽骧：《河西汉代驿道与沿线古城小考》，李学勤、谢桂华主编《简帛研究二〇〇一》，桂林：广西师范大学出版社，2001 年，第 350 页。

②　王先谦：《汉书补注》，上海：上海古籍出版社，2008 年，第 2660 页。

③　范晔：《后汉书》，北京：中华书局，1965 年，第 2138 页。

④　周振鹤：《汉书地理志汇释》，合肥：安徽教育出版社，2006 年，第 365 页。

⑤　李并成：《河西走廊历史地理》，兰州：甘肃人民出版社，1995 年，第 120 页。

⑥　宁瑞栋：《汉敦煌郡渊泉县城新考》，《丝绸之路》2011 年第 18 期。

行"的形式就更为普遍。"以次传"是指按指定路线上的地点接续相传。《史记》卷 118《淮南王列传》：淮南王将要被遣送"处蜀郡严道邛邮"，"于是乃遣淮南王，载以辎车，令县以次传"。① 从淮南王封地到蜀郡严道的邛邮，都要按规定以县次传送，这里对犯人的押解就是按照押送路线上的地点顺序进行。与此中传递方式类似的有睡虎地秦简的《封诊式·迁子》：

> 爰书：某里士五（伍）甲告曰："谒鋈亲子同里士五（伍）丙足，迁蜀边县，令终身毋得去迁所，敢告。"告灋（废）丘主：士五（伍）咸阳才（在）某里曰丙，坐父甲谒鋈其足，迁蜀边县，令终身毋得去迁所论之，迁丙如甲告，以律包。今鋈丙足，令吏徒将传及恒书一封诣令史，可受代吏徒，以县次传，诣成都，成都上恒书太守处，以律食。灋（废）丘已传，为报，敢告主。②

从简文内容看，这是一份咸阳某里身份为士五的罪犯被父亲要求"鋈足"后迁往成都，在废丘（今陕西兴平东南）县完成这一段押送任务后的回报文书。该例反映出这种传送不是一传到底，而是按县次分段负责的方式。这种传送方式与文书传递大致相似。

云梦睡虎地秦简《语书》简 7、8：

> 今且令人案行之，举劾不从令者，致以律，论及令、丞。有（又）且课县官，独多犯令而令、丞弗得者，以令、丞闻。以次传；别书江陵布，以邮行。③

简文中的南郡守腾将要核查不从令者，在行动之前发布通知，要求以次传

---

① 司马迁：《史记》，北京：中华书局，1959 年，第 3097 页。
② 陈伟主编：《秦简牍合集（一）》，武汉：武汉大学出版社，2014 年，第 302～303 页。
③ 陈伟主编：《秦简牍合集（一）》，武汉：武汉大学出版社，2014 年，第 30 页。

达，即按县次传递通知文书。里耶秦简也有相关记录，简9-713载：

> 六月壬午朔戊戌，洞庭叚(假)守齮下□：听书从事。临沅下索(索)。
> 门浅、零阳、上衍，各以道次传。别书临沅下洞庭都水，蓬下铁官，皆以
> 邮行。书到相报，不报，追。临沅、门浅、零阳、【上衍】□言书到，署
> 兵曹发。如手。道一书。·以洞庭候印□①

该简文明确指出行书的顺序从"临沅下索(索)。门浅、零阳、上衍"在这
一线要求"以道次传"。从临沅到洞庭都水、蓬下铁官的文书要求"皆以邮行"。
文书传递的次序应当已经明确且不能更改。如果擅自违反次序还要受罚。《二
年律令·行书律》简271载："□□□不以次，罚金各四两，更以次行之。"文
书属于"以次传"也不得"以邮行"，简272："书不急，擅以邮行，罚金二两。"
简274："书不当以邮行者，为送告县道，以次传行之。"②

"以次传"同"以邮行"一样对行书时间要有明确记录，收书单位还要报告
收书情况。《秦律十八种·行书律》："行传书、受书，必书其起及到日月夙莫
(暮)，以辄相报殹(也)。"③岳麓书院秦简1271："行书律曰：传书受及行之，
必书其起及到日月夙暮，以相报。宜到不来者，追之。"④里耶秦简有很多相关
记载。

简8-141+8-668：

> 世年十一月庚申朔丙子，发弩守涓敢言之：廷下御史书曰县□治狱及
> 覆狱者，或一人独讯囚，啬夫长、丞、正、监非能与□□殹，不参不便。
> 书到尉言。·今已到，敢言之。

---

①　陈伟主编：《里耶秦简牍校释(第二卷)》，武汉：武汉大学出版社，2018年，第
186～187页。
②　彭浩等：《二年律令与奏谳书：张家山二四七号汉墓出土法律文献释读》，上海：
上海古籍出版社，2007年，第203页。
③　陈伟主编：《秦简牍合集(一)》，武汉：武汉大学出版社，2014年，第144页。
④　陈松长：《岳麓书院藏秦简中的行书律令初论》，《中国史研究》2009年第3期。

十一月丙子旦食，守府定以来。连手。　　萃手。

简 8-152：

卅二年四月丙午朔甲寅，少内守是敢言之：廷下御史书举事可为恒程者、洞庭上帬（裙）直，书到言。今书已到，敢言之。
四月甲寅日中，佐处以来。欣发。　　处手。背

简 8-155：

四月丙午朔癸丑，迁陵守丞色下：少内谨案致之。书到言，署金布发，它如律令。欣手。四月癸丑水十一刻刻下五，守府快行少内。

简 8-159：

制书曰：举事可为恒程者上丞相，上洞庭络帬（裙）程有□□□。卅二年二月丁未朔□亥，御史丞去疾：丞相令曰举事可为恒程者□上帬（裙）直。即（应）令，弗（应），谨案致……
……庭□。□手。
三月丁丑朔壬辰，【洞庭】□□□□□□□□□□□□□□□，令□□□索、门浅、上衍、零阳□□□以次传□□□□□，书到相报□□□□门浅、上衍、零阳言书到，署□□发。□□□□□一书以洞庭发弩印行事口口恒署。酉阳报□报□署令发。四月□丑水十一刻刻下五□□□□。迁陵□，酉阳署令发。□□□□□【布令】□。

简 8-228：

□□内史守衷下：县以律令传别□☑。县界中□□者县各别下书焉□

☑。□□地□□□□报【沅】阳，言书到☑。□□□□□商丞□下报商，书到☑。　十月丁巳，南郡守恒下真书洞庭☑。□□□手。①

简 8-141+8-668、简 8-152 和简 8-228 的内容为在本单位收到文书后回复的文书，即"相报"之书。简 8-1555 和简 8-159 是上级文书在下发时就已经明确注明要求收到此文书的单位收到后应按照程序进行回复，即"书到言"。上列文书大多有明确记录了收发时间，在收到文书后回复以说明收到的情况。这种要求回复的或即"来复传"，是收到文书后按要求进行的回复，目的就是"辄相报"，收到文书的单位应该告知文书的收发情况，如里耶秦简。

简 5-1：

元年七月庚子朔丁未，仓守阳敢言之：狱佐辨、平、士吏贺具狱，县官食尽甲寅，谒告过所县乡以次续食。雨留不能投宿赍。来复传。零阳田能自食。当腾期卅日。敢言之。七月戊申，零阳冀移过所县乡。齮手。七月庚子朔癸亥，迁陵守丞固告仓啬夫：以律令从事。嘉手。迁陵食辨、平尽己巳旦□□□□迁陵。

七月癸亥旦，士五（伍）臂以来。嘉发。

简 8-169+8-233+8-407+8-416+8-1185：

卅五年二月庚申朔戊寅，仓□择敢言之：隶□为狱行辟书彭阳，食尽二月，谒告过所县乡以次牍（续）食。节（即）不能投宿赍。迁陵田能自食。未入关县乡，当成齑，以律令成齑。来复传。敢言之。☑

简 8-1517：

---

① 陈伟主编：《里耶秦简牍校释（第一卷）》，武汉：武汉大学出版社，2013 年，第 81、92、94、96、119 页。

世五年三月庚寅朔辛亥，仓衔敢言之：疏书吏、徒上事尉府者牍北（背），食皆尽三月，迁陵田能自食。谒告过所县，以县乡次续食如律。雨留不能投宿赍。当腾腾。来复传。敢言之。①

也有的文书是不需要回复报告的，这类文书也会有明确的说明"不求报"，里耶秦简简8-731载：

☑八月☑ ☑☑
☑春乡户计。☑
☑以邮行，不求报，敢言之。☑②

收到应当回复的文书，如果没有及时回复，还会有相应的"追书"进行询问。里耶秦简有大量"追书"的文书，兹举几例如下：
简9-713：

六月壬午朔戊戌，洞庭叚（假）守麟下☐：听书从事。临沅下索（索）。门浅、零阳、上衍，各以道次传。别书临沅下洞庭都水，蓬下铁官，皆以邮行。书到相报，不报，追。临沅、门浅、零阳、【上衍】☐言书到，署兵曹发。如手。道一书。·以洞庭候印☑③

简8-60+8-656+8-665+8-748：

十二月戊寅，都府守胥敢言之：迁陵丞膻曰：少内跙言冗佐公士燊道

---

① 陈伟主编：《里耶秦简牍校释（第一卷）》，武汉：武汉大学出版社，2013年，第1、102、344页。

② 陈伟主编：《里耶秦简牍校释（第一卷）》，武汉：武汉大学出版社，2013年，第211页。

③ 陈伟主编：《里耶秦简牍校释（第二卷）》，武汉：武汉大学出版社，2013年，第186页。

西里亭赀三甲，为钱四千卅二。自言家能入。为校□□□诣告燧道受责。有追，追曰计廿八年□责亭妻胥亡。胥亡曰：贫，弗能入。诣令亭居署所。上真书诣环。□□燧道弗受计。亭讝当论，论。敢言之。☑①

简 8-173：

卅一年六月壬午朔庚戌，库武敢言之：廷书曰令史操律令诣廷雠，署书到、吏起时。有追。·今以庚戌遣佐处雠。敢言之。

七月壬子日中，佐处以来。端发。　　处手。

简 8-704+8-706：

☑□迁陵守丞齮【敢】言之：前日令史齮☑

☑□守书曰课皆□(应)式令，令齮定□☑

☑□课副及当食人口数，别小大为食☑

☑□□课副及□传上，有不定☑

☑言之守府。丙申、己亥、甲辰追，今复☑

☑手。

☑守丞齮敢言之：令二月□亥追，今复写前日☑

☑时都邮人羽行。☑

简 8-1523：

七月甲子朔庚寅，洞庭守绎追迁陵丞言。歇手。·以沅阳印行事。八月癸巳朔癸卯，洞庭叚(假)。

守绎追迁陵丞，日夜上勿留。卯手。·以沅阳印行事。九月乙丑旦，

---

① 《里耶秦简牍校释(第一卷)》注"追"，追究之意。据简文内容，"有追"后"追曰"下面的内容为"追书"的内容，故此处"有追"应是有"追书"之意。

邮人曼以来。蓍发。①

"追书"有催办、询问的意味。上列简 9-712 明确要求收到文书后回报，如果不按时回复就会"追"。简 8-60+8-656+8-665+8-748，抄录了追书的内容以作解释。简 8-173 记录的应是在收到上级部门"追书"的回复内容。简 8-704+8-706 的内容显示，这里在"丙申、己亥、甲辰"被三次发"追书"后的回复内容。简 8-1523 说明"追书"很紧急，需要立即传递"日夜上勿留"。说明了"追书"可能的传递情况。

2. 里耶秦简所见北方"县次"交通地理

(1)河北至山东境内的交通地理。②

里耶秦简出土地名里程简，简文所记的县次及里程可能与"以次传"传递文书的方式相关。其中简⑯52 则可以据之复原秦代南郡的交通道路，研究成果较为丰富，此不重述。③ 其中一枚木牍载有今河北省和山东省境内地名，这对于复原秦代这一地区的政区设置和交通地理有很重要价值。该枚木牍编号为简⑯12 宽 4.4 厘米、残长 4.4 厘米，上下均残。简⑯12 所载文字仅残存两栏，为便于讨论，现录如下：

---

① 陈伟主编：《里耶秦简牍校释(第一卷)》，武汉：武汉大学出版社，2013 年，第 43、104、207、348 页。

② 此部分内容参拙作：《里耶秦简道路里程简所见"燕齐道路"》，《中国历史地理论丛》2017 年第 1 期。

③ 参见王焕林：《里耶秦简释地》，《社会科学战线》2001 年第 3 期；周振鹤：《秦代汉初的销县——里耶秦简小识之一》，简帛网，2003 年 12 月 1 日；王子今：《秦汉时期湘江洞庭水路邮驿的初步考察——以里耶秦简和张家山汉简为窗口》，《湖南社会科学》2004 年第 5 期；张春龙、龙京沙：《里耶秦简三枚地名里程木牍略论》，武汉大学简帛研究中心主办《简帛》第 1 辑，上海古籍出版社，2006 年；黄锡全：《湘西里耶地理木牍补议》，简帛网，2007 年 1 月 27 日，收入《古文字与古货币文集》，北京：文物出版社，2009 年；王文西：《读里耶里程简札记》，《船山学刊》2007 年第 3 期；王琭玺：《秦销县小考》，《中国历史地理论丛》2014 年第 3 期。

第一栏　第一行：☑里

　　　　第二行：☑里

　　　　第三行：☑□里

　　　　第四行：☑九里

　　　　第五行：☑百七十里

　　　　第六行：☑百卅五里

　　　　第七行：☑□里

　　　　第八行：☑十里

第二栏　第一行：高阳到☑

　　　　第二行：武垣到☑

　　　　第三行：饶阳☑

　　　　第四行：乐成☑

　　　　第五行：武邑☑

　　　　第六行：信都☑

　　　　第七行：武□☑

　　　　第八行：宜成☑①

简文第一栏，因只有里程没有地名，暂且不予论。第二栏记载了从高阳到宜 成 的一段交通道路。地名具体考述如下：

①高阳。

秦封泥有"高阳丞印"（图4.4.3）。《汉书》卷28《地理志》涿郡有高阳县，颜师古注引应劭曰："在高河之阳。"②《读史方舆纪要》卷12《北直》保定府祁州高阳县有高阳城，"汉为高阳县治"③。今高阳县有旧城遗址，城址平面近方

---

① 湖南省文物考古研究所：《里耶发掘报告》，长沙：岳麓书社，2007年，第196~197页。

② 班固：《汉书》，北京：中华书局，1962年，第1578页。

③ 顾祖禹：《读史方舆纪要》，北京：中华书局，2005年，第537页。

形，边长约 1300 米。时代为战国至汉，① 与此相合应是。

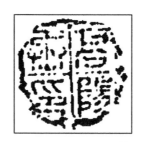

图 4.4.3 高阳丞印②

②武垣。

考古出土战国赵兵器有"五年邦司寇"剑，③ 剑身铭文有"武垣"。《史记》卷 43《赵世家》载，赵孝成王"七年，秦围邯郸，武垣令傅豹、王容、苏射率燕众反燕地"。《集解》引徐广云："河间有武垣县，本属涿郡。"《正义》引《括地志》云："武垣故城今瀛州城是也。"④《一统志》："故城今河间县西南三十五里，内外二城，外城周四十里，内城十六里。俗名曰元城遗址。"⑤今河北肃宁县有雪村遗址，平面呈方形，分为外城和内城。时代为战国至汉，秦置武垣县，汉因之。此城或为秦武垣县址。⑥

③饶阳。

《读史方舆纪要》卷 14《北直五》："本赵邑。《史记》：'赵悼襄王六年封长安君以饶。'即此。汉因置饶阳县。"⑦《一统志》，故城今饶阳县东。今县南邹村遗址时代在东周，面积约 7000 平方米。采集遗物有铜布币和泥质灰陶绳纹

---

① 国家文物局主编：《中国文物地图集·河北分册》，北京：文物出版社，2013 年，第 614 页。

② 周晓陆、路东之：《秦封泥集》，西安：三秦出版社，2005 年，第 325 页。

③ 中国社会科学院考古研究所：《殷周金文集成》（修订增补本），北京：中华书局，2007 年。（器物编号：11186）

④ 司马迁：《史记》，北京：中华书局，1959 年，第 1826~1827 页。

⑤ 穆彰阿、潘锡恩等：《大清一统志》，上海：上海古籍出版社，2008 年。

⑥ 国家文物局主编：《中国文物地图集·河北分册》，北京：文物出版社，2013 年，第 639~640 页。

⑦ 顾祖禹：《读史方舆纪要》，北京：中华书局，2005 年，第 636 页。

板瓦、瓮、罐、及素面豆等残片。① 或为饶阳旧址。

④乐成。

秦封泥有"乐成之印""乐成"②"乐成园印"③。《汉书》卷 28《地理志》河间国有"乐成县"。④《读史方舆纪要》卷 13《北直》："献县，府南六十里。东至沧州百三十里，西至晋州饶阳县九十里。本汉乐成县，高祖封功臣丁礼为侯邑，后为河间国治。后汉因之。"⑤乐城遗址在今献县万村乡孔东城村西，平面呈方形，南北约长 3000 米，东西约宽 2000 米。⑥

⑤武邑。

《汉书》卷 28《地理志》信都国有"武邑"。⑦《一统志》，故城今武邑县治。今武邑县东北有相城遗址，1985 年调查发现，面积约有 15 万平方米，时代为汉代。⑧ 或即此。

⑥信都。

《汉书》卷 28《地理志》载信都国王都信都。王先谦补注引《漳水注》："信都县，信都郡治也。"⑨《史记》卷 7："徙赵王歇为代王。赵相张耳素贤，又从入关，故立耳为常山王，王赵地，都襄国。"《史记正义》引《括地志》云："邢州城本汉襄国县，秦置三十六郡，于此置信都县，属钜鹿郡，项羽改曰襄国，立张耳为常山王，理信都。"⑩信都前一地名与武邑与今邢台之信都相距太远，于

---

① 国家文物局主编：《中国文物地图集·河北分册》，北京：文物出版社，2013 年，第 664 页。

② 周晓路、路东之：《秦封泥集》，西安：三秦出版社，2000 年，第 275、296 页。

③ 杨广泰：《新出封泥汇编》，第 1667—1668 号，上海：西泠印社，2010 年，第 70页。

④ 班固：《汉书》，北京：中华书局，1962 年，第 1634 页。

⑤ 顾祖禹：《读史方舆纪要》，北京：中华书局，2005 年，第 553 页。

⑥ 国家文物局主编：《中国文物地图集·河北分册》，北京：文物出版社，2013 年，第 664 页。

⑦ 班固：《汉书》，北京：中华书局，1962 年，第 1633 页。

⑧ 国家文物局主编：《中国文物地图集·河北分册》，北京：文物出版社，2013 年，第 672 页。

⑨ 王先谦：《汉书补注》，上海：上海古籍出版社，第 2769 页。

⑩ 司马迁：《史记》，北京：中华书局，1959 年，第 316 页。

简文历程文例不合。简文所言之信都，应即"春秋时，晋之东阳地。战国属赵。秦属巨鹿郡。汉为信都国。"①《一统志》，故城今冀州治。信都故城址，在今冀州市千顷洼乡北关村西北 500 米，城址平面呈不规则形，面积约 150 平方米。现残存一段长约 2000 米的东北—西南走向的夯土筑成的城垣。②

⑦武□。

武下一字残漶，《里耶发掘报告》称，以地望推之，今河北清河县东北的武城与之略相当。③《史记》卷 6《秦始皇本纪》："桓齮定平阳、武城。"《史记正义》："即贝州武城县外城是也。七国时赵邑。"④秦封泥有"武城丞印"。⑤《汉书》卷 41《郦商》："沛公为汉王，赐商爵信成君，以将军为陇西都尉。别定北地郡，破章邯别将于乌氏、枸邑、泥阳，赐食邑武城六千户。"⑥知秦已置武城县，西汉于此东武城。《汉书》卷 28《地理志》清河郡有东武城，王先谦补注曰："战国平原君赵胜封此。"⑦《一统志》，故城今山东德州武城县西。今武城县有时代延续汉唐宋的老城遗址，位于老城镇南关、北关，面积约 170 万平方米。⑧ 或为其遗址。

⑧历 成。

《里耶发掘报告》暂释为"宜成"，认为地点应在今河北省清河以南至山东省临清之间。⑨ 周振鹤认为"宜成"在今山东商河县南，但无法确指。⑩ 黄锡全

---

① 顾祖禹：《读史方舆纪要》，北京：中华书局，2005 年，第 626 页。
② 国家文物局主编：《中国文物地图集·河北分册》，北京：文物出版社，2013 年，第 664 页。
③ 湖南省文物考古研究所编：《里耶发掘报告》，长沙：岳麓书社，2007 年，第 197 页。
④ 司马迁：《史记》，北京：中华书局，1959 年，第 232 页。
⑤ 杨广泰：《新出封泥汇编》，第 1869 号，上海：西泠印社，2010 年，第 78 页。
⑥ 班固：《汉书》，北京：中华书局，1962 年，第 2074 页。
⑦ 王先谦：《汉书补注》，上海：上海古籍出版社，第 2409 页。
⑧ 国家文物局主编：《中国文物地图集·河北分册》，北京：文物出版社，2013 年，第 822 页。
⑨ 湖南省文物考古研究所编著：《里耶发掘报告》，长沙：岳麓书社，2007 年，第 197 页；张春龙、龙京沙：《里耶秦简三枚地名里程木牍略析》，《简帛》第 1 辑，上海：上海古籍出版社，2006 年，第 266 页。
⑩ 周振鹤：《汉书地理志汇释》，合肥：安徽教育出版社，2006 年，第 215 页。

认为宜成当是"厝城"。① 该字图版为 ▇，② 依字形"宜成"应释作"历城"。《史记》卷92《淮阴侯列传》载："齐已听郦生，即留纵酒，罢备汉守御信因袭齐历下军，遂至临菑。"《史记集解》徐广曰："济南历城县。"③同书卷97《郦生传》："今田广据千里之齐，田间将二十万之众，军于历城，诸田宗彊，负海阻河济，南近楚，人多变诈，足下虽遣数十万师，未可以岁月破也。"④历城春秋战国时为齐历下，为重要的军事要地，同时也是从齐西部进入齐国都城临淄的重要交通节点。《史记》卷46《田敬仲完世家》载："明年，秦灭魏，秦兵次於历下。"⑤同书卷54《曹相国世家》载："韩信已破赵，为相国，东击齐。参以右丞相属韩信，攻破齐历下军，遂取临菑。"⑥同书卷95《灌婴列传》："以御史大夫受诏将郎中骑兵东属相国韩信，击破齐军于历下，所将卒虏车骑将军华毋伤及将吏四十六人。"⑦由上引内容可知，春秋战国至汉初，历城都是齐国西部大门户，是进入齐国重要的战略要地和交通要道。《读史方舆纪要》卷31《山东》"齐历下邑，汉置历城县，属济南国，后属济南郡。"⑧《一统志》，故城今历城县治。

根据以上地名的考述，勾勒出高阳至历城的路线示意图（图4.4.4）。

文书行政的秦汉帝国就是凭借发达的邮驿设置和交通网络，⑨ 控制着迁阔的领土。上述自河北至山东，即从高阳—武垣—饶阳—乐成—武邑—信都—武城—历城的这一段交通路线，传世文献失载，原因已不可知，却揭示了河北地区秦汉时代一重要的交通路线。

---

① 黄锡全：《湘西里耶地理木牍补议》，简帛网，2007年1月27日，收入《古文字与古货币文集》，北京：文物出版社，2009年，第487页。

② 湖南省文物考古研究所编著：《里耶发掘报告》，长沙：岳麓书社，2007年，彩版四十。

③ 司马迁：《史记》，北京：中华书局，2013年，第2620页。

④ 司马迁：《史记》，北京：中华书局，2013年，第3246页。

⑤ 司马迁：《史记》，北京：中华书局，2013年，第1902页。

⑥ 司马迁：《史记》，北京：中华书局，2013年，第2028页。

⑦ 司马迁：《史记》，北京：中华书局，2013年，第2669页。

⑧ 顾祖禹：《读史方舆纪要》，北京：中华书局，2005年，第1459页。

⑨ ［日］富谷至：《文书行政的汉帝国》，南京：江苏人民出版社，2013年。

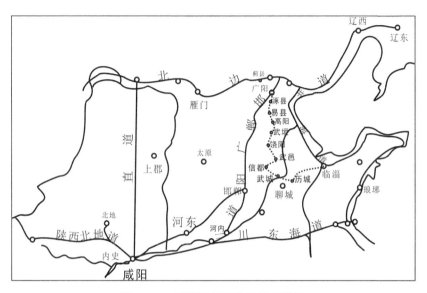

图 4.4.4　高阳至历城的路线示意图

(本图据《秦汉交通史稿》(增订版)①改绘)

实际上，这条路线或在史籍并未完全消失，史念海在论述《秦汉时期国内经济都会之分布及其交通之路线》时指出："广阳之蓟，旧为燕都，其地处勃碣之间，当北塞之下，轮轨交错，北国之名都也。其南有涿郡，亦一时之巨镇。二地邻迩，其交通系统亦复相同。由广阳至各地之道路约有七途。"其中第三途："经勃海东南行，过平原、济南，东至临淄，西至定陶。"②而齐地至各地之道路，亦有六途，其第一途："经济南、平原北行，以至燕、涿诸地。"③此处当有一条通途沟通着燕涿与齐地，然未详所在及具体地点。

尹钧科从春秋战国时期燕齐之间的军事争夺方面考虑，对这条道路进行了推想，认为"燕国与齐国之间，特别是燕都蓟城与齐都临淄之间，必定有一条通

①　王子今：《秦汉交通史稿》(增订版)，北京：中国人民大学出版社，2013年，第25页。

②　史念海：《秦汉时期国内之交通路线》，《史念海全集》(第4卷)，北京：人民出版社，2013年。第399页。

③　史念海：《秦汉时期国内之交通路线》，《史念海全集》(第4卷)，北京：人民出版社，2013年。第400页。

途大道。无论是齐国侵燕，还是燕国伐齐，都很难想象是通过太行山东麓大道进退的。只有在渤海西岸不远的地方开辟一条新路，燕齐之间的相互攻伐才有可能进行。"认为这条燕齐大道需经过今沧州附近，并名之曰"渤海西岸大道"。①

陈业新把春秋战国时期燕齐军事争夺的路线进行了串联，勾勒出这一线路的具体走向："从今北京出发，南经河北徐水，东南折向沧州，南下至山东乐陵，西南可至聊城，在定陶济南一带渡济水，沿泰山西北麓直抵临淄。"并将其命名为"平原道"。②

里耶秦简道路里程简的发现，使得学界对这条道路有了更加清晰的认识。结合秦始皇时期的主要交通线，③ 将"高阳—历城"一线进行延伸，自高阳向北，可把易县(战国燕国都城)、涿县、蓟县连为一线，再向北就与秦北边道交会。而南段的历城，向东可到临淄(战国齐国都城)，南到泰山，西近聊城可与邯郸(战国赵国都城)直通。如此，则这条路直接沟通了燕、齐、赵三国，那么这条线路的重要性不言而喻。而这条路或许就是史念海等先生所说的"燕齐大道"。

燕、齐之间发生的政治、军事、经济、文化交流或皆通过这一道路进行。为了进一步说明，我们复原的这条路线即是"燕齐大道"，下面先将春秋战国时期燕、齐与此路相关史料胪列于下(由于史料记载多有重复，此仅列其中三则)：

> 于是桓公称曰："寡人南伐至召陵，望熊山；北伐山戎、离枝、孤竹。(《史记》卷32《齐太公世家》)
> 齐因起兵袭燕国，取桑丘。(《史记》卷46《田敬仲完世家》)
> 赵、楚、韩、魏、燕之兵以伐齐，破之济西。诸侯兵罢归，而燕军乐毅独追，至于临菑。(《史记》卷80《乐毅列传》)④

---

① 尹钧科：《北京古代交通》，侯仁之主编《北京城市历史地理》，北京：燕山出版社，2000年，第356页。
② 陈业新：《"载纵载横"与无远弗近》，《社会科学》2010年第8期。
③ 王子今：《秦汉交通史稿》(增订版)，北京：中国人民大学出版社，2013年，第25页。
④ 司马迁：《史记》，北京：中华书局，1959年，第1491、1887、2428页。

上列史料中的涉及的地名或地域有山戎、离枝、孤竹、桑丘、济西。

山戎亦称北戎。春秋时期山戎有令支、孤竹、无终等国。今北京市延庆县和张家口、承德地区都发现有山戎墓葬，① 时代为两周时期，证明了《汉书》卷94《匈奴列传》所载："燕北有东胡、山戎"。② 又《国语·齐语》：桓公曰："吾欲北伐，何主?"管子对曰："以燕为主。反其侵地柴夫、吠狗，使海于有蔽，渠弭于有渚，环山于有牢。""遂北伐山戎，刜令支、斩孤竹而南归。"③学界认为，令支故城在今河北省迁安县西,④ 孤竹在卢龙县境。⑤

山戎、令支、孤竹等国在燕国北部东部，从秦始皇时期主要交通路线图上看，这三个戎国自西向东排列，大致都分布在北边道上。齐桓公为燕北伐这三个戎国的行军路线，应是从临淄经历城这条线到达蓟县，灭山戎后，顺北边道东行讨灭令支、孤竹。

桑丘，《读史方舆纪要》卷12《北直》："在县西南。《括地志》：桑丘城，俗名敬城。战国时燕之南界也。"⑥《史记》卷43《赵世家》载："韩举与齐、魏战，死于桑丘。"《正义》引《括地志》桑丘故城："在易州遂城县。"⑦唐之遂城，今河北徐水县境。战国时期当在燕下都东南。即在"高阳—历城"一线北端北部附近，故而齐国攻燕大军从此线可直通。又《史记》卷80《乐毅传》载：燕将乐毅与"赵、楚、韩、魏、燕之兵以伐齐，破之济西。"⑧济西约在济水南—北流向的定陶(今定陶)历城(今济南)一带。正与此路线相合。其行军路线亦应

---

① 张秀荣：《古山戎考略》，北京市文物研究所：《北京文物与考古》第4辑，北京：北京燕山出版社，1988年；滦平县博物馆：《河北省滦平县梨树沟门山戎墓地清理简报》，《考古与文物》1995年第5期；白光：《河北丰宁早期墓葬综述》，《文物春秋》2008年第1期。

② 班固：《汉书》，北京：中华书局，1962年，第3747页。

③ 徐元诰撰，王树民、沈长云点校：《国语集解》，北京：中华书局，2002年，第233页。

④ 王长丰：《"令支"方国族氏考》，《东南文化》2007年第2期。

⑤ 谭其骧主编：《中国历史地图集》(第1册)，北京：中国地图出版社，1982年；李学勤：《试论孤竹》，《社会科学战线》1983年7期；刘军、孟凡栋：《孤竹国都城就在卢龙城南》，《秦皇岛日报》2011年8月19日，第2版。

⑥ 顾祖禹：《读史方舆纪要》，北京：中华书局，2005年，第514页。

⑦ 司马迁：《史记》，北京：中华书局，1959年，第1803页。

⑧ 司马迁：《史记》，北京：中华书局，1959年，第2428页。

自"高阳—历城"线。而韩、赵、魏或从"邯郸—临淄"一线，与燕军汇合历城下，大破齐军"济西"。以此来看，"济西"或为一区域名称，并没有具体所指，大致包括聊城至济南济水以西一段区域。

上述对燕、齐军事活动路线的分析，对秦汉乃至春秋战国的交通路线网有了新的认识。在河北平原至少存在有二横三纵的交通网络分布。二横即北边道、邯郸—临淄道；三纵即邯郸广阳道、并海道以及这条燕齐道路。这样邯郸、临淄、燕都形成了一个三角区域，这三个地区通过交通路线进行着物质、文化的沟通和交流。为统一的多民族国家的发展做出了重大贡献。

或以为，燕齐道路为燕都经沧州至临淄一线。但汉代以前这条路几无可能。汉代以前，济水以北至蓟县之间有滱水、滹沱河、河水、济水在这一地带汇流入渤海。此区域内河湖纵横交织，人畜难以居住，而且地多盐卤，无法耕种，沼泽滩涂较多，距海较远，亦不适宜捕鱼为生。谭其骧先生说："黄河下游在战国筑堤以前，决溢改道是屡见不鲜的事。其时河北平原中部是一片人烟稀少荒芜寥落的地图上的空白地区。"[1]从政区设置这一角度看，汉代以前这一区域所设郡县政区寥若晨星。[2] 一条通衢大道存在于荒芜无人烟的地方可能性似乎不大。即使今天我们沿自唐山至山东滨州，其临渤海西岸边，开发尚不充分，城镇村庄仍较稀少，何况千年之前。

（2）河南境内的交通地理。

里耶秦简⑰14记录了今河南省境内的一段交通路线，为文献所缺载。简文移录于下：

正面：第一栏 第一行：□阳到顿丘百八十里

第二行：顿丘到虚百卌六里

第三行：虚到衍氏百九十五里

---

① 谭其骧：《西汉以前的黄河下游河道》，《长水集》（下），北京：人民出版社，2009年，第88页。

② 谭其骧：《中国历史地图集》（第2册），北京：中国地图出版社，1982年，第9~10页。

第四行：衍氏到启封三百五里

　　　第五行：启封到长武九十三里

　　　第六行：长武到偃陵八十七里

　　　第七行：偃陵到许九十八里

　　第二栏 第一行：□☒

　　　　　……

　　　背面：泰凡七千七百廿三里①

①□阳。

简文整理者认为，根据简文提供的信息，应为顿丘以北 70 千米左右的某地。若以顿丘为参照，在其北带有"╳阳"的地名比较重要的有"安阳"，且距离"顿丘"的直线距离刚好 70 多千米，② 与简中"百八十里"大致相合。《史记》卷 3《殷本纪》："殷契"，《正义》引《括地志》云："相州安阳本盘庚所都，即北蒙，殷墟南去朝歌城百四十六里。《竹书纪年》云'盘庚自奄迁于北蒙，曰殷墟，南去邺四十里'，是旧邺城西南三十里有洹水，南岸三里有安阳城，西有城名殷墟，所谓北蒙者也。今按：洹水在相州北四里，安阳城即相州外城也。"③安阳先属魏后属赵，秦灭赵，取安阳，《史记》卷 6《秦始皇本纪》："十一年，王翦、桓齮、杨端和攻邺，取九城。王翦攻阏与、橑杨，皆并为一军。翦将十八日，军归斗食以下，取邺安阳，桓齮将。"或在此时设安阳为县。秦封泥有 3 品"安阳丞印"④，此处"□阳"或即安阳。

---

　　① 据该木牍背，"廿二里"，应为"廿三里"，参见湖南省文物考古研究所编著：《里耶发掘报告》，长沙：岳麓书社，2007 年，彩版四十。张春龙等：《湖湘简牍书法选集》，长沙：湖南美术出版社，2012 年，第 107~108 页。宋少华等：《湖南出土简牍选编》，长沙：岳麓书社，2013 年，第 171 页。

　　② 简文中的 1 里约等于今 0.42 千米，换算比率参见梁方仲：《中国历代度量衡变迁表》，《中国历代户口、田地、田赋统计》，北京：中华书局，2008 年，第 738 页；丘光明：《中国历代度量衡考》，北京：科学出版社，1992 年，第 10 页。

　　③ 司马迁：《史记》，北京：中华书局，1959 年，第 91 页。

　　④ 杨广泰：《新出封泥汇编》，第 1326—1328 号，上海：西泠印社，2010 年，第 56 页。

②顿丘。

有二地。一为春秋卫地，亦作敦丘。《尚书大传》曰："（舜）贩于顿丘，就时负夏。"①《尔雅》卷7《释丘》曰："丘，一成为顿丘。"②《释名》谓："丘一成为顿丘，一顿而成无上下小大之杀也。"③《说文》释："丘，土之高也，非人所为也。"④《竹书纪年》载："晋定公三十一年（公元前481年），城顿丘。"⑤《诗·卫风·氓》："送子涉淇，至于顿丘。"⑥《水经注》卷9《淇水注》引《帝王世纪》曰："颛顼葬东郡顿丘城南，广阳里大冢者是也。淇水又北屈而西转，径顿丘北。"⑦治今河南省浚县；二为西汉顿丘县。《汉书》卷6《武帝纪》：公元前132年，"三年春，河水徙，从顿丘东南流入勃海"。⑧由简文知秦已为县，《一统志》，故城今清丰县西南二十五里。城址平面大致呈方形，城垣周长有3000米。现尚存有南、北城墙基址。据载为战国顿丘故城，汉唐亦沿用。⑨简文整理者以为应是位于浚县的"顿丘"，然而与简文中上下两地点的里程有矛盾，应以清丰县的"顿丘"为是。

③虚。

整理者以为在今河南封丘县北。谭其骧先生编《中国历史地图集》春秋战国虚（郑邑），标注在今文岩渠北部，查《中国文物地图集·河南分册》，封丘县北部暂无春秋战国至秦汉遗址。⑩《史记》卷6《秦始皇本纪》载："五年，将

① 皮锡瑞：《尚书大传疏证》，《师伏堂丛书》影印本，南京：凤凰出版社，2014年，第7页。

② 郭璞注，邢昺疏：《尔雅》，李学勤主编《十三经注疏标点本》，北京：北京大学出版社，1999年，第201页。

③ 刘熙：《释名》，北京：中华书局，1958年，第16页。

④ 段玉裁：《说文解字注》，北京：中华书局，2013年，第390页。

⑤ 方诗铭、王修龄：《古本竹书纪年辑证》，上海：上海古籍出版社，1981年，第80页。

⑥ 马瑞辰：《毛诗传笺通释》，北京：中华书局，1989年，第211页。

⑦ 杨守敬、熊会贞：《水经注疏》，南京：江苏古籍出版社，1989年，第860页。

⑧ 班固：《汉书》，北京：中华书局，1962年，第163页。

⑨ 杨育彬等：《中国文物地图集·河南分册》，北京：中国地图出版社，1991年，第310页。

⑩ 杨育彬等：《中国文物地图集，河南分册》，北京：中国地图出版社，1991年，第10~11页。

军鳌攻魏，定酸枣、燕、虚、长平、雍丘、山阳城，皆拔之，取二十城。初置东郡。"《史记索隐》曰："春秋桓十二年'会于虚'。""虚、顿丘，地名，与酸枣相近。"①又《战国策》卷6《秦策四》曰："王又举甲兵而攻魏，杜大梁之门，举河内，拔燕、酸枣、虚、桃人，楚、燕之兵云翔不敢校，王之功亦多矣。"②则当在延津、潜、滑之间。《读史方舆纪要》卷49《河南四》胙城县"桃城条"："桃城在县东三十里。战国魏之桃邑。赧王四十二年，楚黄歇说秦拔虚、桃。虚与桃相近也。汉初封项襄为桃侯，邑于此。又虚城，亦在县东南，战国时魏邑也。秦始皇五年，蒙鳌攻魏，拔燕、虚，此即虚邑矣。"③虚确址不详，大致在今延津县境内，或是该县的南古墙村遗址，此处遗址被黄河泥沙淤积，仅存700米城垣，在此发现大量战国铜镞。④

④衍氏。

战国魏地，秦以为县，《史记》卷6《秦始皇本纪》："杨端和攻衍氏。"《正义》："衍，在郑州。"⑤在今郑州市北，黄河南岸。

⑤启封。

云梦秦简《叶书》(《编年记》)载秦昭王"卅二年，攻启封"。《金石索·金索三》有"汉启封钲"，（图4.4.5）铭文："启封一斤十二两十二朱容一升"，并注明："启封即开封。"⑥1974年，辽宁新金县元台发现"启封令戈"⑦（图4.4.6）。戈内铭文："廿一年启封命（令）雍工师松冶者。"背："启封。"黄盛璋认为北部名为秦刻。⑧《史记》卷45《韩世家》："使暴鸢救魏，为秦所败，鸢走开封。"⑨《史记》卷8《高祖本纪》："乃以郦食其为广野君，郦商为将，将

①　司马迁：《史记》，北京：中华书局，1959年，第224~225页。
②　刘向辑录，范祥雍笺证：《战国策笺证》，上海：上海古籍出版社，2006年，第401页。
③　顾祖禹：《读史方舆纪要》，北京：中华书局，2005年，第2307页。
④　杨育彬等：《中国文物地图集·河南分册》，北京：中国地图出版社，1991年，第261页。
⑤　司马迁：《史记》，北京：中华书局，1959年，第227页。
⑥　冯云鹏：《金石索》，《续修四库全书》，上海：上海古籍出版社，2013年，第192页。
⑦　许明纲、于临祥：《辽宁新金县后元台发现铜器》，《考古》1980年第5期。
⑧　黄盛璋：《旅大市所出启封戈铭的国别、地理及其相关问题》，《考古》1981年第4期。
⑨　司马迁：《史记》，北京：中华书局，1959年，第1876页。

陈留兵，与偕攻开封。"《索隐》韦昭云："河南县。"①《史记》卷95《樊郦滕灌列传》：樊哙"击破赵贲军开封北"。《正义》："汴州县。"②启封即是开封，避景帝讳改。

今启封故城在开封市西南，城址呈长方形，墙垣周长4000米，出土有铜矛、戈、镞等兵器。③ 此即秦启封所在地。

图4.4.5 启封钲图

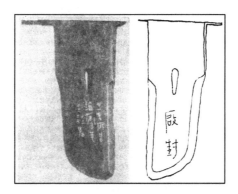

图4.4.6 启封戈

⑥长武。

文献不见记载，整理者据简文以为在今尉氏县。秦封泥有"长武丞印"。（图4.4.7）

图4.4.7 长武丞印④

① 司马迁：《史记》，北京：中华书局，1959年，第359页。
② 司马迁：《史记》，北京：中华书局，1959年，第2652页。
③ 杨育彬等：《中国文物地图集·河南分册》，北京：中国地图出版社，1991年，第58页。
④ 傅嘉仪：《秦封泥汇考》，上海：上海书店出版社，2007年，第199页。

具体位置可能在尉氏县西部边界的岗李乡的霍庄古城。① 其南、西、北分别与长葛、新郑、中牟三县交界，地理位置重要，秦汉遗迹较多。霍庄城分南北二城，平面呈方形，依高岗而筑。此处距启封故城与偪陵故城的道里与简文记述较为符合。

⑦偪陵。

偪陵即鄢陵。秦封泥有"偪丞之印"，② 在今河南省鄢陵县境，具体位置应是彭店乡古城村、田岗村一带的鄢故城。该城呈长方形，分为内城、外城，外城周长5808米，内城周长800米。时代从春秋到汉代。

⑧许。

《战国策》卷6《秦策四》："王以十（万）成（戍）郑，梁氏寒心，许、鄢陵婴城，上蔡、召陵不往来也。"③《读史方舆纪要》卷47《河南》载：许昌城"在州东三十里。秦许县，属颍川郡。陈胜将五逢军于此，章邯击破之。汉仍曰许县，后汉章帝封马光为侯邑。建安元年，献帝都此。曹丕黄初二年改曰许昌，为五都之一，岁尝临幸"。④ 许故城又名张潘故城，亦名汉魏故都、许昌古城，俗称"古城"。在许昌县东16.5千米，张潘村东古城周围。面积约有150万平方米。分内、外城，残存夯土城墙高1米~3米。⑤

综合上述，今河南省境内这条交通线路由□阳(安阳)—顿丘(清丰县顿丘故城)—虚(延津县南古墙村遗址)—衍氏(郑州市北)—启封(开封市西南朱仙镇启封故城)—长武(尉氏县岗李乡霍庄古城)—偪陵(鄢陵县彭店乡古城村)—许(许昌县东张潘村东古城)自北向南一路蜿蜒而南行。在今京广铁路和G4高速公路东侧附近，并与其大致平行，应是一条重要的交通线路。

---

① 杨育彬等：《中国文物地图集·河南分册》，北京：中国地图出版社，1991年，第60页。

② 许雄志：《鉴印山房藏古封泥菁华》，第276号，郑州：河南美术出版社，2011年。

③ 刘向辑录，范祥雍笺证：《战国策笺证》，上海：上海古籍出版社，2006年，第403页。

④ 顾祖禹：《读史方舆纪要》，北京：中华书局，2005年，第2184页。

⑤ 杨育彬等：《中国文物地图集·河南分册》，北京：中国地图出版社，1991年，第315页。

四、县域内的文书传递

文书在县域之内如何让传播？文献及出土资料没有明言，但可作推论。为便于讨论，把里耶秦简所载关于县域内的文书传递情况列表（见表4.4.2）。据前文所述，县下属单位和乡应是文书传递的最末节，而乡与县下属单位之间的文书往来又最为密切。现就里耶秦简牍的文书资料来看，县域之内的文书传递应是以县廷为中心的点对点直接发布和回复行政命令。具体可以分为三种，一是县廷与下属单位之间的文书传递，包括县廷（简文所署有县廷、迁陵丞、迁陵三种）与尉、司空、少内、户曹、库、仓、发弩、畜官、田官之间点对点的文书传递；① 二是县廷与乡里之间的文书传播，主要是与都乡、启陵乡、贰春乡之间的文书往来。三是乡与县属单位之间的文书往来，在里耶秦简中见有2例，如简8-196都乡与司空，简8-660都乡守与少内的文书来往。县内文书的传递者主要是两类人，一类是官吏及其辅助工作人员，一类为隶臣妾。其中简8-767和简8-769的行书人为"邮人"，是比较特殊的两例。

> 廿八年七月戊戌朔辛酉，启陵乡赵敢言之：令曰二月壹上人臣治（笞）者名。·问之，毋当令者。敢言之。
>
> 七月丙寅水下五刻，邮人敞以来。敬半。　　　贝手（8-767）
>
> 卅五年八月丁巳朔己未，启陵乡守狐敢言之：廷下令书曰取鲛鱼与山今卢（鲈）鱼献之。问津吏徒莫智（知）。·问智（知）此鱼者具署物色，以书言。·问之启陵乡吏、黔首、官徒，莫智（知）。敢言之。·户曹。
>
> 八月□□□邮人□以来。□发。　　　狐手。（8-769）②

从这两简内容来看，都是关于县廷所下的"令"回复文书，属于重要而紧急的事情，符合使用"邮人"行书的规定。

---

① 说明：与迁陵县廷有文书往来的县内单位仅限于简文中出现的机构。

② 陈伟主编：《里耶秦简牍校释（第一卷）》，武汉：武汉大学出版社，2012年，第221、222页。

根据上面的分析，可以把县域内的文传递作成简图（见图4.4.8）。

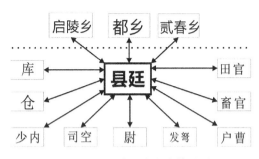

图4.4.8　迁陵县内文书传递图

总之，秦汉史时期的文书传递主要为"以邮行"的方式和"以次传"的形式。"以邮行"的文书比较重要紧急，其传递的速度和时效要求也比较高，其传递次序也大致以邮所在地，由于邮设置地域性特点，并不完全使用邮也会"就近便处"。"以次传"的秩序性特征非常明显，要求按照文书上的规定县次依次传递不可擅自更改，收发文书都要作详细记录，标记收发时间、传递人员、处理文书的人员名称和职务，没有明确说明一般都要及时进行回复说明，回复不及时还会以"追书"的形式询问原因。在同样遵循行书规则下，县域之内的文书传递主要是点对点的直接传递。这些都体现了文书传递的要求及时、准确、高效的特点，也是文书行政的必然要求。以上是对里耶秦简反映的县域内文书传递的简单勾勒，实际上县域内的文书传递十分复杂，待今后作进一步的研究。

表4.4.2　迁陵县内文书传递情况表

序号	简号	送书单位	收书单位	行书人身份
1	8-60+8-656+8-665+8-748	迁陵丞	少内主	守府快行少内
2		迁陵守丞	司空主	即走申行司空
3		司空	迁陵	士五壮以来
4	8-69	尉主	县廷	隶妾规行
5	8-133	司空主	迁陵守丞陉	走贤以来

续表

序号	简号	送书单位	收书单位	行书人身份
6	8-135	迁陵守丞	司空守樛	即令走□行司空
7		司空守	迁陵守丞敦狐	走己巳以来
8	8-136+8-144	仓守	覆狱治所	小史夷吾以来
9	8-140	迁陵丞	尉主	守府快行
10	8-141+8-668	发弩守	县廷	守府定以来
11	8-143			史获以来
12	8-152	少内守	县廷	佐处以来
13	8-155	迁陵守丞	少内	守府快行少内
14	8-157	迁陵丞	启陵乡夫	守府快行
15		启陵乡夫	迁陵丞昌	隶妾冉以来
16	8-164	少内武	县廷	佐欣行廷
17	8-170	都乡守	县廷	佐宣行廷
18	8-173	库武	县廷	佐处以来
19	8-196	都乡□☑	司空	佐初以来
20		迁陵守丞	县廷	居赀枳寿陵左行
21	8-198+8-213+8-2013	乡官	县廷	守府昌行廷
22	8-199	畜官守	县廷	佐贰以来
23	8-475+8-610	迁陵丞	启陵	隶妾孙行
24	8-645	贰春乡守	县廷	史邛以来
25	8-651	启陵乡守	县廷	隶妾呰以来
26		迁陵守丞	尉官主	走印行
27		尉官主	迁陵守丞膻	士五(伍)宕渠道平邑疵以来
28	8-660	都乡守	少内	乡守蜀以来
29	8-666+8-2006	司空守敵	县廷	隶臣殷行
30	8-673+8-2002	贰【春】☑	迁陵守	【东】成□上造□以来
31	8-681			佐居以来

续表

序号	简号	送书单位	收书单位	行书人身份
32	8-686+8-973	库守	县廷	隶臣负解行廷
33	8-767	启陵乡	县廷	邮人敞以来
34	8-769	启陵乡守	县廷	邮人□以来
35	8-904	迁陵丞	仓司空	
36	8-1069+8-1434+8-1520	库武	县廷	佐横以来
37	8-1443+8-1455	都乡守	县廷	佐初以来
38	8-1452	仓守	县廷	令走屈行
39	8-1490+8-1518	仓	县廷	佐尚以来。
40	8-1510	迁陵守丞	司空主	佐赿以来
41	8-1514	库守	县廷	佐圂以来
42	8-1515	贰春乡守	司空主	隶臣良朱以来
43	8-1517	仓	迁陵	
44	8-1524	司空	县廷	隶妾以来
45	8-1525	廷	仓	守府印行
46		仓	廷	□□以来
47	8-1538	迁陵		隶妾孙行
48	8-2034	少内守	县廷	佐□以来
49	8-2441	启陵	县廷	隶妾□以来
50	9-14	贰春乡	县廷	戍卒寄以来
51	9-981	田官守	廷	佐任以来
52	9-984	迁陵	都乡啬夫	隶妾以来
53	9-1112	迁陵守丞	尉、乡主	戍以来
54	9-1869	田官守	县廷	顾以来
55	9-2350	田守武		（田）佐衔以来
56	9-2352	丞	启陵乡	□里士五（伍）敞以来
57	12-849	迁陵丞	司空主	佐頯以来
58	16-9	迁陵守丞	都乡主	不更成里午以来

续表

序号	简号	送书单位	收书单位	行书人身份
59		迁陵丞	县相关单位	隶臣尚行
60	16-5	县相关单位	迁陵丞	巫阳陵士五以来
61		县相关单位	迁陵丞	求盗簪褭阳城辰以来
62	16-6	迁陵丞	尉	走袑行尉
63		尉	县廷	走袑行尉

结　　语

随着新材料的发现和公布，秦汉地方行政组织乡、里的研究成为学界关注的热点。地方行政制度、基层组织机构、职能、规模、基层官吏构成及其职责的深入研究，进一步明确了地方行政运作的状态。前人的丰富的研究成果为这一课题的研究提供借鉴。学者们深化了对该领域中地方行政制度的具体架构、基层组织机构的职能分配、规模界定以及基层官吏构成与职责履行机制等议题的研究，这些努力不仅有助于揭示当时地方行政的实际运行状态，也为后续相关课题的探讨积累了丰富的理论资源。细审传世文献和出土材料会发现秦汉时期乡里的问题具体而复杂。本书通过对相关史料的梳理对秦汉时期乡里的数量和规模作了可能的推测。基于社会过程与空间形态的互动关系，通过具体的聚落遗址及出土秦汉地图上聚落的分布状况等方面讨论了乡里空间的分布与结构及其特征。文书行政是秦汉时期重要的行政模式，通过简牍资料考察了这种行政方式在县域内具体是如何运作的。

在审视现存传世文献及新近出土的历史材料时，我们注意到秦汉时期乡里制度所蕴含的问题既具有鲜明的时代特点，又呈现出错综复杂的内涵。本书旨在通过对相关史料的系统梳理与分析，尝试对秦汉乡里的数量规模作出基于现有证据基础上的合理推测。同时还借助社会进程与地域空间形态之间相互作用的理论，结合考古发掘出的聚落遗址实证以及秦汉时期地图中所反映的聚落分布格局，详细讨论了乡里空间的布局分布、结构特征及其动态演变过程。

此外，鉴于文书行政在秦汉时期行政实践中的核心地位，本书通过详尽剖析简牍资料，探究文书行政模式在县域层级下如何具体地运作实施，从而揭示其在地方社会治理中的功能与效能。这一系列的探索不仅充实了秦汉乡里基层组织研究的内容，也有助于重构和理解秦汉时期中央集权体制下地方行政管理的立体图景。基于以上思考现就具体结论综述如下。

1. 乡里规模问题的认识

通过对先秦至秦汉时期乡里组织规模与户数的深入探究，本书揭示了这一阶段乡里户数的两个显著特性。首先，乡里组织的户数并未形成统一标准，呈现出显著的时代差异性和地域多样性，其规模范围广泛，小至十几户，大至数百户不等。这种户数差异性的存在，恰恰反映了先秦至秦汉时期乡里组织的动态演变及各地经济社会发展的不平衡性。

其次，我们推测乡里户数在先秦至秦汉时期可能作为设立管理机构的基础参照指标。文献记载中的乡里户数不一致性，除了受制于当时经济条件、社会发展水平以及人口变动等持续演进的动态因素影响外，还可能与县乡管理者的行政层级设置密切相关。具体而言，乡里户数的多寡可能直接影响着相应区域的行政管理层级划分及其职能配置。

此外，进一步的研究或许能证实，乡里户数的变化不仅是社会治理模式适应现实需求调整的结果，同时也反映出古代中国基层行政管理体制的灵活性与适应性。因此，在解读乡里户数的不同时期记载时，应当综合考量上述多种因素的影响作用，以便更准确地把握先秦至秦汉时期乡里制度的历史变迁脉络。

2. 乡里聚落的空间形态与分布问题

从传世文献和考古资料来看，秦汉时期存在大量的基层组织——里，这些行政里大多与聚落是重合的，作为基层组织的乡里聚落的，他们的形态大小以及级别也不是一成不变的，其政治地位和空间结构也随着社会的过程而发生变化。考察这些聚落的空间分布和结构特征则主要依据古地图。就放马滩地图来说，地图上的聚落大多分布在海拔 1100 米 ~ 1700 米，1700 米 ~ 2200 米则几无聚落。聚落的位置大多位于河流的中下游谷地，地图上很多地名以谷（谿）为后缀名。但地图上的聚落因为没有图例和文字说明，无法判断聚落的规模和级别，应为地方行政单位无疑。从地图的注记格式来看，那些在文字外有方框的聚落应该是比较重要的，其他聚落则相对次之，而且分布的形式也在逐渐往主干河流的中上游方向分布。放马滩地图上聚落的空间分布状态，也反映了当时人们的居住的空间概念：依山近水，又有主要道路（主要是河谷道路）相连，在主干河流的两边，因地制宜地利用自然资源，河谷和河流作为主要的交通路线。

而长沙马王堆出土的《箭道舆地图》上不同的标注符合代表了该聚落的不同的意义，其中乡里等基层行政单位以圆圈的符号表示，这类圆圈可以分为两种：一种是朱红色的圆圈；一种是黑色圆圈内套朱红色圆圈。从这种符号的意义推测这幅地图可能是一张动态标注"封域"内乡里聚落变动情况的图。即一开始这张图的乡里居民点用朱红色圆圈内注明乡里名称。域内的乡里的聚落发生变化的就在图上标注出来，如"毋人"里就在旁边加"今毋人"以说明，如果是两里合并，也在旁边做标注"×里并×里"，一些比较重要的里，甚至还注明到县廷的里程数。而标注"不反"字样的里与该里人口迁往他处有关，因此会在朱红色的圆圈外加画一个黑色圆圈以示区别。通过对这幅图上乡里居民点的统计和观察，对于这一区域内的乡里居民点的时空分布有了一个清楚的认识，即这张地图的使用随着时间的推移和乡里居民点的变化，而在图上呈现出不同的标志。乡里聚落的空间分布也因为这张地图的动态标注而呈现出了一个不断变动的状态，也就是说他们的空间分布形态随着社会的发展时间的推移而不断发生变化。这幅地图上乡里聚落的空间分布的状态，或许能说明当时汉朝的国家权力在这一地区的执行情况，以及在这一地区复杂的社会因素导致的聚落空间分布的消长，但社会发展过程对这一地区的乡里聚落空间分布变化的影响是显而易见的。

就聚落遗址来说，云阳李家坝、巫山张家湾、巴东楠木园、巴东罗坪、秭归土地湾五处遗址位于今天的西南地区，同时也是秦汉时期的西南夷人所居之地。秦汉帝国向来对这些地区实行优待政策，在赋敛征收等方面异于内地郡县，这5处聚落的特征或能够代表这一地区的主流形态。内黄三杨庄遗址位于中原腹地，经济繁荣，交通发达，能够成为这一地区较强的辐射源。河北井陉南良都及辽宁辽阳三道壕遗址位于帝国的北方和东北地区，其聚落特征也会成为这一区域的标本。考古资料中的 8 处聚落遗址的房屋形状与布局，依其所在的地势地貌因地制宜修建，建筑材料也是就地取材，这种看似散乱零落的聚落遗址所表现出来的形制，需要对秦汉时期乡野中的聚落形态进行讨论，这些遗址的分布从长江流域到黄河流域再到东北地区所展现的形态几乎是一致的，能够反映出秦汉时期乡里聚落的总体的形态，而这种聚落形态也反映了形成这种聚落形态的人们的空间概念。

从考古所见的聚落中的居住建筑遗迹的形制及其分布状况来看，这一时期的乡野聚落的分布状态，无论从整体外部观察来说，还是从居址建筑之间的距离来看大致都呈分散居住的情形，亦即散居的状态。这或许是秦汉时期处于乡野中的里的一般状态，并不存在南方与北方的差异，甚至地形影响也不是很明显。从聚落中住居建筑的情况来分析，这些建筑大多是以向阳的方向建筑，符合传统的住居建筑风俗，这也是很多现代建筑所追求的。

3. 县域内的行政运作

秦汉时期乡里基层行政组织功能和基层行政人员的构成及职掌，随着简牍材料的公布这方面的研究更加深入。里的行政运作以里典为核心，另外还有里佐、田典、里监门、里父老等里内辅助行政人员，在他们的合作下发挥着里的政治和经济、文化等职能，主要包括户籍统计与管理、赋税征收、劳役派发、经济管理、社会导向教育等。里的管理者主要是执行乡下达的行政命令，是具体命令的执行者。秦汉帝国在基层乡里的行政运作就是在这些基层官吏及辅助人员的配合下共同完成的。

文书行政的秦汉帝国，以制度性文字的力量有效地对辽阔的疆域进行统治。文书邮传的基本形式是"以邮行"和"以次传"，从中央朝廷发布，经过郡府，将行政命令传达到帝国的末梢——乡里。通过对里耶秦简中县域内文书的传送以及县乡里的行政联络的形式的考察，可看到以文书的形式传达政令或许终点在乡一级行政单位，乡官则以各种便于里民知晓的形式使其明白政府下达的各种政令。而秦代县域内的行政命令的传达在县乡之间，县内各部门之间仍然采用文书传送并记录的形式进行，县廷则是县内文书的集散中心，以此为核心辐射至县内各部门和广大的乡里。县域内文书的传送一般以"当日达"的效率进行，这给基层行政效果提供了保障。县域内文书传送人员身份的多样性，也反映了当时的社会状况，对于理解秦代基层的行政模式和社会状况都有了进一步的认识。

秦汉时期文书的传递对于秦汉帝国的行政运作有举足轻重的作用，为保证中央政令的及时有效的下达并且能迅速的反馈到中央，除了有"行书律"这样的法律保障。行书人的作用也至关重要，在这些行书人中，邮人为职业化的专业的文书传递者，他们所行之书从行书律的规定来看应为比较重要的紧急的文书，以邮人行书应是这类文书的主要保障。同时一些偏远地区或者边界的亭卒、捕盗也会充当邮人的角色担负起文书的传递，他们在传递文书时就会利用邮这种机构，从而实现以邮行的文书要求。除了专业的邮人之外，基层官吏有时也会"顺便"行书。而走、牢人、隶臣妾等却是担负着帝国基层文书传递的主要力量，可能他们所行之书的运行范围、内容和性质与邮人不同，但从这类人的使用数量来看，他们担负着基层繁重的行书任务。不仅保证基层文书传递的及时准确，更是基层行政运作的保障。

参 考 文 献

一、基本典籍

《尚书正义》，李学勤主编《十三经注疏》（整理本），北京：北京大学出版社，2000 年。

《周礼注疏》，李学勤主编《十三经注疏》（整理本），北京：北京大学出版社，2000 年。

《尔雅注疏》，李学勤主编《十三经注疏》（整理本），北京：北京大学出版社，2000 年。

皮锡瑞：《尚书大传疏证》，《师伏堂丛书》影印本，南京：凤凰出版社，2014 年。

何休解诂，徐彦疏，刁小龙整理：《春秋公羊传注疏》，上海：上海古籍出版社，2014 年。

段玉裁：《说文解字注》，北京：中华书局，2013 年。

华学诚：《扬雄方言校释汇证》，北京：中华书局，2006 年。

司马迁：《史记》，北京：中华书局，1959 年。

班固：《汉书》，北京：中华书局，1962 年。

范晔：《后汉书》，北京：中华书局，1965 年。

陈寿：《三国志》，北京：中华书局，1982 年。

孙诒让：《墨子间诂》，北京：中华书局。

蒋礼鸿：《商君书锥指》，北京：中华书局，1986 年。

黎翔凤：《管子校注》，北京：中华书局，2003 年。

王先慎：《韩非子集解》，北京：中华书局，1998 年。

王先谦：《荀子集解》，北京：中华书局，2013 年。

刘向辑录，范祥雍笺证：《战国策笺证》，上海：上海古籍出版社，2006 年。

徐元诰撰，王树民、沈长云点校：《国语集解》，北京：中华书局，2002 年

刘熙：《释名》，北京：中华书局，1958 年。

王充著，黄晖校释：《论衡校释》，北京：中华书局，1990 年。

应劭撰，王利器校注：《风俗通义校注》，北京：中华书局，2010 年。

蔡邕著，邓安生校注：《蔡邕集编年校注》，石家庄：河北教育出版社，2002 年。

方诗铭、王修龄：《古本竹书纪年辑证》，上海：上海古籍出版社，1981 年。

马瑞辰：《毛诗传笺通释》，北京：中华书局，1989 年。

徐天麟：《东汉会要》，上海：上海古籍出版社，2006 年。

顾野王：《大广益会玉篇》，北京：中华书局，1987 年。

陶渊明著，袁行霈笺注：《陶渊明集笺注》，北京：中华书局，2011 年。

苏轼撰，王文诰辑注、孔凡礼点校：《苏轼诗集》（第 1 册），北京：中华书局，1982 年。

林越：《两汉隽言》，凌迪知校，明万历四年凌氏桂芝馆刊，1576 年。

孙星衍等：《汉官六种》，北京：中华书局，1990 年。

王鸣盛：《十七史商榷》，上海：上海古籍出版社，2013 年。

钱大昕：《廿二史考异》，上海：上海古籍出版社，2014 年。

顾炎武：《日知录集释》，黄汝成集释，上海：上海古籍出版社，2013 年。

顾祖禹：《读史方舆纪要》，北京：中华书局，2005 年

任乃强：《华阳国志校补图注》，上海：上海古籍出版社，1987 年。

杨守敬，熊会贞：《水经注疏》，南京：江苏古籍出版社，1989 年。

陈桥驿：《水经注校证》，北京：中华书局，2013 年。

何清谷：《三辅黄图校释》，北京：中华书局，2005 年。

二、考古资料与出土文献

（一）考古资料

长江流域第二期文物考古工作人员训练班：《湖北江陵凤凰山西汉墓发掘简报》，《文物》1974 年第 6 期。

重庆市博物馆：《重庆市博物馆藏四川汉画像砖选集》，北京：文物出版社，1957 年。

东北博物馆：《辽阳三道壕西汉村落遗址》，《考古学报》1957 年第 1 期。

段宏振：《中国文物地图集·河北分册》，北京：文物出版社，2013 年。

方勇等：《宜宾长宁又发现汉代村落遗址》，中新网，2013 年 3 月 21 日。

龚廷万等：《巴蜀汉代画像集》，北京：文物出版社，1998 年。

广州市文物管理委员会：《广州出土汉代陶屋》，北京：文物出版社，1958 年。

郭承德：《磴口县发现大型汉代村落遗址》，《内蒙古日报（汉）》2008 年 10 月 27 日，第 8 版。

国家文物局：《中国文物地图集·重庆分册》，北京：文物出版社，2010 年。

杨定爱：《巴东罗坪》，北京：科学出版社，2006 年。

韩自强：《安徽阜阳博物馆藏印选介》，《文物》1988 年第 6 期。

河北省文物研究所石太考古队：《井陉南良都战国、汉代遗址及元明墓葬发掘报告》，《河北省考古文集》，北京：东方出版社，1998 年。

河南省文物研究所：《河南遂平县小寨汉代村落遗址水井群》，《考古与文物》1986 年第 5 期。

河南省文物考古研究所，内黄县文物保护管理所：《河南内黄县三杨庄汉代庭院遗址》，《考古》2004 年第 7 期。

湖南省文物考古研究所等：《湖南龙山里耶战国—秦代古城一号井发掘简

报》,《文物》2003 年第 1 期。

湖南省文物考古研究所等：《沅陵虎溪山一号汉墓发掘简报》,《文物》2003 年第 1 期。

湖南省文物考古研究所：《里耶发掘报告》,长沙：岳麓书社,2007 年。

湖南省博物馆,湖南省文物考古研究所：《长沙马王堆二、三号汉墓,田野考古发掘报告》,北京：文物出版社,2004 年。

胡文春：《秭归土地湾》,北京：科学出版社,2006 年。

黄传懿：《中国文物地图集·湖北分册》,西安：西安地图出版社,2002 年。

纪南城凤凰山一六八号汉墓发掘整理组：《湖北江陵凤凰山一六八号汉墓发掘简报》,《文物》1975 年第 9 期。

江苏省文物管理委员会：《江苏高邮邵家沟汉代遗址的清理》,《考古》1960 年第 10 期。

蒋英炬：《中国画像石全集》,郑州：河南美术出版社、济南：山东美术出版社,2000 年。

荆州博物馆：《荆州高台秦汉墓》,北京：科学出版社,2000 年。

李修松：《中国文物地图集·安徽分册》,北京：中国地图出版社,2014 年。

刘伊霜：《习水土城发现我省规模最大的汉代聚落遗址》,《遵义日报》2015 年 2 月 27 日第 2 版。

孟苗：《山西高平发现大面积汉代村落遗址》,中国青年网,2010 年 12 月 16 日。

南京大学历史系考古专业等：《巫山县张家湾遗址第二次发掘报告》,重庆市文物局编《重庆库区考古报告集（1999 卷）》,北京：科学出版社,2006 年。

内黄县文物保护管理所等：《河南内黄三杨庄汉代聚落遗址第二处庭院发掘简报》,《华夏考古》2010 年第 3 期。

权义、潘锐：《河北省发现汉代村落遗址填补一项考古空白》,搜狐网,

2007 年 5 月 11 日。

山东省文物考古研究所：《章丘宁家埠遗址发掘报告》，《济青高级公路章丘工段考古发掘报告集》，济南：齐鲁出版社，1993 年。

师悦菊：《中国文物地图集·湖南分册》，长沙：湖南地图出版社，1997 年。

四川省博物馆等：《青川县出土秦更修田律木牍——四川青川县战国墓发掘简报》，《文物》1982 年第 1 期。

四川大学考古学系等：《重庆云阳李家坝遗址 1999 年度发掘简报》，四川大学博物馆等编《南方民族考古》（第七辑），北京：科学出版社，2011 年。

四川大学历史文化学院考古系等：《云阳李家坝遗址发掘报告》，重庆市文物局等编《重庆库区考古报告集（1997 卷）》，北京：科学出版社，2001 年。

四川联合大学历史系考古专业：《1994—1995 年四川云阳李家坝遗址的发掘》，《四川大学考古专业创建三十五周年纪念文集》，成都：四川大学出版社，1998 年。

王长河、郭光敬：《史营村惊现战国至汉代古村落遗址》，《平顶山日报》2010 年 8 月 24 日第 3 版。

吴国富、陶静：《阿蓬江流域首次发现三处汉代聚落遗址》，《重庆晨报》2009 年 8 月 20 第 27 版。

谢治秀：《中国文物地图集·山东分册》，北京：中国地图出版社，2007 年。

辛占山：《中国文物地图集·辽宁分册》，西安：西安地图出版社，2009 年。

杨育彬：《中国文物地图集·河南分册》，北京：中国地图出版社，1991 年。

余西云：《巴东楠木园》，北京：科学出版社，2006 年。

中美日照地区联合考古队等：《鲁东南沿海地区系统考古调查报告》，北京：文物出版社，2012 年。

张建平：《曹老集发现大面积汉代聚落遗址》，《蚌埠日报》2008 年 11 月

28 日第 1 版。

（二）简牍资料

陈松长：《岳麓书院所藏秦简综述》，《文物》2009 年第 3 期。

陈伟等：《里耶秦简牍校释（一）》，武汉：武汉大学出版社，2012 年。

陈伟等：《里耶秦简牍校释（二）》，武汉：武汉大学出版社，2017 年。

陈伟等：《秦简牍合集（一）》，武汉：武汉大学出版社，2014 年。

陈伟等：《秦简牍合集（四）》，武汉：武汉大学出版社，2014 年。

冯云鹏：《金石索》，上海：上海古籍出版社，2013 年。

湖南省文物考古研究所、中国文物研究所：《湖南张家界古人堤遗址与出土简牍概述》，《中国历史文物》2003 年第 2 期。

湖南省文物考古研究所、中国文物研究所：《湖南张家界古人堤简牍释文与简注》，《中国历史文物》2003 年第 2 期。

甘肃省文物考古研究所：《敦煌汉简》，北京：中华书局，1991 年。

甘肃省文物考古研究所等：《居延新简》，北京：文物出版社，1999 年。

甘肃省文物考古研究所：《天水放马滩秦简》，北京：中华书局，2009 年。

甘肃简牍保护研究中心等：《肩水金关汉简（一）》，北京：中西书局，2011 年。

甘肃简牍保护研究中心等：《肩水金关汉简（二）》，北京：中西书局，2012 年。

甘肃简牍保护研究中心等：《肩水金关汉简（三）》，北京：中西书局，2013 年。

傅嘉仪：《秦封泥汇考》，上海：上海书店出版社，2007 年。

胡平生、张德芳：《敦煌悬泉汉简释粹》，上海：上海古籍出版社，2001 年。

湖北省荆州市周梁玉桥遗址博物馆：《关沮秦汉墓简牍》，北京：中华书局，2001 年。

湖北省文物考古研究所：《江陵凤凰山西汉简牍》，北京：中华书局，

2012 年。

湖南省文物局：《湖南简牍名迹》，长沙：湖南美术出版社，2012 年。

湖南省文物考古研究所：《里耶秦简(一)》，北京：文物出版社，2012 年。

里耶秦简牍校释小组：《新见里耶秦简牍资料选校(一)》，《简帛》第 10 辑，上海：上海古籍出版社，2015 年。

里耶秦简牍校释小组：《新见里耶秦简牍资料选校(二)》，《简帛》第 10 辑，上海：上海古籍出版社，2015 年。

里耶秦简牍校释小组：《新见里耶秦简牍资料选校(三)》，简帛网，2015 年 8 月 7 日。

李均明、何双全：《散见简牍合辑》，北京：文物出版社，1990 年。

连云港市博物馆等：《尹湾汉墓简牍》，北京：中华书局，1997 年。

马王堆汉墓整理小组：《古地图：马王堆汉墓帛书》，北京：文物出版社，1977 年。

马怡、张荣强：《居延新简释校》，天津：天津古籍出版社，2013 年。

彭浩等：《二年律令与奏谳书：张家山二四七号汉墓出土法律文献释读》，上海：上海古籍出版社，2007 年。

裘锡圭等：《长沙马王堆汉墓简帛集成》，北京：中华书局，2014 年。

宋少华等：《湖南出土简牍选编》，长沙：岳麓书社，2013 年。

孙家洲：《额济纳汉简释文校本》，北京：文物出版社，2007 年。

王国维：《流沙坠简》，杭州：浙江古籍出版社，2013 年。

王辉、王伟：《秦出土文献编年订补》(订补本)，西安：三秦出版社，2014 年。

魏坚：《额济纳汉简》，桂林：广西师范大学出版社，2005 年。

谢桂华等：《居延汉简释文合校》，北京：文物出版社，1987 年。

银雀山汉墓竹简整理小组：《银雀山汉墓竹简(一)》，北京：文物出版社，1985 年。

杨广泰：《新出封泥汇编》，上海：西泠印社，2010 年。

杨以平、乔国荣：《天长西汉木牍述略》，卜宪群、杨振红主编《简帛研究二〇〇六》，桂林：广西师范大学出版社，2008 年。

张家山二四七号汉墓竹简整理小组：《张家山汉墓竹简（二四七号墓）》（释文修订本），北京：文物出版社，2006 年。

张显成、周群丽：《尹湾汉墓简牍校理》，天津：天津古籍出版社，2011 年。

张德芳：《敦煌马圈湾汉简集释》，兰州：甘肃文化出版社，2013 年。

张春龙：《沅陵虎溪山汉简选》，《出土文献研究》第九辑，北京：中华书局，2010 年。

张春龙等：《湖湘简牍书法选集》，长沙：湖南美术出版社，2012 年。

郑曙斌等：《湖南出土简牍选编》，长沙：岳麓书社，2013 年。

朱汉民、陈松长：《岳麓书院藏秦简（一）》，上海：上海辞书出版社，2010 年。

朱汉民、陈松长：《岳麓书院藏秦简（三）》，上海：上海辞书出版社，2013 年。

朱汉民、陈松长：《岳麓书院藏秦简（四）》，上海：上海辞书出版社，2015 年。

三、中国学者学术著作

卜宪群：《秦汉官僚制度》，北京：社会科学文献出版社，2002 年。

曹婉如：《中国古代地图集（战国—元）》，北京：文物出版社，1990 年。

陈梦家：《汉简缀述》，北京：中华书局，1980 年。

陈直：《汉书新证》，天津：天津人民出版社，1979 年。

陈直：《居延汉简研究》，天津：天津古籍出版社，1986 年。

陈伟：《秦简牍校读及所见制度考察》，武汉：武汉大学出版社，2017 年。

高敏：《睡虎地秦简初探》，郑州：河南人民出版社，1987 年。

甘肃文物考古所：《秦汉简牍论文集》，兰州：甘肃人民出版社，1989 年。

何双全：《双玉兰堂文集》，台北：兰台出版社，2002 年。

侯旭东：《北朝村民的生活世界：朝廷、州县与村里》，北京：商务印书馆，2005 年。

　　劳榦：《古代中国的历史与文化》，北京：中华书局，2006 年。

　　李发林：《战国秦汉考古》，济南：山东人民出版社，1991 年。

　　黎明钊：《辐辏与秩序：汉帝国地方社会研究》，香港：香港中文大学出版社，2012 年。

　　黎明钊：《汉帝国的制度与社会秩序》，香港：牛津大学出版社，2012 年。

　　廖伯源：《简牍与制度：尹湾汉墓简牍官文书考证》(增订版)，桂林：广西师范大学出版社，2005 年。

　　梁方仲：《中国历代户口、田地、田赋统计》，北京：中华书局，2008 年。

　　鲁西奇：《人群·聚落·地域社会：中古南方史地初探》，厦门：厦门大学出版社，2012 年。

　　鲁西奇：《中国古代买地券研究》，厦门：厦门大学出版社，2014 年。

　　鲁西奇：《何草不黄：〈汉书〉断章解义》，桂林：广西师范大学出版社，2015 年。

　　马楚坚：《中国古代的邮驿》，北京：商务印书馆，1997 年。

　　马孟龙：《西汉侯国地理》，上海：上海古籍出版社，2013 年。

　　马新：《两汉乡村社会史》，济南：齐鲁书社，1997 年。

　　钱穆：《秦汉史》，北京：生活·读书·新知三联书店，2012 年。

　　秦晖：《传统十论：本土社会的制度、文化及其变革》，上海：东方出版社，2014 年。

　　裘锡圭：《裘锡圭学术文集》，上海：复旦大学出版社，2012 年。

　　瞿宣颖：《中国社会史料丛钞》，长沙：湖南教育出版社，2009 年。

　　史为乐：《中国历史地名大辞典》，北京：中国社会科学出版社，2005 年。

　　沈刚：《居延汉简语词汇释》，北京：科学出版社，2008 年。

　　苏卫国：《秦汉乡亭制度研究：以乡亭格局的重释为中心》，哈尔滨：黑龙江人民出版社，2010 年。

　　孙家洲：《秦汉法律文化研究》，北京：中国人民大学出版社，2007 年。

　　谭其骧：《长水粹编》，石家庄：河北教育出版社，2000 年。

谭其骧：《长水集》，北京：人民出版社，2009 年。

谭其骧：《中国历史地图集》，北京：中国地图出版社，1982-1987 年。

唐晓峰：《从混沌到秩序：中国上古地理思想史述论》，北京：中华书局，2010 年。

唐晓峰：《阅读与感知：人文地理笔记》，北京：生活·读书·新知三联书店，2013 年。

王爱清：《秦汉乡里控制研究》，济南：山东大学出版社，2010 年。

汪桂海：《秦汉简牍探研》，台北：文津出版社有限公司，2009 年。

汪桂海：《汉代官文书制度》，南宁：广西教育出版社，1999 年。

汪荣春：《嘉陵江志》，成都：四川水利水电厅，1991 年。

王昀：《传统聚落结构中的空间概念》，北京：中国建筑工业出版社，2009 年

王伟：《秦玺印封泥职官地理研究》，北京：中国社会科学出版社，2014 年。

王子今：《秦汉社会史论考》，北京：商务印书馆，2006 年。

王子今：《王子今学术经典文集》，太原：山西人民出版社，2014 年。

席会东：《中国古代地图文化史》，北京：中国地图出版社，2013 年。

谢桂华：《汉晋简牍论丛》，桂林：广西师范大学出版社，2014 年。

辛德勇：《古代交通与地理文献研究》，北京：中华书局，1996 年。

辛德勇：《秦汉政区与边界地理研究》，北京：中华书局，2009 年。

辛德勇：《石室滕言》，北京：中华书局，2014 年。

许雄志：《鉴印山房藏古封泥菁华》，郑州：河南美术出版社，2011 年。

邢义田：《秦汉史论稿》，台北：东大图书公司，1987 年。

邢义田：《社会变迁》，北京：中国大百科全书出版社，2005 年。

邢义田：《治国安邦：法制、行政与军事》，中华书局，2011 年。

邢义田：《地不爱宝：汉代的简牍》，北京：中华书局，2011 年。

邢义田：《画为心声：画像石、画像砖与壁画》，北京：中华书局，2011 年。

邢义田，刘增贵：《古代庶民社会》，台北：中央研究院，2013 年。

许倬云：《求古编》，北京：商务印书馆，2014 年。

许倬云：《汉代农业：早期中国农业经济的形成》，南京：江苏人民出版社，2001 年。

许盘清：《史记地图集》，北京：地震出版社，2010 年。

晏昌贵：《简帛数术与历史地理论集》，北京：商务印书馆，2010 年。

严耕望：《中国地方行政制度史·秦汉地方行政制度》，上海：上海古籍出版社，2007 年。

杨振红：《出土简牍与秦汉社会》，桂林：广西师范大学出版社，2009 年。

杨守敬，熊会贞：《水经注疏》，南京：江苏古籍出版社，1989 年。

杨苏宏等：《水经注疏补》，北京：中华书局，2014 年。

雍际春：《天水放马滩木板地图研究》，兰州：甘肃人民出版社 2002 年。

于豪亮：《于豪亮学术文存》，北京：中华书局，1985 年。

于振波：《秦汉法律与社会》，长沙：湖南人民出版社，2000 年。

于振波：《简牍与秦汉社会》，长沙：湖南大学出版社，2012 年。

赵秀玲：《中国乡里制度》，北京：社会科学文献出版社，1998 年。

赵宠亮：《行役戍备：河西汉塞吏卒的屯戍生活》，北京：科学出版社，2012 年。

张春树：《汉代边疆史论集》，台北：食货出版社，1977 年。

张佳：《大卫·哈维的历史——地理唯物主义理论研究》，北京：人民出版社，2014 年。

张金光：《秦制研究》，上海古籍出版社，2004 年。

张俊民：《简牍学论稿：聚沙篇》，兰州：甘肃教育出版社，2014 年。

祝国瑞主编：《地图学》，武汉：武汉大学出版社，2004 年。

祝中熹：《秦史求知录》，上海：上海古籍出版社，2012 年。

周长山：《汉代城市研究》，北京：人民出版社，2001 年。

周振鹤：《西汉政区地理》，北京：人民出版社，1987 年。

周振鹤：《汉书地理志汇释》，合肥：安徽教育出版社，2006 年。

周振鹤：《体国经野之道：中国行政区划沿革》，上海：上海书店出版社，2009 年。

周振鹤：《长水声闻》，上海：复旦大学出版社，2010 年。

周振鹤：《中国地方行政制度史》，上海：上海人民出版社，2014 年。

邹水杰等：《国家与社会视角下的秦汉乡里秩序》，长沙：湖南师范大学出版社，2014 年。

四、中国学者学术论文

卜宪群：《秦汉公文文书与官僚行政管理》，《历史研究》1997 年第 4 期。

卜宪群：《古代国家秩序与社会秩序的一般关系——以中国历史为中心的探讨》，《史学理论研究》2005 年第 4 期。

卜宪群：《秦汉之际乡里吏员杂考——以里耶秦简为中心的探讨》，《南都学坛》2006 年第 1 期。

卜宪群：《春秋战国乡里社会的变化与国家基层权力的建立》，《清华大学学报》(哲学社会科学版)2007 年第 2 期。

卜宪群：《从简帛看秦汉乡里的文书问题》，《文史哲》2007 年第 6 期。

卜宪群：《简帛与秦汉地方行政制度史研究》，《国学学刊》2010 年第 4 期。

曹旅宁：《岳麓书院新藏秦简丛考》，《华东政法大学学报》2009 年第 6 期。

曹婉如：《有关天水放马滩秦墓出土地图的几个问题》，《文物》1989 年第 12 期。

曹学群：《论马王堆古地图的绘制年代》，湖南省博物馆编《马王堆汉墓研究文集：1992 年马王堆汉墓国际学术讨论会论文选》，长沙：湖南出版社，1994 年。

晁福林：《先秦社会最高权力的变迁及其影响因素》，《中国社会科学》2015 年第 2 期。

陈絜：《里耶"户籍简"与战国末期的基层社会》，《历史研究》2009 年第 5 期。

陈松长：《岳麓书院藏秦简中的行书律令初论》，《中国史研究》2009 年第

3 期。

陈伟:《秦与汉初的文书传递系统》,中国社会科学院考古研究所等编《里耶古城·秦简与秦文化研究》,北京:科学出版社,2009 年;收入《燕说集》,北京:商务印书馆,2011 年。

陈伟:《里耶秦简中公文传递记录的初步分析》,《历史地理学研究的新探索与新动向——庆贺朱士光教授七十华秩暨荣休论文集》,西安:三秦出版社,2008 年。

陈伟:《岳麓书院秦简考校》,《文物》2009 年第 10 期。

陈伟:《岳麓秦简〈三十五年质日〉地名小考》,《历史地理》第 26 辑,上海:上海人民出版社,2012 年。

陈治国:《从里耶秦简看秦的公文制度》,《中国历史文物》2007 年第 1 期。

成一农:《里坊制及相关问题研究》,《中国史研究》2015 年第 3 期。

程有为:《内黄三杨庄水灾遗址与西汉黄河水患》,《中州学刊》2008 年第 4 期。

杜正胜:《"编户齐民论"的剖析》,载王健文主编《政治与权力》,北京:中国大百科全书出版社,2005 年。

冯小琴:《居延敦煌汉简所见汉代的"邑"》,《敦煌研究》1999 年第 1 期。

傅举有:《马王堆汉墓出土的驻军图》,曹婉如编《中国古代地图集:战国—元》,北京:文物出版社,1990 年。

高敏:《秦汉邮传制度考略》,《历史研究》1985 年第 3 期。

高荣:《秦汉邮书管理制度初探》,李学勤、谢桂华主编《简帛研究二〇〇二/二〇〇三》,桂林:广西师范大学出版社,2005 年。

郭涛:《岳麓书院藏秦"质日"简交通地理考》,《历史地理》第 30 辑,上海:上海人民出版社,2014 年。

郭伟民:《虎溪山一号汉墓葬制及出土竹简的初步研究》,艾兰、邢文编《新出简帛研究》,北京:文物出版社 2004 年。

黄盛璋:《旅大市所出启封戈铭的国别、地理及其相关问题》,《考古》1981 年第 4 期。

侯旭东：《汉魏六朝的自然聚落——兼论"邨'"村"关系与"村"的通称化》，黄宽重主编《中国史新论·基层社会分册》，台北：联经出版事业股份有限公司，2009 年；收入《近观中古史：侯旭东自选集》，上海：中西书局，2015 年。

何双全：《天水放马滩秦墓出土地图初探》，《文物》1986 年第 2 期。

胡平生：《简牍文物论稿》，北京：中西书局，2012 年。

蒋文：《岳麓秦简〈三十五年质日〉地理初探》，简帛网，2011 年 4 月 5 日。

李都都：《岳麓秦简质日释地九则》，湖北省社会科学院组编《楚学论丛》第 2 辑，武汉：湖北人民出版社，2012 年。

李均明：《汉简所见"行书"文书述略》，甘肃省文物考古研究所编《秦汉简牍论文集》，兰州：甘肃人民出版社，1989 年。

黎明钊：《里耶秦简：户籍档案的探讨》，《中国史研究》2009 年第 2 期。

李并成：《居延汉简里程简地理调查与考释（一）》，《西北史地》1993 年第 1 期。

李四明：《秦汉时期的乡村基层组织治安管理探微》，《农业考古》2010 年第 4 期。

李昭和：《青川出土木牍文字简考》，《文物》1982 年第 1 期。

刘兴林：《河南内黄三杨庄农田遗迹与两汉铁犁》，《北京师范大学学报》（社会科学版）2011 年第 5 期。

刘海旺：《由三杨庄遗址的发现试谈汉代"田宅"空间分布关系》，中国社会科学院考古研究所等编《西汉南越国考古与汉文化》，北京：科学出版社，2010 年。

刘海旺：《首次发现的汉代农业闾里遗址——中国河南内黄三杨庄汉代聚落遗址初识》，《法国汉学》丛书编辑委员会编《考古发掘与历史复原》，北京：中华书局，2006 年。

刘海旺：《新发现的河南内黄三杨庄汉代遗址性质初探》，卜宪群、杨振红编《简帛研究二〇〇六》，桂林：广西师范大学出版社，2008 年。

刘海旺：《由三杨庄遗址考古发现试谈汉代聚落》，《汉代城市和聚落考古与汉文化》，北京：科学出版社，2012 年。

刘瑞：《里耶古城北城壕出土户籍简牍的时代与性质》，《考古》2012 年第9 期。

刘兴林：《汉代农业聚落形态的考古学观察》，《东南文化》2011 年第 6 期。

刘再聪：《居延里程简所记高平媪围间线路的考古学论证》，张德芳主编《甘肃省第二届简牍学国际学术研讨会论文集》，上海：上海古籍出版社，2012 年。

刘再聪：《居延里程简所记高平媪围间线路的考古学补证》，《吐鲁番研究》2014 年第 2 期。

马新：《编户齐民与两汉王朝的人口控制》，《东岳论丛》1996 年第 5 期。

马新：《两汉乡村管理体系新论》，《山东大学学报》(哲学社会科学版)1997 年第 1 期。

马新，齐涛：《汉唐村落形态略论》，《中国史研究》2006 年第 2 期。

马新，齐涛：《关于中国古代社会史研究中的几个问题》，《文史哲》2006 年第 4 期。

彭浩：《读松柏出土的四枚西汉木牍》，《简帛》第 4 辑，上海：上海古籍出版社，2009 年。

裘锡圭：《江陵凤凰山十号汉墓简牍初探》，《文物》1974 年第 7 期。

任军：《中国乡村政治制度的变迁及其对社会变革的影响》，《天津社会科学》1994 年第 1 期。

冉光荣：《"乡"、"里"初探》，《民族论丛》1984 年第 2 期。

沈长云：《西周时期"里"的性质》，《历史研究》2011 年第 4 期。

沈刚：《〈张家山汉简·二年律令〉所见汉初国家对基层社会的控制》，《学术月刊》2004 年第 10 期。

孙家洲：《从内黄三杨庄聚落遗址看汉代农村民居形式的多样性》，《中国人民大学学报》2011 年第 1 期。

孙筱：《秦汉户籍制度考述》，《中国史研究》1992 年第 4 期。

孙闻博：《简牍所见秦汉法律诉讼中的乡》，《中华文史论坛》2011 年第

1 期。

孙闻博：《简牍所见秦汉乡政新探》，《简帛》第 6 辑，上海：上海古籍出版社，2011 年。

仝晰纲：《秦汉时期的里》，《山东师大学报》（社会科学版）1988 年第 4 期。

仝晰纲：《秦汉时期的乡里管理体制》，《东岳论丛》1999 年第 4 期。

谭其骧：《二千一百多年前的一幅地图》，《文物》1975 年第 2 期。

王爱清：《关于秦汉里与里吏的几个问题》，《社会科学辑刊》2006 年第 4 期。

王爱清：《秦与汉初里民生活略论》，《唐都学刊》2007 年第 3 期。

王长丰：《"令支"方国族氏考》，《东南文化》2007 年第 2 期。

汪桂海：《从湘西里耶秦简看秦官文书制度》，中国社会科学院考古研究所等编《里耶古城·秦简与秦文化研究》，北京：科学出版社，2009 年。

王俊国：《先秦时期的基层组织变迁考略》，《兰台世界》2010 年第 14 期。

王维坤：《试论中国古代都城的构造与里坊制的起源》，《中国历史地理论丛》1999 年第 1 期。

王彦辉：《汉代豪民与乡里政权》，《史学月刊》2000 年第 4 期。

王彦辉：《出土秦汉户籍简的类别及登记内容的演变》，《史学集刊》2013 年第 3 期。

王彦辉：《秦汉时期的乡里控制与邑、聚变迁》，《史学月刊》2013 年第 5 期。

王彦辉：《早期国家理论与秦汉聚落形态研究——兼议宫崎市定的"中国都市国家论"》，《中国社会科学》2014 年第 6 期。

王子今：《秦汉长城与北边交通》，《历史研究》1988 年第 6 期。

王子今：《马王堆汉墓古地图交通史料研究》，《江汉考古》1992 年第 4 期。

王子今：《汉代长安乡里考》，《人文杂志》1992 年第 6 期。

王子今：《秦汉交通史稿》（增订版），北京：中国人民大学出版社，2013 年。

吴昌廉：《居延汉简所见郡国县邑乡里统属表》，《简牍学报》1989 年第 7 期。

吴昌廉：《汉居延县"里"新考》，《白沙历史地理学报》2007 年第 3 期。

吴昌廉：《汉张掖郡县"里"新探》，《东海大学文学院学报》2008 年第 48 期。

吴大林、尹必兰：《西汉东海郡各县、邑、侯国及乡官的设置》，《东南文化》1997 年第 4 期。

谢桂华：《尹湾汉墓简牍和西汉地方行政制度》，《文物》1997 年第 1 期。

熊铁基：《秦代的邮传制度——读云梦秦简札记》，《学术研究》1979 年第 3 期。

熊铁基：《"十里一乡"和"十里一亭"——秦汉乡、亭、里关系的决断》，《江汉论坛》1983 年第 11 期。

许明纲、于临祥：《辽宁新金县后元台发现铜器》，《考古》1980 年第 5 期。

徐勇：《中国古代乡村行政与自治二元权力体系分析》，《中国史研究》1993 年第 4 期。

徐卫民：《汉长安城中的里制研究》，《唐都学刊》2008 年第 3 期。

薛英群：《汉代官文书考略》，《汉简研究文集》，兰州：甘肃人民出版社，1984 年。

邢义田：《中国古代的地图》，《中山大学艺术史研究》，2005 年第 6 期。

晏昌贵：《增补汉简所见县名与里名》，《历史地理》第 26 辑，上海：上海人民出版社，2012 年。

晏昌贵、郭涛：《里耶简牍所见秦迁陵县乡里考》，《简帛》第 10 辑，上海：上海古籍出版社，2015 年。

晏昌贵：《出土文献与古代政区地理研究》，《华中师范大学学报》(人文社会科学版)2015 年第 2 期。

晏昌贵：《甘肃天水放马滩木板地图新探》，《日本秦汉史研究》，2015 年第 15 号。

杨宽：《试论中国古代的井田制度和村社组织》，《学术月刊》1959 年第

6 期。

易桂花、刘俊男：《从出土简牍看秦汉时期的行书制度》，《中国历史文物》2009 年第 4 期。

雍际春、党安荣：《天水放马滩木板地图版式组合与地图复原新探》，《中国历史地理论丛》2000 年第 4 期。

于豪亮：《释青川秦木牍》，《文物》1982 年第 1 期。

袁延胜：《三杨庄聚落遗址与汉代户籍问题》，《中原文物》2012 年第 3 期。

臧知非：《秦汉里制与基层社会结构》，《东岳论丛》2005 年第 6 期。

臧知非：《简牍所见汉代乡部的建制与职能》，《史学月刊》2006 年第 5 期。

詹立波：《马王堆三号汉墓出土的守备图探讨》，《文物》1976 年第 1 期。

赵秀玲：《中国乡里制度的研究及展望》，《历史研究》1998 年第 4 期。

张多勇：《从居延汉简 E. P. T59. 582 看汉代泾阳县、乌氏县、月氏道城址》，《敦煌研究》2008 年第 2 期。

张玉强：《汉简文书传递制度述论》，《人文杂志》1994 年 5 期。

章珊：《放马滩地图的年代问题》，《历史地理》第 8 辑，上海：上海人民出版社，1990 年。

张修桂：《当前考古所见最早的地图——天水〈放马滩地图〉研究》，《历史地理》第 10 辑，上海：上海人民出版社，1992 年。

周荣：《甘肃崇信出土"货泉"铜母范》，《文物》1989 年第 5 期。

周世荣、龙福廷：《从"龙川长印"的出土再谈汉初长沙国的南方边界》，《考古》1997 年第 9 期。

周振鹤：《新旧汉简所见县名与里名》，《历史地理》第 12 辑，上海：上海人民出版社，1995 年。

周振鹤：《从汉代"部"的概念释乡亭里制度》，《历史研究》1995 年第 5 期。

周振鹤：《西汉地方行政制度的典型实例——读尹湾六号汉墓出土木牍》，《学术月刊》1997 年第 5 期。

朱桂昌：《关于帛书〈驻军图〉的几个问题》，《考古》1979 年第 6 期。

五、海外学者论著

[德]纪安诺：《尹湾新出土行政文书的性质与汉代地方行政》，李学勤、谢桂华主编《简帛研究二〇〇一》，桂林：广西师范大学出版社，2001年。

[法]阿·德芒戎：《人文地理学问题》，葛以德译，北京：商务出版社，2009年。

[法]吕西安·费弗尔：《大地与人类演进：地理学视野下的史学引论》，高福进、任玉雪等译，上海：上海三联书店，2012年。

[美]大卫·哈维：《地理学中的解释》，高泳源等译，北京：商务印书馆，2009年。

[日]池田雄一：《中国古代的生活圈和方百里——围绕都市和农村》，唐代史研究会编《中国的都市与农村》，东京：汲古书院，1992年。

[日]池田雄一：《中国古代的聚落与地方行政》，郑威译，上海：复旦大学出版社，2017年。

[日]大庭修：《汉简研究》，徐世虹译，桂林：广西师范大学出版社，2001年。

[日]冨谷至：《文书行政的汉帝国》，刘恒武、孔李波译，南京：江苏人民出版社，2013年。

[日]宫崎市定：《关于中国聚落形体的变迁》，刘俊文主编《日本学者研究中国史论撰选译》（第3卷），黄金山、孔繁敏等译，北京：中华书局，1993年。

[日]宫崎市定：《中国村制的成立：中国古代帝国崩坏的一面》，中国科学院历史研究所翻译组编译《宫崎市定论文集》（上卷），北京：商务印书馆，1963年，收入《宫崎市定全集》（第3卷），东京：岩波书店，1993年。

[日]宫宅潔：《悬泉置及周边——敦煌至安西间的历史地理》，李力译，《简帛研究二〇〇四》，桂林：广西师范大学出版社，2006年。

[日]谷川道雄：《中国中世社会与共同体》，马彪译，北京：中华书局，2002年。

[日]海老根量介：《放马滩秦简的抄写年代蠡测》，《简帛》第7辑，上海：

上海古籍出版社，2012 年。

[日]崛敏一：《中国古代的家与村落》，汲古书院，1996 年。

[日]籾山明：《汉代结僤习俗》，邢义田、刘增贵主编《古代庶民社会》，台北：中央研究院，2013 年。

[日]若江贤三：《"史记""汉书"の再検讨と古代社会の地域的研究》，爱媛大学，1994 年。

[日]藤田胜久：《里耶秦简与秦代政府之运作》，秦始皇兵马俑博物馆编《秦俑博物馆开馆三十周年秦俑学第七届年会国际学术研讨会论文集》，西安：三秦出版社，2010 年。

[日]藤田胜久：《里耶秦简所见秦代郡县的文书传递》，《简帛》第 8 辑，上海：上海古籍出版社，2013 年。

[日]藤田胜久：《中国古代国家の情报伝达——秦漢简牍の研究》，东京：汲古书院，2016 年。

[日]永田英正：《居延汉简研究》，张学锋译，桂林：广西师范大学出版社，2007 年。

[日]永田英正：《汉代石刻集成·图版、释文编》，东京：同朋舍，1994 年。

[英]鲁惟一：《汉代行政记录》，于振波、车今花译，桂林：广西师范大学出版社，2005 年。

[韩]金秉骏：《汉代聚落分布의변화—墓葬과县의거리분석을중심으로》，《중국고대중세역사연구〉》(제15 집)，2006 년제2 기간，제51-152 페이지.

Alan R H Baker：*Geography and History*：*Bridging the Divide*，Cambridge University Press，2003.

Blanton R：*Settlement Pattern and Population Change in Mesoamerican and Mediterranean Civilizations*：*A Comparative Perspective*. In：Alock S，Cherry J (Eds.)：*Side-by-Side Survey*：*Comparative Regional Studies in the Mediterranean World*，Oxbow Press，Oxford：2004.

Gregory A Johnson：Rank-Size Convexity and System Integration：A View from

Archaeology，*Economic Geography*，1980，56(3)．

Vivienne Shue：*Sketches of the Chinese Body Politic*，Standford University Press，1998．

六、学位论文

符奎：《秦汉农业聚落的形态与耕作技术——以三杨庄遗址为中心的探讨》，郑州大学博士学位论文，2013 年。

凡国栋：《秦郡新探——以出土文献为主要切入点》，武汉大学博士学位论文，2010 年。

巩宝平：《汉代民间力量与地方政治关系研究》，山东大学博士学位论文，2009 年。

何慕：《秦代政区研究》，复旦大学博士学位论文，2009 年。

贺世伟：《汉六朝时期三峡地区的聚落及相关问题研究》，武汉大学博士学位论文，2011 年。

张新超：《秦汉乡里问题研究——以新出考古资料为中心》，南开大学博士学位论文，2015 年。

张信通：《秦汉里治》，郑州大学博士学位论文，2014 年。

附录一：史料所见秦汉时期聚落级别的变化

聚落级别的变化也会引发聚落空间的变动，这种变动的态势是同向的。聚落行政级别的升级同时其政治、经济等地位会上升，其配套的建设也会相应的提高；相反，一个聚落的衰落或废弃，其地位降低各方面也就逐渐沦落下滑，甚至废弃最终成为一片废墟。秦汉史料中记载了大量聚落的级别变化，我们按照《汉书·地理志》和《续汉书·郡国志》所载，以县级行政单位为中心大致分为升格和降格两大类。划分的原则是将原为故国、故都(这里的故国或故都的地名，一般指的是先秦的国或国都)而汉代为县级行政机构的认定为行政级别降格；原来为乡、亭、邑、聚(这里的乡、亭、邑、聚的地名，有的是为先秦时期的地名，有的为秦汉时期的地名)而汉代为县级行政单位的划分为行政级别升格。按照这一划分原则，我们将这些地名进行分类列表。

一、秦汉时期级别降格的聚落

聚落行政级别的降格按其性质可以分为三类，现将其列表如下。

1. 原级别为古国后级别为县计有100例，见附表1.1.1

附表 1.1.1　从古国到县级行政单位

序号	县	古(故)国①
1	新丰	故骊戎国

---

① 表中的"古国""故国"，即《汉书·地理志》没有指出具体名称的古(故)国名，下同。

序号	县	古（故）国
2	杜陵	故杜伯国
3	夏阳	故梁国
4	鄂	古扈国
5	陕	故虢国
6	河北	魏国
7	共	故国①
8	密	故国
9	阳翟	夏禹国
10	舒	故国
11	晋阳	诗唐国
12	潞	故潞子国
13	新郑	诗郑国
14	须昌	故须句国
15	南燕	南燕国
16	雍丘	故杞国
17	许	故国
18	傿陵	魏附庸国
19	吴房	房子国
20	南顿	故顿子国
21	女阴	故胡国
22	新息	故息国
23	期思	故蒋国
24	上蔡	故蔡国
25	项	故国
26	宛	故申伯国

① 故国，史料未标明故何国，据文例应与汉县同名的故国。如汉共县，即故共国；汉密县，为故密国，下同，不一一注出。

续表

序号	县	古（故）国
27	筑阳	故谷伯国
28	随	故国
29	邓	故国
30	湖阳	故廖国也
31	枝江	故罗国
32	轪	故弦子国
33	锺离	锺离子国
34	定陶	故曹国
35	萧	故萧叔国
36	向	故国
37	下蔡	故州来国
38	公丘	故滕国
39	肥成	肥子国
40	牟	故国
41	黔陬	故介国
42	郯	故国，盈姓
43	开阳	故鄅国
44	缯	故国，禹后
45	徐	故国，盈姓
46	吴	故国
47	山阴	越王句践本国
48	僰道	故僰侯国
49	漏卧	故漏卧侯国
50	句町	故句町国
51	阴密	密人国
52	代	故代国
53	无终	故无终子国

续表

序号	县	古（故）国
54	襄国	故邢国
55	肥累	故肥子国
56	唐	故尧国
57	蓟	故燕国
58	莒	故国
59	陈	故国，胡公所封
60	甾	故戴国
61	睢阳	故宋国，微子所封
62	任城	故任国
63	蕃	邾国
64	驺	故邾国，曹姓
65	彭城	古彭祖国
66	傅阳	故偪阳国
67	六	故国，偃姓
68	蓼	故国，皋繇后
69	居巢	巢国
70	令支	故伯夷国
71	梁	古国
72	巩	巩伯国
73	新郑	郑国
74	共	本国
75	襄陵	晋武公徙此
76	端氏	晋端氏
77	陕	虢仲国
78	郑	郑桓公封于此
79	商	契所封
80	平舆	古国

续表

序号	县	古（故）国
81	西平	古柏国
82	汝阴	本胡国
83	项	古国
84	吴房	房国
85	萧	本萧国
86	向	本向国
87	驺	本邾国
88	薛	本薛国
89	浚仪	本大梁
90	雍丘	本杞国
91	濮阳	古昆吾国
92	无盐	本宿国
93	须昌	古国
94	公丘	本滕国
95	任城	本任国
96	牟	古国
97	定陶	本曹国
98	随	古随国
99	秭归	本夔国
100	壮武	古夷国

2. 原为一国之都城，后为县级行政单位的计有34例，见附表1.1.2

附表 1.1.2　从古都到县级行政单位

序号	县	故都
1	栎阳	秦故都

续表

序号	县	故都
2	渭城	秦故都
3	槐里	周懿王都
4	雍	秦故都
5	安邑	魏故都
6	闻喜	故曲沃
7	朝歌	纣所都
8	浚仪	故大梁
9	宜城	故鄢
10	绛	晋武公自曲沃徙此
11	中牟	赵献侯自耿徙此
12	河南	周公营以为都，是为王城
13	巩	东周所居
14	濮阳	故帝丘
15	新蔡	蔡平侯自蔡徙此
16	郢	楚别邑，故郢
17	若	楚昭王徙此
18	寿春邑	楚考烈王自陈徙此
19	薄	汤所都
20	魏	魏武侯别都
21	灵寿	中山桓公居此
22	清阳	王都
23	临淄	齐献公自营丘徙此
24	郴	项羽所立义帝都此
25	邯郸	赵敬侯自中牟徙此
26	信都	信都王都
27	匽师	帝喾所都
28	温	苏子所都

续表

序号	县	故都
29	陈仓	秦武公都雍，陈仓城
30	雍	秦德公徙都
31	阳翟	禹所都
32	陈	庖牺氏所都
33	广陵	吴王濞都
34	涿鹿	黄帝所都

3. 原为邑或国，后为乡或亭级单位的计有56例见附表1.1.3

附表 1.1.3　故邑国到汉代的乡亭级

序号	属县	乡、亭	古国、邑
1	临晋	芮乡	故芮国
2	美阳	中水乡	周大王邑
3	枸邑	豳乡	豳国
4	丹水	密阳乡	故商密
5	皮氏	耿乡	故耿国
6	榆次	涂水乡	晋徐吾邑
7	榆次	梗阳乡	魏戊邑
8	壶关	黎亭	黎侯国也
9	轵	原乡	晋文公所围
10	野王	邢亭	故邢国
11	偃师	尸乡	殷汤所都
12	荥阳	虢亭	故虢国
13	宁陵	葛乡	葛伯国
14	父城	应乡	故国
15	平舆	沈亭	沈子国

续表

序号	属县	乡、亭	古国、邑
16	阳安	道亭	道国
17	吴房	堂溪亭	房子国
18	西平	柏亭	故柏子国
19	安阳	江亭	故江国
20	随	厉乡	故厉国
21	舂陵	上唐乡	故唐国
22	秭归	归乡	故归国
23	竟陵	郧乡	楚郧公邑
24	蛇丘	隧乡	故隧国
25	东莞	郓亭	故郓邑
26	巨平	阳关亭	阳虎入于鄩阳关以叛
27	寿光	灌亭	古灌
28	东平陆	厥亭	古厥国
29	亢父	诗亭	故诗国
30	东莞	郓亭	故郓邑
31	新市	鲜虞亭	鲜虞子国
32	剧	肥亭	故肥国
33	共	泛亭	凡伯邑
34	期思	蒋乡	古蒋国
35	霸陵	道亭	古国
36	安阳	江亭	古国
37	巩	黄亭	古黄国
38	褒信	赖亭	古国
39	褒信	白亭	楚封王孙胜白公
40	下曲阳	昔阳亭	肥古都
41	新市	鲜虞亭	古国
42	济阳	武父乡	武父城

序号	属县	乡、亭	古国、邑
43	燕	胙城	古胙国
44	白马	韦乡	古豕韦氏国
45	蛇丘	遂乡	古遂国
46	成	郕乡	本国
47	昌邑	甲父亭	古国
48	剧	纪亭	古纪国
49	平寿	斟亭	古斟国
50	平寿	寒亭	古寒国
51	即墨	棠乡	古棠国
52	掖	过乡	古过国
53	黔陬	介亭	古介国
54	章陵	上唐乡	古唐国
55	轵	邴城	古邴国
56	舒	桐乡	古桐国

上面 3 个附表(附表 1.1.1、附表 1.1.2、附表 2.1.3)所列的聚落级别都发生了降级的变化。附表 1.1.1 发生级别降格的 100 例，原都是先秦古国，现行政级别为县，发生变化的时间当在秦统一六国到汉初。附表 1.1.2 的 34 例，发生降级的原为一国之都城，现在为汉县。从原来的都城地位来看，又可分为两类，一是原为先秦时期的古国都城，如故帝丘濮阳，汤所都薄，商王纣所都朝歌，周懿王都槐里等；二是古国迁徙的都城，如晋武公自曲沃徙都绛，赵献侯自耿徙都中牟，蔡平侯自蔡徙新蔡，楚考烈王自陈徙寿春，齐献公自营丘徙临淄，赵敬侯自中牟徙邯郸等；三是秦汉之际的都城，仅一例即项羽立义帝都城郴。附表 1.1.3 的 56 例降级单位来看，主要可分为古邑和古国两类。从这些降级了的聚落来看，它们原来的规模和地位都是相当高级的，到了汉代是一个县的级别，其规模和空间结构会发生变化是不言而喻的。

二、秦汉时期级别升格聚落

有些聚落会因为种种因素而发生级别的升格，文献和出土资料都有相关记载。

1. 文献记录的级别升格为县级行政单位的聚落，见附表 1.2.1

附表 1.2.1　古乡亭邑聚到县级行政单位

序号	县	古乡亭邑聚
1	郑	郑桓公邑
2	茂陵	茂乡
3	弘农	故秦函谷关
4	商	秦卫鞅邑
5	陆浑	春秋迁陆浑戎于此
6	彘	周厉王所奔
7	蒲子	重耳所居
8	邬	晋大夫司马弥牟邑
9	盂	晋大夫孟丙邑
10	祁	晋大夫贾辛邑
11	长子	周史辛甲所封
12	京	郑共叔段所居
13	成皋	故虎牢
14	陈留	郑邑
15	襄邑	承匡襄陵乡
16	外黄	惠公败宋师于黄
17	尉氏	郑大夫尉氏之邑
18	傿	郑伯克段于鄢
19	长社	宋人围长葛，更名长社

303

续表

序号	县	古乡亭邑聚
21	召陵	桓公伐楚次于召陵
22	阴	迁阴于下阴者
23	安众	故宛西乡
24	冠军	故穰卢阳乡
25	叶	楚叶公邑
26	复阳	故湖阳乐乡
27	元城	魏武侯公子元食邑
28	元氏	赵公子元之封邑
29	刚	故阐
30	乘丘	春秋庄公十五年，败宋师于乘丘
31	营陵	师尚父封于营丘
32	平寿	古寻，禹后
33	姑幕	薄姑氏因之，而后太公因之
34	计斤	莒子始起此
35	良成	晋侯会吴子于良
36	费	故鲁季氏邑
37	即丘	古祝丘
38	都阳	齐人迁阳
39	曲阿	故云阳
40	毗陵	季札所居
41	丹徒	春秋云朱方
42	海盐	故武原乡
43	丹阳	楚之先熊绎所封
44	故且兰	故且兰侯邑
45	同并	故同并侯邑
46	夜郎	故夜郎侯邑
47	上邽	故邽戎邑

续表

序号	县	古乡亭邑聚
48	枹罕	故罕羌侯邑
49	平襄	故襄戎邑
50	罕开	罕开之羌处于此
51	敦煌	允姓之戎居
52	朝那	故戎那邑
53	楼烦	故楼烦胡地
54	肥如	肥子封于此
55	朝鲜	武王封箕子于朝鲜
56	真定	故东垣
57	夷安	故莱夷维邑
58	鲁	伯禽所封
59	卞	姜氏会齐侯于卞
60	汶阳	季友汶阳之田
61	罗	楚文王徙罗子居此
62	安众	故宛西乡
63	春陵	故蔡阳白水乡
64	海盐	故武原乡
65	成皋	"破燕师于北制"即此县
66	杨	叔向邑
67	临汾	贾伯邑
68	蒲子	晋文公居蒲城
69	弘农	古秦函谷关
70	杜陵	古唐杜氏邑
71	衙	晋败秦于彭衙
72	原鹿	宋盟鹿上
73	曲梁	败赤狄于曲梁
74	盂	晋大夫盂丙邑

2. 出土资料所见级别升格的聚落

与文献记录对比，发现出土资料中也记载了一些级别升格的聚落。从秦代玺印封泥中的地名来看，有些在秦时为乡名到汉代已经升格为县，此类地名可列表如下(附表 1.2.2)。①

附表 1.2.2 秦玺印封泥中的升格行政单位

序号	秦乡级单位	汉县级单位
1	安平乡	涿郡安平县；或为豫章郡安平侯国
2	安国乡	信都国安国县
3	安阳乡	汉中郡安阳县
4	白水乡	广汉郡白水县
5	池阳乡	左冯翊池阳县
6	朝阳乡	南阳郡朝阳县
7	长平乡	汝南郡长平县
8	端乡	河东郡端氏县
9	南成乡	东海郡南城县
10	栎阳乡	左冯翊栎阳县
11	路乡	渔阳郡路县；或为与县同名的乡
12	广陵乡	广陵国、广陵县
13	西平乡	汝南郡西平县
14	新息乡	汝南郡新息县
15	轵乡	河南郡轵县；或为与县同名的乡
16	上东阳乡	涿郡东阳县
17	宜春乡	汝南郡宜春县；豫章郡宜春县；
18	阳夏乡	梁国阳夏县

---

① 该表的数据来源参见王伟：《秦玺印封泥职官地理研究》，北京：中国社会科学出版社，2014 年，第 375~377 页。

据上述两个附表(附表 1.2.1、附表 1.2.2)，聚落的级别升格的单位共计有 92 例，大致可以分为三类：一是原来的级别为乡后升级为县的，如茂陵，原为茂乡，襄邑，原为承匡县的襄陵乡，春陵，原为蔡阳县白水乡等，此种实例较多；二是一些重要人物的居地、食邑或封邑后升级为县，如卫鞅邑为商县，郑大夫尉氏之邑为尉氏县，魏武侯公子元的食邑后为元城县，赵公子元之封邑元氏县，鲁季氏邑为费县，还有一些少数民族的居地也成为了县级行政单位，如原邽戎邑为上邽县，原罕羌侯邑为枹罕县，原襄戎邑平襄，允姓戎的居地敦煌等；三是一些要地和重要地点设置为县级单位，如周厉王逃亡的彘，战争地点如惠公败宋师的外黄，偶为郑伯消灭段的战地，宋人所围困的长社，齐桓公伐楚曾驻军的召陵，晋战败秦军的衡，宋襄公召集的鹿上之盟的原鹿等。

据上述表格，秦汉时期原为故邑国、国都降格为县级单位的有 134，降格为乡亭单位的有 56，共计有 190 个。而升格为县级单位的有 92 个。级别升格单位与降格单位的比率为 0.48。由此我们是否可以认为，秦汉为加强郡县制的作用而采取的大规模的降格原有行政单位的级别，同时这种降级也对帝国的稳定有重要作用。这种升格或降格聚落的级别，势必会对帝国内部聚落的空间分布结构产生重要影响。得到升格的单位就会加强基础建设会因此快速发展，而降格的聚落单位则可能因此而逐渐衰落下去。因而也就导致聚落形态的双向流动。一些不起眼的地方逐渐形成大城镇，而曾经盛极一时的都会也就逐渐沦为一般的乡亭里聚。

三、地方行政单位级别升降的因素

1. 因帝王陵墓而置县

聚落单位级别的升降，其原因复杂多样，文献史料中记载了一些设置县级行政单位的内容，尽管大多为特例，或能成为解释聚落级别升降的因素。一些县的设置与帝王的陵墓有关。《汉书》卷 73《韦贤传》载，汉平帝元始年间，时任大司马的王莽奏议皇亲的尊号及置园邑，说："本始元年丞相义等议，谥孝宣皇帝亲曰悼园，置邑三百家，至元康元年，丞相相等奏，父为士，子为天子，祭以天子，悼园宜称尊号曰'皇考'，立庙，益故奉园民满千六百家，以为县。"①从这则材料可知，"悼园"因为上了"皇考"的尊号，并"立庙"，其供奉该园的民户因为增加到了一千六百家，因而立为县，此即是因陵为县。因皇帝或皇后"陵寝"而立为县还有几例：

《后汉书》卷1《光武帝纪》：

"建武元年春正月，平陵人方望"。注曰："平陵，昭帝陵也，因以为县，故城在今咸阳县西北。"

《后汉书》卷5《安帝纪》：

"丁巳，尊孝德皇元妃耿氏为甘陵大贵人。"注曰："甘陵，孝德皇后之陵也，因以为县，今贝州清河县东也。"

《后汉书》卷17《冯岑贾列传》：

"时赤眉虽降，众寇犹盛：延岑据蓝田，王歆据下邽，芳丹据新丰，蒋震据霸陵，"注曰："霸陵，文帝陵，因以为县名，故秦芷阳县。"

2. 因恩宠而置县

有些地方升级为县还会缘于帝王的恩赐或巡幸。《汉书》卷28《地理志》载河内郡武德县，注引孟康曰："始皇东巡置，自以武德定天下。"②《汉书》卷6《武帝纪》：元鼎六年(公元前111年)，"行东，将幸缑氏，至左邑桐乡，闻南越破，以为闻喜县。春，至汲新中乡，得吕嘉首，以为获嘉县"。"左邑桐乡"师古曰："左邑，河东之县也。桐乡，其乡名也。""汲新中乡"师古曰："汲，

---

① 班固：《汉书》，北京：中华书局，1962年，第3129~3130页。
② 班固：《汉书》，北京：中华书局，1962年，第1554页。

河内县。新中，其乡名。"①即因重大事项而升格为县。《后汉书》卷1《光武帝纪》：建武六年(公元31年)"改春陵乡为章陵县。世世复徭役，比丰、沛，无有所豫"。② 是比较特殊的升格事例。《续汉书·郡国志》载丹阳郡的故鄣，本为秦鄣郡治所。刘昭注补引《吴兴记》曰："中平年，分县南置安吉县。光和末，张角乱，此乡守险助国，汉嘉之，故立县。中平二年，又分立原乡县。"③此县参与平顶叛乱，获得统治者的嘉赏而升格为县级行政单位。《水经注》卷27《沔水》："洋川者，汉戚夫人之所生处也。高祖得而宠之，夫人思慕本乡，追求洋川米，帝为驿致长安。蠲复其乡，更名曰县。故又目其地为祥川，用表夫人载诞之休祥也。"④此洋川县的设立，本于高祖对戚夫人的宠幸而去乡置县。

---

① 班固：《汉书》，北京：中华书局，1962年，第188页。
② 范晔：《后汉书》，北京：中华书局，1965年，第47页。
③ 范晔：《后汉书》，北京：中华书局，1965年，第3486页。
④ 郦道元撰，陈桥驿校证：《水经注校证》，北京：中华书局，2013年，第623页。

附录二：汉代户口数与列侯食户分封

秦汉时期县、乡、里的人口户数并不是整齐划一的，具有时代特征和地域特征。而这种户数的特征有助于我们对秦汉时期列侯的食邑分封制度的进一步认识。关于汉代列侯的食邑制度，学界相关研究论著主要讨论了列侯的政治经济权益和食邑权、封地内列侯所享有的政治经济权益、列侯"租入"的内容、特点、性质、征收标准等方面。① 但列侯封邑与户数的关系的基本问题鲜有讨论。以下就汉代列侯的食邑分封和食邑户数的关系作一分析。

一、西汉时期列侯分封食邑的户数情况

汉代列侯爵制，承自秦朝并有所发展。分封的列侯赐予封地食邑。汉初大封功臣，《汉书》卷14《诸侯王表》载："诸侯比境，周匝三垂，外接胡越。""而藩国大者夸州兼郡，连城数十"。② 对于当时诸侯的待遇，由于社会初定，经年战争使人民流离失散，户口骤减百分之七八十，即是比较大的列侯所得食邑

---

① 参见：曹旅宁：《从张家山汉律说汉初列侯的政治经济权益》，《长沙理工大学学报》(社会科学版)2005年第3期；张号召：《浅析汉初列侯的政治地位》，《黑龙江史志》2011年第7期；冯和林：《西汉列侯的性质与法律地位》，中国政法大学硕士学位论文2010年。关于列侯食邑权的问题，讨论的比较充分，相关论著参见冯辉：《汉代封国食邑制度的性质》，《求是学刊》1983年第6期；韩连琪：《汉代的田租口赋和徭役》，《文史哲》1956年第7期；朱绍侯：《军功爵制考论》，北京：商务印书馆，2008年，第393页；谢忠梁：《关于两汉食封制度的几个问题》，《四川大学学报》(社会科学版)1959年第3期；韩连琪：《论两汉封国食邑制度下的土地所有制和剥削形式》，《山东大学学报》(历史版)1963年第1期；柳春藩：《秦汉封国食邑赐爵制》，沈阳：辽宁人民出版社，1984年，第81页；秦铁柱：《两汉列侯问题研究》，南开大学博士学位论文，2014年。
② 班固：《汉书》，北京：中华书局，1962年，第394页。

也不过万户，而小侯只有五六百户。但到了文、景之世，由于社会稳定，人民生息，流民回归原地，人户数逐渐增加，诸侯的封邑内的人口也发生了很大变化，"列侯大者至三四万户，小国自倍，富厚如之。"颜师古注曰："自倍者，谓旧五百户，今者至千也。曹参初封万六百户，至后嗣侯宗免时，有户二万三千，是为户口蕃息故也。它皆类此。""富厚如之"，颜师古注曰："言其赀财亦稍富厚，各如户口之多也。"①对于"富厚如之"，颜师古的理解即这些诸侯财富逐渐增多，就像民户数增多一样。有学者认为这种情况说明随着诸侯封国内的户口的增长，封君的租税收入也相应随之增长。② 颜师古的理解用民户数的增多来比拟诸侯的财富增加，这两者之间似乎没有因果关系，只是表达一种状态。虽然这两者的理解表面上看似没有多大区别，但户口的增多和人民归乡里的人数，是应该归属于列侯还是汉朝廷则需要深入讨论的问题，这对于理解列侯的食邑分封制有重要影响。

列侯的财富是否随着其封地内的人口户数的增加而随之增加？或者说是不是所有的列侯获得的食邑户数是可以弹性变化的？人户增多收入就会增多，反之亦然。会不会存在封侯的食邑是定额的情况呢？也就是说分封给列侯的食邑户数是固定不变的，不管其所在地域的人户数怎么的增长，其所食户数是不变的？这是本文要讨论的主要内容。

据《史记》卷18《高祖功臣侯者年表》和《汉书》卷16《高惠高后功臣表》，将这一时期所封诸侯分两类，一是有食邑户数的列侯，一是没有食邑户数的列侯。列表如下（附表2.1.1为有食邑户数的列侯；附表2.1.2为没有食邑户数的列侯）。

附表 2.1.1　有封地和封户的列侯表

姓名	封地	封户数（户）	受封时间
曹参	平阳	10600	公元前 202 年 12 月
靳歙	信武	5300	公元前 202 年 12 月

① 班固：《汉书》，北京：中华书局，1962 年，第 528 页。
② 朱绍侯：《汉代封君衣食租税制蠡测》，《松辽学刊》（社会科学版）1985 年第 1 期，收入《军功爵制考论》，北京：商务印书馆，2008 年，第 388~404 页。

续表

姓名	封地	封户数（户）	受封时间
夏侯婴	汝阴	6900	公元前 202 年 12 月
王吸	清河	2200	公元前 202 年 12 月
傅宽	阳陵	2600	公元前 202 年 12 月
召欧	广严	2200	公元前 202 年 12 月
薛欧	广平	4500	公元前 202 年 12 月
陈婴	堂邑	1800	公元前 202 年 12 月
陈平	曲逆	5000	公元前 202 年 12 月
张良	留	10000	公元前 201 年 1 月
萧何	酂	8000	公元前 201 年 1 月
郦商	曲周	4800	公元前 201 年 1 月
周勃	绛	8100	公元前 201 年 1 月
樊哙	舞阳	5000	公元前 201 年 3 月
灌婴	颍阴	5000	公元前 201 年 1 月
周昌	汾阴	2800	公元前 201 年 1 月
武儒	梁邹	2800	公元前 201 年 1 月
董渫	成	2800	公元前 201 年 1 月
丁复	阳都	7800	公元前 201 年 1 月
吕清	新阳	1000	公元前 201 年 1 月
郭蒙	东武	2000	公元前 201 年 1 月
雍齿	什邡	2500	公元前 201 年 3 月
傅胡害	贯	1600	公元前 201 年 3 月
摇毋馀	海阳	1800	公元前 201 年 3 月
宣虎	南安	900	公元前 201 年 3 月
蔡寅	肥如	1000	公元前 201 年 3 月
虫达	曲成	4000	公元前 201 年 3 月
戎赐	柳丘	1000	公元前 201 年 6 月

续表

姓名	封地	封户数（户）	受封时间
周定	魏其	1000	公元前 201 年 6 月
缯贺	祁	1400	公元前 201 年 6 月
工师喜	平	1400	公元前 201 年 6 月
尹恢	故城	2000	公元前 201 年 6 月
单宁	昌武	980	公元前 201 年 7 月
丙倩	高苑	1600	公元前 201 年 7 月
丁义	宣曲	670	公元前 201 年 7 月
华无害	绛阳	740	公元前 201 年 7 月
刘钊	东茅	1000	公元前 201 年 8 月
唐厉	斥丘	1000	公元前 201 年 8 月
王陵	安国	5000	公元前 201 年 8 月
丁礼	乐成	1000	公元前 201 年 8 月
鄂千秋	安平	2000	公元前 201 年 8 月
周缁	蒯成	3300	公元前 201 年 8 月
张苍	北平	1300	公元前 201 年 8 月
刘它	平皋	580	公元前 201 年 10 月
陈胥	复阳	1000	公元前 201 年 10 月
华寄	朝阳	1000	公元前 200 年 3 月
杜得臣	棘阳	1000	公元前 200 年 7 月
吕胜	涅阳	1000	公元前 200 年中
林挚	平棘	1000	公元前 200 年中
许温	柏至	1000	公元前 201 年 10 月
吕马童	中水	1500	公元前 200 年 1 月
王翳	杜衍	1700	公元前 200 年 1 月
杨喜	赤泉	1900	公元前 200 年 1 月
温疥	栒	1900	公元前 200 年 10 月

续表

姓名	封地	封户数(户)	受封时间
卫肱	武原	2800	公元前 200 年 12 月
程黑	磿	1000	公元前 199 年 7 月
陈错	稿	600	公元前 200 年 12 月
许瘝	宋子	540	公元前 200 年 12 月
陈速	猗氏	2400	公元前 199 年 3 月
室中同	清	1000	公元前 199 年 3 月
留	强	1000	公元前 199 年 3 月
秦同	彭	1000	公元前 199 年 3 月
杨武	吴房	700	公元前 199 年 3 月
魏选	宁	1000	公元前 199 年 4 月
卢卿	昌	1000	公元前 199 年 6 月
卢罢师	共	1200	公元前 199 年 6 月
冯解散	阏氏	1000	公元前 199 年 6 月
张说	安丘	3000	公元前 199 年 6 月
陈署	龙阳	1000	公元前 199 年 9 月
张瞻师	繁	1500	公元前 199 年 11 月
陶舍	开封	2000	公元前 197 年 12 月
公孙耳	禾成	1900	公元前 196 年 1 月
孙赤	堂阳	800	公元前 196 年 1 月
高邑	祝阿	800	公元前 196 年 1 月
杜恬	长修	1900	公元前 196 年 1 月
昭涉掉尾	平州	1000	公元前 196 年 10 月
单右车	中牟	2200	公元前 196 年 10 月
黄极忠	邔	1000	公元前 196 年 10 月
周聚	博阳	1400	公元前 196 年 10 月
灵常	阳义	2000	公元前 196 年 10 月

续表

姓名	封地	封户数(户)	受封时间
泠耳	下相	2000	公元前 196 年 10 月
王周	高陵	900	公元前 196 年 12 月
贲赫	期思	2000	公元前 196 年 12 月
季必	戚	1000	公元前 196 年十二月
许倩	壮	600	公元前 195 年 1 月
奚意	成阳	600	公元前 195 年 1 月
刘襄	桃	1000	公元前 195 年 3 月
郦疥	高梁	900	公元前 195 年 3 月
陈仓	纪信	700	公元前 195 年 6 月
赤	煮枣	900	公元前 195 年 6 月
毛泽	张	700	公元前 195 年 6 月
朱濞	鄢陵	2700	公元前 195 年 12 月
张平	菌	2700	公元前 195 年 12 月

附表 2.1.1 记录有食邑户数(此指初封户数)的诸侯，从宋子惠侯许瘛的 540 户到平阳侯曹参的 10600 不等。这些诸侯的食邑户数也是不断变化的。如曹参初封 10600 户，到其第 6 世曹宗国除时，食邑 2300 户；曲逆献侯陈平初封 5000 户，到陈何国除时，食户 16000 户；酂文终侯萧何初封户数 8000 户，至质侯章嗣，通过"益封"才满 2000 户，其间食邑户数一度达到 26000 千户，增增减减，并不固定。绛武侯周勃始封 8100 户，到侯共以勃玄孙绍封时，剩有千户。① 这种事例很多，不一一列举。尽管这些诸侯食邑增减削益无常，而从这些数字形态来看多是 10 的整数倍，或为取成数表示，即使这样也与前面考察的乡里的户数形态又不一致，这为下面讨论诸侯分封食邑的情况奠定基础。

---

① 参见《汉书》卷 16《高惠高后文功臣表》和卷 17《景武昭宣元成功臣表》及相关列传。

附表 2.1.2　有封地的列侯表

姓名	封国	受封时间
陈濞	博阳	公元前 202 年 12 月
吕泽	周吕	公元前 201 年 1 月
吕释之	建成侯	公元前 201 年 1 月
刘缠	射阳	公元前 201 年 1 月
孔聚	蓼	公元前 201 年 1 月
陈贺	费	公元前 201 年 1 月
陈狶	阳夏	公元前 201 年 1 月
周晁	隆虑	公元前 201 年 1 月
陈武	棘蒲	公元前 201 年 3 月
朱轸	都昌	公元前 201 年 3 月
庄不识	武强	公元前 201 年 3 月
陈涓	河阳	公元前 201 年 3 月
韩信	淮阴	公元前 201 年 4 月
衫跖	芒	公元前 201 年
郭亭	阿陵	公元前 201 年 7 月
戴野	台	公元前 201 年 8 月
审食其	辟阳	公元前 201 年 8 月
爰类	厌次	公元前 201 年中
刘信	羹颉	公元前 200 年中
刘仲	合阳	公元前 199 年 8 月
纪通	襄平	公元前 199 年 8 月
须无	陆梁	公元前 198 年 3 月
周成	高京	公元前 198 年 4 月
邓弱	离	—
张鹜	宣平	公元前 198 年 4 月
刘濞	沛	公元前 197 年 12 月
赵尧	江邑	公元前 196 年 1 月

续表

姓名	封国	受封时间
靳强	汾阳	公元前 196 年 2 月
刘广	德	公元前 196 年 11 月
冯豁	谷陵	公元前 196 年 1 月
王竟	甘泉	公元前 195 年 6 月

附表 2.1.2 统计了没有食邑户数记录的列侯。以分封列侯的惯例，这些列侯应当也是有食邑的，至于为何没有记录下来，史无明载，不宜妄测。

二、东汉时期列侯的食邑分封

东汉时期也实行列侯分封食邑制度，据统计，东汉时期分封的不同类型的列侯计有 877 人[1]。西汉末平帝元始二年（公元 2 年），诸侯王国的人口，共约有户 143 万、口 682 万（未计户数不明侯国人户数），[2] 据梁方仲统计当时全国人口约有 5767 万，[3] 诸侯国的人口占比不到 20%。据《续汉书·郡国志》记载：东汉中期顺帝永和五年，诸侯王国有 21 个，共有户数 1792220，口 10954707。当时东汉的总人口是：户 9336665，口 47892413。若不计食邑不明确的王侯算在内，则诸侯王国拥有的户数约占全国的 19%，人口数约占全国总人口的 23%。就东汉的数据来看，汉代所封诸侯王的食邑人户数占总人户口的比例不是很大，表明东汉时期分封列侯的态度比较谨慎的，所封列侯的总体实力也是相当有限的。

---

① 数据采自柳春藩：《东汉的封国食邑制度》，《史学集刊》1984 年第 1 期，第 13~21 页。

② 据《汉书》卷 28《地理志》记载：西汉平帝元始二年的二十王国，共有户一百三十四万三千三百九十，口六百三十八万二千二百零五。又《汉书》卷 14《诸侯王表》记载：元始二年封侯国还有广宗、广世、广德，但无户数记载。

③ 此处人口数据采自梁方仲：《中国历代户口、田地、田赋统计》甲表三，北京：中华书局，2008 年，第 19~24 页。

附表 2.2.1　东汉封侯数目表

时间	功臣侯数	王子侯数	外戚恩泽侯数	宦者侯数	小计
光武帝	135	39	20		194
明帝	7	37	4		48
章帝	5	52	12		69
和帝	4	78	13	1	96
殇帝		1			1
安帝	28	47	15	3	93
顺帝	7	46	2	24	79
冲帝	3	5			8
质帝		10			10
桓帝	19	7	12	13	51
灵帝	24	2	8	19	53
献帝	166	2	2		170
不明		5			5
总计	796	331	88	60	1275

　　就附表 2.2.1 数据分析，东汉时期分封的功臣侯数最多，约占总分封侯数的 62%；其次为王子侯数，约占 26%；外戚侯数占不到 7%；宦者侯约为 4%。功臣侯数的数目体现了国家功臣的重视，而外戚侯数的比例较少，或许能反映东汉时期对于外戚干涉帝国政权的顾虑。东汉时期列侯的分封多数注明户数，也有部分只记录了封地。这与西汉的情况相似。如《后汉书》卷 14《宗室四王三侯列传》载，光武帝族兄安成孝侯赐"闻光武即位，乃西之武关，迎更始妻子将诣洛阳。帝嘉赐忠，建武二年，封为慎侯。十三年，更增户邑，定封为安成侯，奉朝请"。① 同书卷 16《邓寇列传》载，邓禹有功，光武帝封"为高密侯，食高密、昌安、夷安、淳于四县"。② 又同书卷 17《冯岑贾列传》载："十三年，

---

① 范晔：《后汉书》，北京：中华书局，1965 年，第 565 页。
② 范晔：《后汉书》，北京：中华书局，1965 年，第 605 页。

定封胶东侯、食郁秩、壮武、下密、即墨、梃、观阳，凡六县。"①皆是封具体县邑，而未明言具体食邑户数。

结合上面我们对西汉列侯食邑户数的分析，两汉所分封的列侯应都有一定数量的食邑。而这些列侯所拥有的食邑数量的多少多数与其功劳地位相应。据史料记载，这些列侯的食邑数量多数是以明确的数字表示且多为整数。则列侯食邑的数量可能是固定数额，而与封地所在地的人户数增长没有多大关系，列侯食邑户数的增减只与朝廷的益封削减有关。颜师古所说的列侯的"其赀财亦稍富厚，各如户口之多也"，其财富的积累增加，只表现在其所拥有的食邑户数上，与后来的人口户数增加无涉。尽管一些制度性史料文献并没有明确说明这种规则，据上述分析可明确对这一规则的认识。

三、朝廷对分封列侯食邑户数的具体操作

班固在《汉书》卷 91《货殖传》说："秦汉之制，列侯封君食租税，岁率户二百。千户之君则二十万，朝觐聘享出其中。"这则史料明确说明，汉代了列侯封君的租食税率，且这些列侯后的其他经费也都出自这固定的租税中。

班固《汉书》卷 39《萧何曹参传》载，汉武帝元狩年间，为表彰前世萧何之功，又避免萧家祭祀绝灭，命御史制诏书"以酂户二千四百封何曾孙庆为酂侯，布告天下，令明知朕报萧相国德也。"后来汉宣帝时找到了萧何的后人建世等十一人，并"以酂户二千封建世为酂侯"。②从这则材料，我们得到的信息是，酂地拥有的户数不仅仅二千户或二千四百户，皇帝封萧何后人为侯，仅以该地一部分作为食邑进行封赏。那么剩余的户口应该还是属于中央政府，并且可以继续用以分封赐予。又《后汉书》卷 78《宦者列传》载：东汉顺帝消灭阎显乱党后论功行封"中黄门孙程、王康、长乐太官丞王国、中黄门黄龙、彭恺、孟叔、李建、王成、张贤、史泛、马国、王道、李元、杨佗、陈予、赵封、李刚、魏猛、苗光等"，李贤注引《东观记》"诏书封光东阿侯，食邑四千户，未受符策，光心不自安，诣黄门令自告。有司奏康、光欺诈主上，诏书勿问，遂

---

① 范晔：《后汉书》，北京：中华书局，1965 年，第 667 页。
② 班固：《汉书》，北京：中华书局，1962 年，第 2012~2013 页。

封东阿侯，邑千户"。① 诏书封光为东阿侯享食邑四千户，因"光心不自安"，最后仍然封光东阿侯，但食邑为千户。这里的东阿的封户情况与上述鄡地的例子相同。又《汉书》卷66《公孙贺传》载，汉武帝征和二年（公元前91年）封公孙贺"以澎户二千二百封左丞相为澎侯"。"澎"，本注晋灼曰："东海县。"② 就东海县户口数而言，其户数不会刚好就有2 200户，只是武帝以这个数目封作列侯食邑。与此类似，《后汉书》卷47《班梁列传》载"封超为定远侯，邑千户。"注引《东观记》曰："其以汉中郡南郑之西乡户千封超为定远侯。"③ 即以南郑西乡的一千户作为班超的食邑。对列侯分封的户数是固定量的，那么分封后余下的户数所有权应该仍属于中央政府。以备在分封其他列侯而户数不足时，用来补足余数，这样的例子可见《后汉书》卷34《梁统列传》载：

> 元嘉元年，帝以冀有援立之功，欲崇殊典，乃大会公卿，共议其礼。于增封为四县，比邓禹；赏赐金钱、奴婢、彩帛、车马、衣服、甲第，比霍光；以殊元勋。每朝会，与三公绝席。十日一入，平尚书事。宣布天下，为万世法。④

这则材料中，汉冲帝"悉以定陶、成阳余户增封"梁冀，并补足为四县。梁冀的食邑虽为四县，但并不是四个县的全部，而很可能其中一部分食邑的所在地与其他县邑在一起，就是说他的食邑还要加上另外两地的"余户"。这种情况在文献的记录中并非孤立存在的。《后汉书》卷55《济北惠王寿列传》记载：汉安帝"永宁元年，封登弟五人为乡侯，皆别食太山邑"。⑤ 太山邑由五个乡侯人分享，且五人的封地都不在太山，与上述梁冀的"余户"有相似之处。这或许就是汉代分封列侯食邑时，针对其户数划分的复杂的实际操作情况。

综上所述，汉代分封列侯数量众多，且每个列侯都有户数不等的食邑，但

① 范晔：《后汉书》，北京：中华书局，1965年，第2516~2517页。
② 班固：《汉书》，北京：中华书局，1962年，第2879页。
③ 范晔：《后汉书》，北京：中华书局，1965年，第1583页。
④ 范晔：《后汉书》，北京：中华书局，1965年，第1183页。
⑤ 范晔：《后汉书》，北京：中华书局，1965年，第1807页。

就每个列侯而言，其所享受的食邑户数在一定时期内是稳定的，朝廷给予的食邑户数就是其用以征收租税的额度，是一个比较固定的租税比率。而列侯食邑的增加或减少，其主要原因在于朝廷的增封、益封或者削减，一旦除国则没有任何食户，其之前所拥有的食户也就重归中央政府。因此，在列侯的食邑户数为定额的情况下，一地的户数增减对其财富的作用也是有限的，即"厚富如之"的情况仅仅是个比喻。另外，列侯所分封的食户，如果食户数较少或仅仅是某一地的部分户数，而该地除了被分封划分出去的人户数之外（而划分的形式很可能是以户籍簿为依据，其收取租赋也是如此），剩余民户的所有权仍然归中央政府。而需要被分封较多食户的列侯，还会因一地或几地的户数不足，而以其他地方的"余户"补足。

后 记

这本书是在我的博士学位论文的基础上修改而成，在深圳职业技术大学学术出版资助下，本书即将走出学术的象牙塔，面向广大读者，我心中涌动着难以抑制的激动与感慨。在武汉大学历史学院攻读博士学位期间，我有幸深入探究秦汉时期的聚落地理与乡里行政运作，本书是我学术探索旅程中的一个重要里程碑。

首先，我要向我的导师晏昌贵先生致以最深切的敬意和感谢。在学术探索的征途上，导师不仅是知识的传递者，更是灵魂的引路人。在攻读博士期间，导师的悉心指导和无私帮助，使我的研究工作得以顺利进行。每当我在学术研究中遇到困难和疑惑时，导师总能及时给予我启发和解答，让我受益匪浅。导师严谨的学术态度、深邃的学术见解和高尚的学术品德，将永远是我学习的榜样。

其次，我要感谢武汉大学优越的学术环境和丰富的学术资源，为我的研究提供了极大的便利。在这座学术殿堂中，我得以沉浸在知识的海洋，与众多学者交流思想，与同学们探讨问题。时至今日依然记得在图书馆、资料室沉浸阅读的情景，时常还能浮现在樱园洪字宅欣赏开满鲜花的大道，站在樱顶眺望珞珈山的五彩斑斓。所有当时的漫不经心而今都已成为回忆和奢望。

我还要感谢出版社李程兄和黄河清女士，以及参与本书编辑和出版工作的编辑和工作人员。没有你们的辛勤工作和专业精神，这本书不可能正式呈现在读者面前。你们对文字的精心校对、对版式的巧妙设计、对内容的严谨审核，都体现了对学术作品的尊重和对读者的负责。

在这本书即将出版之际，我也要对我的家人表达最诚挚的感谢。在我攻读博士学位和撰写论文的过程中，家人始终给予我无条件的支持和鼓励。在我几经辗转读书的日子里，他们默默承担了家庭的重担，为我提供了一个安心研究的港湾。没有家人的爱与支持，我不可能完成学业和这本书的写作。

对于读者，我怀有无限的敬意和期待。我希望这本书能够成为您了解秦汉时期聚落地理与乡里行政运作的一个窗口，也希望它能够激发您对历史的兴趣和热爱。历史是一个无尽的宝藏，它等待着我们去探索、去发现。我期待与您一起，在历史的长河中遨游，共同探寻历史的奥秘。

在这本书的研究和写作过程中，我深刻体会到历史研究的复杂性和挑战性。每一份文献、每一块出土的简牍、每一个聚落遗址，都是通往历史深处的钥匙。我们尽可能地还原历史的真实面貌，同时也意识到，历史研究永远是一个不断接近真相的过程。因此，本书的出版，不仅是一个研究成果的呈现，更是对未来研究的期待和召唤。

最后，我要说的是，尽管我已尽力使这本书尽善尽美，但由于学识和能力的限制，书中难免存在不足之处。我期待读者的批评和指正，也期待未来的研究能够不断推进我们对秦汉时期乃至整个中国古代社会的认识。

再次感谢所有支持和帮助过我的人们，以我真心感谢有你。历史研究是一个永无止境的旅程，我期待着在这个旅程中与您同行。

是为后记。